KB124942

그린잡

그린잡

미래를 여는 녹색직업을 만나다

1판 1쇄 발행 2016년 4월 15일 | **1판 6쇄 발행** 2025년 1월 2일

기획 녹색교육센터 | **글쓴이** 박경화
펴낸이 조재은 | **편집부** 김명옥 육수정 | **마케팅** 조희정 | **관리** 정영주
펴낸곳 (주)양철북출판사 | **등록** 제25100-2002-380호(2001년 11월 21일)
주소 서울시 영등포구 양산로 91 리드원센터 1303호
전화 02-335-6407 | **팩스** 0505-335-6408
ISBN 978-89-6372-199-6 03300 | **값** 17,000원

편집 이정우 | **디자인** 땡스북스 스튜디오

1
나는 커서
뭘 할까?

미래를 여는
녹색직업을 만나다

그린잡

녹색교육센터 기획
박경화 지음

양철북

네가 진짜로 원하는 게 뭐야?

"처음 뵙겠습니다. 제 명함이에요."
"어머, 좋은 일 하시네요."

낯선 이에게 나를 소개하는 일이 종종 있습니다. 명함을 건네자 상대방은 곧 내 직업에 관심을 보이기 시작합니다. 나이, 고향, 학교, 경력, 취미와 특기 등 나를 드러내고 설명하는 방식은 다양하지만 그중 가장 명료하게 표현하는 것은 내가 하는 일, 바로 직업이 아닐까 합니다. 직업을 통해 한 사람의 삶의 태도와 지향을 단번에 알아볼 수 있고, 심지어 어떻게 살아왔고 어떻게 살아갈 것인지도 짐작해볼 수 있으니까요.

직업과 직장은 다릅니다. 직장은 내가 일하는 일터, 속해 있는 회사나 단체 등을 말해요. 직업은 나만이 할 수 있는 일, 내 전문성이자 무기입니다. 어른들이 '기술 배우라'고 하는 것은 나만의 무기, 나만의 전문성을 가지라는 뜻이죠.

직업은 돈을 버는 중요한 경제수단이지만 내가 가장 몰입하는 일이기도 합니다. '10년 근속'이라고 하면 무려 10년 동안이나 몰두해온 일이죠. 결코 호락호락하지 않은 시간인 만큼, 마지못해 일한다면 몸과 마음이 힘들 수밖에 없습니다.

아침에 출근해서 저녁 퇴근 때까지 하루 8시간, 주 40시간, 한 달, 일 년, 10년, 정년퇴직, 이 긴 시간 동안 몰입해서 할 수 있는 일은 뭘까요? 내 적성에 맞고 즐겁고 보람 있고 사명감도 생기는 일은 과연 뭘까요? 문득 거리에서 우연히 들은 노랫말에서 실마리를 찾을 수 있었습니다.

"네가 진짜로 원하는 게 뭐야?"

만화가 허영만 작가는 만화 작업 50년이 되던 해, 그동안의 작품을 정리해 보니 만화 215편에 원화가 무려 15만 장이나 되었다고 해요. 세계에서 최고로 높은 16개 산봉우리를 오른 것으로 유명한 산악인 엄홍길 대장은 실제로는 38개 산봉우리를 오르려고 시도했다고 합니다. 성공보다는 실패가 더 많았고, 처절한 실패의 경험이 있었기 때문에 성공이 더욱 빛나는 것이라고 말합니다. 만화 《미생》으로 유명한 윤태호 작가는 일주일에 3일은 밤을 새면서 만화 작업에 몰두한다고 합니다. 앞으로 왕성하게 작품 활동을 할 시간이 그리 길지 않을 것 같아서 더욱 몰입한다고 해요.

직업은 이렇게 어마어마한 일입니다. 좋은 성과를 얻기 위해 온몸의 세포 하나하나가 다 함께 몰입하고 노력해야 하는 일이에요. 내 목표는 과연 무엇이고 나는 왜 지구에 왔을까를 생각하게 만드는 것이 바로 직업, 내 일입니다. 이 일을 통해서 사회에 기여하고 자신의 발전에도 도움이 되어야 합니다. 오래 일할수록 가치 있는 일이라면 더욱 좋겠지요.

녹색직업은 자연 환경을 보존하고 생태계를 복원하는 일, 그리고 에너지와 자원, 쓰레기 등 환경문제를 해결하는 데 큰 도움이 되어 우리 삶을 더욱 풍요롭게 만드는 데 기여하는 일자리예요. 또, 녹색경제와 녹색산업에 도움이 되고 지속가능한 사회를 만드는 데 중요한 역할을 하는 일이에요. 녹색직업은 크게 두 가지로 나눌 수 있는데 환경운동가와 야생동물 수의사처럼 환경현장을 누비며 직접 생명을 살리거나 지키는 일이 있고, 디자이너와 국제기구 전문가처럼 전문직에 종사하면서 환경과 관련된 일을 하는 경우가 있습니다.

10년 전보다 녹색직업은 매우 다양해졌고 미래 유망 일자리에는 언제나 녹색직업이 포함되어 있습니다. 전 세계의 여러 유명 연구소와 언론은 20~30년 안에 녹색 일자리가 수천만 개 생겨나리라고 전망했고, 글로벌 기업들도 녹색기술과 녹색 일자리 창출에 아낌없이 투자하고 있어요.

이 책의 기획은 2014년 가을에 녹색교육센터가 진행한 그린잡 토크콘서트 '너는 커서 뭐가 될래?'에서 시작되었습니다. 다섯 차례에 걸쳐 다양한 분야의 녹색직업인들이 천여 명의 10대를 만났어요. 어떤 일을 하는지, 어떻게 그 일을 하게 되었는지, 보람된 점과 힘든 점은 무엇인지 이야기하고, 참여 프로그램을 통해 다 함께 직업을 체험해보았지요.

이 책을 쓰기 위해 열다섯 명의 녹색직업인들과 심층 인터뷰를 하다 보니, 이들에게는 공통점이 있었습니다. 이들은 어릴 적부터 자신이 좋아하는 일을 열심히 찾았고, 누가 시키지도 않았고 학교 숙제도 아니었지만 자신이 좋아하는 일에 몰입했습니다. 좀 늦었다 생각되더라도 과감한 결단을 내리고 한 걸음씩 성장했고, 스스로 선택한 일이라서 고되고 벅찬 순간도 잘 이겨낼 수 있었습니다. 또, 자신의 직업에 대해 분명한 철학과 열정을 가지고 있고, 특히 나를 넘어 세상을 널리 이롭게 하는 일에 깊은 관심을 가지고 있었습니다.

꿈과 현실은 다르다고요? 하고 싶은 일을 하면서 사는 것은 꿈에 불과하다고요? 여기 꿈과 현실을 동시에 이룬 사람들이 있습니다. 환경을 살리면서 돈도 버는 그린잡의 세계로 여러분을 초대합니다.

2016년 4월 박경화

차례

1

녹색 자연을
지키다

넘실대는 바다에서 고래를 지켜라!

고래 박사 김현우

"우리 바다에 어떤 고래가 있고 무엇을 먹고 새끼를 어떻게 낳고 키우는지, 고래 생태에 관한 궁금증을 풀 수가 없었어요. 헌책방을 돌아다니면서 외국 책과 자료, 사진 등 고래에 관한 거라면 뭐든 모았지요. 예전에 큰돌고래라고 알려졌던 제주의 고래를 제가 연구하여 남방큰돌고래라고 이름 붙였어요. 제주도 연안에서 100마리 정도 살고 있는데, 잘 보호해서 200마리까지 늘어나는 걸 보고 싶습니다."

김현우

우리 바다에서 서식하는 해양생물에 관한 전문적인 조사와 연구를 하는 국립수산과학원의
고래연구센터 해양수산연구사로 활동하고 있다. 제돌이로 유명한 남방큰돌고래 문제를 세상에
처음 알렸고, 고래가 편안하게 살 수 있는 환경을 만들기 위해 애쓰고 있다. 어릴 때부터 스스로
고래 공부를 하여 전문가가 된, 우리나라에서는 매우 드문 고래 박사이다.

국립수산과학원 www.nifs.go.kr
고래와 돌고래 cafe.daum.net/orcinus

"줄을 빨리 끊어야 해요. 고래가 점점 지쳐가고 있어요!"

바다는 거칠게 일렁이고 현장 상황은 매우 긴박했다. 거대한 고래는 가쁜 숨과 함께 물을 뿜어내며 괴로운 듯 심하게 몸부림을 쳤다. 그럴 때마다 합동구조팀과 어민들이 탄 작은 배가 금방이라도 뒤집어질 듯 일렁였다.

2015년 2월 11일, 거대한 고래가 경남 남해군 미조면 앞바다 홍합 양식장에 나타났다는 급한 연락이 왔다. 고래연구센터 김현우 해양수산연구사는 하던 일을 모두 접은 채 울산에서 남해까지 한달음에 달려갔다. 안타깝게도 고래는 꼬리가 양식장 줄에 꼬여 오도 가도 못하고 있었다. 이 고래는 전 세계에서 300마리 이하가 살고 있는 희귀종인 북태평양 긴수염고래로, 1974년 동해안에서 마지막으로 잡힌 뒤 무려 41년 만에 우리 바다에 나타난 반가운 손님이다.

밧줄을 잘라내기 위해 수중구조팀이 접근했지만, 엄청난 힘을 가진 고래가 몸부림을 치고 격렬하게 움직일 때마다 구조팀마저 아슬아슬 매우 위험했다. 바다에서는 팽팽한 긴장감이 감돌았다. 세 겹으로 꼬인 밧줄은 매우 단단해서 쉽게 끊어지지 않았고, 수중구조팀과 어민들은 어둠이 짙어질 때까지 온 힘을 다했지만 겨우 두 겹만을 끊어냈다. 나머지 한 겹은 결국 끊지 못한 채 철수할 수밖에 없었다. 추운 겨울에 더 이상 무리하게 작업하면 사람마저 위험하기 때문이다.

밤새 고래에게 좋지 않은 일이 벌어지면 어쩌나, 뜬눈으로 가슴 졸이던 김현우 연구사는 날이 밝기 무섭게 다시 배를 타고 현장으로 갔다. 그런데 어쩐 일인지 바다는 잔잔했다. 김현우 연구사는 가슴이 철렁했다. 고래에게 무슨 일이라도 생긴 걸까? 곧바로 수중구조팀이 뛰어들어 바닷속을 샅샅이 뒤졌지만 긴수염고래는 어디에도 없었다. 여수와 통영 앞바다까지 샅샅이 수색했지만 고래는 보이지 않았다. 그런데 바다 밑을 조사해보니 평소와 같이 깨끗했다. 만약 고래가 죽었다면 엄청난 크기로 몸부림치면서 바다 밑은 헝클어지고 엉망이 되었을 텐데 말이다. 고래가 자신의 힘으로 밧줄을 끊고 너른 바다로 헤엄쳐 간 것이었다. 그제야 김현우 연구사를 비롯한 고래연구센터 연구사들, 부산 아쿠아리움 수중구조팀, 어민, 해양경찰, 언론 기자까지 현장에 있던 모든 이는 가슴을 쓸어내리며 안도의 숨을 내쉬었다.

　한편, 김현우 연구사는 고래가 나타난 첫날부터 이 고래를 관찰하고 사진을 찍고 자세히 판독하여 몸길이 13~14미터, 생후 7년 된 수컷이라는 것을 알아냈다. 또, 아직 다 자라지 않은 고래인데 가족들과 함께 돌아다니다가 홀로 떨어져 나온 것으로 추정되고, 완전히 자라면 길이는 최대 20미터, 몸무게는 100톤까지 커지고 60~70년을 산다고 밝혔다. 남해를 떠난 긴수염고래는 대한해협을 지나 동해를 따라 오호츠크해로 돌아갔거나, 일본 주변 해역을 지나 태평양으로 향했을 것으로 추정했다.

"암컷 고래의 배에는 새끼에게 젖을 먹일 수 있는 유선이 두 개가 있는데, 수컷도 가끔 주름처럼 나타나기도 해요. 처음에는 이 유선을 보고 암컷이 아닐까 생각했는데, 현장에서 찍은 사진 여러 장을 자세히 판독해보니 수컷이었어요."

이번에 나타난 긴수염고래의 영어 이름은 라이트 웨일(Right Whale)인데, 고래에게 '알맞다'라는 이름을 붙인 것은 그만큼 잡기가 편하다는 뜻이다. 예전에 포경(捕鯨, 고래 잡는 일)이 많이 이루어지던 시절, 지방이 두꺼운 긴수염고래를 작살로 찔러 죽이면 잘 떠올라서 건져내기도 쉽고 이용하기도 쉬웠다. 우리나라 동해에도 긴수염고래가 많았는데 서구 열강들의 포경선이 찾아와 닥치는 대로 잡는 바람에 일찌감치 자취를 감추었고, 20세기 들어 거의 절멸 상태에 이르렀다. 긴수염고래는 몇 종류가 있는데 그중 북태평양 긴수염고래는 태평양과 미국·캐나다 앞바다에 130여 마리가 살고, 우리나라, 러시아, 일본 쪽에는 정확하게 알 수 없지만 모두 합해서 200~300마리 정도 생존하는 것으로 추정된다.

"과거 기록을 보면 지금 이 시기에 긴수염고래가 남해에 나타난 것은 당연한데, 워낙 개체수가 적어져서 지금까지 발견이 안 된 것이라고 할 수 있어요. 1974년 이후 처음으로 발견된 희귀종이라서 더 큰 주목을 받았고, 외국의 고래 연구자들도 큰 관심을 갖고 있어요."

밤새 고래가 떠나버리자 김현우 연구사는 안도의 한숨을 내쉬면서도 섭섭한 마음이 들었다. 하지만 죽은 채로 떠오른 것보다는 얼마나 다행인가. 김현우 연구사에게는 긴수염고래가 어떻게 남해안으로 찾아왔는지가 새로운 연구 과제로 남았다. 이렇게 고래가 나타났다는 소식이 들리면 고래연구센터 연구사들은 만사를 제쳐놓고 곧바로 현장으로 출동한다. 이런 긴급 출동이 자주 있으면 좋겠는데 아쉽게도 우리 바다에서는 매우 드물다.

고래에게 좋은 이름 지어주기

우리나라 바다에는 상괭이와 낫돌고래, 밍크고래, 긴부리참돌고래, 남방큰돌고래 같은 다양한 고래가 살고 있어서 배를 타고 나가면 그리 어렵지 않게 만날 수 있다. 거대한 혹등고래는 일 년에 한두 번 발견되고, 남해에 나타났던 긴수염고래처럼 수십 년 만에 매우 드물게 찾아오는 경우도 있다. 지금까지 우리나라 바다에서 발견된 적 있는 고래는 모두 35종이 기록되어 있는데, 그중 매우 드물게 발견되는 고래는 길을 잃었거나 쿠로시오 해류를 따라 이동하다가 길을 잘못 접어든 경우라고 할 수 있다. 어쩌면 고래가 늘 지나가는 길인데 사람이 발견하지 못했던 것일 수도 있다. 여러 고래 종류 중에서 김현우 연구사가 집중 연구하고 있는 고래는 제주 연안을 중심으로 생활하는 남방큰돌고래이다.

"처음에는 곰새기라고 이름 지을까 생각했어요. 제주도 사람들

은 돌고래를 곰새기라고 부르는데, 처음 이 돌고래와 연을 맺은 사람들의 의견을 존중하고 싶었지요."

예전에 남방큰돌고래는 우리나라에 사는 큰돌고래와 같은 종이라고 알려져 있었다. 그런데 김현우 연구사가 유심히 관찰하다 보니 제주도에 사는 큰돌고래의 무리는 일반 큰돌고래와 형태가 좀 달랐다. 어떤 차이가 있을까, 김현우 연구사는 해답을 찾기 위해 고래의 사진을 찍고, 그물에 걸려서 죽은 고래를 해부하고, 골격과 형태, DNA 등을 정밀하게 분석했다. 이렇게 연구해보니 제주의 이 돌고래는 큰돌고래와 두개골 모양이 다를 뿐 아니라 생태적인 습성도 달랐다.

이 돌고래에 대한 연구는 해외에서 먼저 시작되어 학명이 있었지만(Tursiops aduncus) 국내에는 아직 기록되지 않은 종이라 우리 이름이 없었다. 국내 미기록종은 처음 발견한 연구자가 이름을 붙일 수 있는데, 한 종의 이름을 지어서 논문으로 발표하면 영원히 기록으로 남고, 사람들이 그 이름으로 불러주기 때문에 신중하게 지을 수밖에 없다. 이 돌고래는 우리나라에서는 제주도에만 살고 있고 제주 사람들이 곰새기라고 부르니, 김현우 연구사는 '곰새기'를 논문을 주관하는 학회에 제출했다. 그런데 학회에서는 방언도 중요하지만 이름이 낯설고 돌고래의 특성을 살릴 수 있는 이름은

남방큰돌고래 ©국립수산과학원 고래연구센터

남방큰돌고래 ©국립수산과학원 고래연구센터

아닌 것 같다며 다시 고려해달라고 했다. 김현우 연구사는 다시 고
민에 빠졌다.

　큰돌고래는 전 세계에 분포하고 우리나라 연안에서도 살고 있
는데, 제주에 사는 이 돌고래는 열대와 온대 지방에서 주로 살고
수온이 찬 곳에는 살지 않는다. 우리나라에서도 따뜻한 제주 연안
에서만 분포하니 남쪽이라는 뜻을 가진 남방을 넣어서 '남방큰돌
고래'라고 다시 이름을 지었다.

김현우 연구사가 이름을 붙여준 고래 중에는 샛돌고래도 있다. 따뜻한 바다에서 사는 샛돌고래는 난류의 지류를 타고 우리나라 바다에 유입되어 왔는데, 그래서 '샛길로 빠져 들어왔다'는 뜻으로 지었다. 영어로는 '프레이저 돌핀(Fraser's Dolphin, 학명 Lagenodelphis hosei)'이라고 하는데, 프레이저라는 사람이 발견해서 자신의 이름을 붙인 것이다. 이처럼 외국의 경우는 보통 처음 발견한 사람이 자신의 이름을 붙이는데, 우리나라에서는 생물체의 특징을 살리거나 의미를 담은 보편타당한 이름을 지어준다.

"예전에 큰돌고래라고 알고 있을 때에는 아무도 신경 안 쓰고 관리하지 않았는데, 남방큰돌고래라는 것이 밝혀진 후부터는 사람들이 관심을 갖기 시작했어요. 우리나라 남방큰돌고래는 제주도에서만 100여 마리가 살고 있으니 자연스레 제주도 연안을 보호해야 한다는 생각으로 이어졌지요."

남방큰돌고래는 '고래 자원의 보존과 관리에 관한 법률'에 따라 보호대상해양생물로 지정되었는데, 이때 김현우 연구사의 남방큰돌고래 연구 결과가 큰 영향을 미쳤다. 더 유명한 사건은 제돌이 방류였다.

고래 전문가가 하는 일

남방큰돌고래를 연구하는 김현우 연구사는 돌고래의 등지느러미

모양을 보고 고래를 식별한다. 고래는 자라면서 서로 싸우거나 여러 가지 원인으로 상처가 생겨 등지느러미가 서로 다른 모양으로 변해가기 때문에, 고래를 구별할 때 흔히 이 방법을 이용한다. 2007년 11월, 제주도 북쪽 월정리에서 김현우 연구사는 남방큰돌고래를 여러 마리 촬영하고 돌고래마다 구별할 수 있도록 식별 번호를 붙였다. 그런데 2년 뒤, 제주도의 어느 수족관에 갔더니 식별 번호 9번을 붙였던 돌고래가 수족관에 갇혀 있었다. 바로 그 유명한 남방큰돌고래 제돌이었다.

우리나라에서 고래 포획은 불법인데 어떻게 이 돌고래가 수족관 안에 있는지 김현우 연구사는 화가 치밀어 올랐다. 자세히 알아보니 돌고래가 사람을 잘 따르고 훈련을 잘 받으니 불법으로 잡아서 돌고래쇼를 시키고 있었다. 그 후, 제돌이를 비공식적인 경로로 제주 수족관에서 서울대공원으로 옮겼다는 사실도 알게 되었다. 김현우 연구사는 언론과 인터뷰를 하여 제돌이를 세상에 알렸고, 이후 환경단체를 비롯한 많은 이들이 제돌이를 고향 바다로 돌려보내자고 외쳤다.

그러자 서울대공원을 관할하는 박원순 서울시장이 불법으로 거래된 돌고래를 방류하기로 결정했고, 전문가와 환경단체 활동가, 시민들로 구성된 제돌이시민위원회도 제돌이 방류를 위해 여러모

남방큰돌고래(위), 참돌고래(아래) ©국립수산과학원 고래연구센터

고래 박사 김현우

로 노력했다. 수족관에서 사육사가 먹이를 주는 것에 익숙해져 야생성을 잃어버린 제돌이는 살아 있는 먹이를 잡아먹는 훈련 같은 야생적응 훈련을 받았다. 2013년 7월, 드디어 제돌이는 친구들이 사는 제주 앞바다로 무사히 돌아갔다. 이 모든 과정에서 김현우 연구사의 남방큰돌고래 연구가 큰 역할을 했다.

제돌이를 방류하던 날, 제돌이 방류팀은 드라이아이스와 알코올을 이용하여 고통 없는 방법으로 제돌이의 등지느러미에 숫자 1번을 새겼다. 앞으로 바다에서 돌고래를 관찰할 때 이 숫자를 보고 제돌이가 잘 살고 있는지를 확인하기 위해서이다. 제돌이뿐 아니라 같은 처지였던 남방큰돌고래인 춘삼이, 삼팔이도 야생 돌고래 무리에 합류했고, 2015년 7월에는 태산이와 복순이도 제주 바다로 돌아갔다. 이후 김현우 연구사는 이들이 다른 야생 돌고래와 잘 어울리는지, 먹이를 잘 먹고 새끼를 낳는지도 계속 관찰하고 있다.

한편, 김현우 연구사는 고래 해부 작업에도 참여한다. 고래의 분류학 연구를 하고 있는 김현우 연구사는 뼈를 이용한 종 구별이나 개체군 연구를 하기 위해, 고래가 먹은 내용물을 보고 생태 연구를 하기 위해 해부를 한다. 흔히 볼 수 없는 귀한 표본이 있으면 고래연구센터에서 고래를 구입해서 연구하기도 하고, 해부 의뢰를 요청받는 경우도 있다. 이 경우에는 보통 고래가 죽은 원인을 찾기 위해서 해부 작업을 하는데, 대개 사람들은 고래의 가치에 대해 알고 싶어하지 고래 죽음의 원인까지 궁금해하는 경우는 드물어서 해부 의뢰도 매우 드문 편이다. 김현우 연구사는 이런 현장 조사와 해부 작업 같은 전문적인 고래 연구가 우리나라의 바다생태계를 더욱 건강하게 만드는 밑바탕이 되기를 바란다.

꿈을 이루는 방법

"고래가 너무나 궁금한데 우리나라에서 발행된 고래 관련 책은 몇 권 없었어요. 그마저 포경의 역사에 관한 내용이고 고래 생태 전문 서적은 아니었지요. 그래서 헌책방에 가서 《지오(GEO)》와 《내셔널지오그래픽》 같은 외국잡지를 사서 고래 기사를 모았어요."

부산에서 태어난 김현우는 바닷가 마을인 다대포에서 살았는데, 바닷가에서 놀다 보니 자연스럽게 물고기와 바다생물에 관심이 많았다. 철새의 천국인 을숙도가 가까워서 도요새와 물떼새, 슴새 등 계절마다 이동하는 수많은 새를 보다 보니 새에도 관심이 많았다. 고등학생 때에는 잠시 육상 포유류가 좋았다가, 진로를 고민할 무렵에는 고래에 관심이 생겼다.

텔레비전 다큐멘터리를 보다가 우연히 우리 바다에도 고래가 있다는 것을 알게 되었고 고래를 연구하는 생태학자가 되고 싶었다. 그런데 고래 관련 책을 찾아보니 우리나라 고래 책은 동화책 몇 권과 인간이 고래를 잡아서 어떻게 이용했는지를 알려주는 책이 전부였다. 우리 바다에 어떤 고래가 있고, 무엇을 먹고 새끼를 어떻게 낳고 키우는지 같은 고래 생태에 관한 궁금증을 풀 수가 없었다. 김현우는 궁금한 것을 알기 위해 스스로 찾아 나서기로 했다. 부산의 헌책방을 돌아다니면서 책과 자료, 사진 등 고래에 관한 거라면 뭐든 모으기 시작했다.

헌책방에서는 외국 잡지를 찾는 사람이 드물어 영문 잡지 과월 호를 싸게 살 수 있었다. 집에 돌아와 영어사전을 펴놓고 더듬더듬 읽으며 혼자 고래를 공부했다. 어머니는 '사진만 잔뜩 든 그런 책 읽지 말고 참고서 한 번 더 보라'고 잔소리를 하기도 하셨다.

그러던 어느 날 미국에서 출간된 책을 읽다가 "그레이 웨일 코리언 스톡(gray whales Korean stock)"이란 구절을 보았다. '그레이 웨일'은 귀신고래를 뜻하고, '코리언 스톡'은 한국계를 말한다. 귀신고래는 포경선이 나타나면 순식간에 방향을 바꾸어 신출귀몰 귀신처럼 빠르게 사라진다고 해서 어민들이 붙여준 이름이다. 고등학생 김현우는 그 전까지 우리 바다에는 그물에 걸린 밍크고래 정도가 있을 뿐이라고 생각했는데, 학명에 '한국계 귀신고래'라는 이름이 붙을 정도로 귀신고래가 우리 바다에 많았다는 사실을 처음 알게 되었다.

귀신고래의 생태가 너무나 궁금했고, 대학에 가서 고래 공부를 더 깊이 하고 싶었다. 그래서 해양생물학과를 선택했는데, 해양생

사할린 앞바다(위)와 북태평양(아래)에서도 고래를 관찰하고 연구한다. ©국립수산과학원 고래연구 센터

물 전반을 폭넓게 공부하는 학과 공부와 별개로 혼자 고래 공부를 계속했다. 대학교 안에서도 고래를 연구하러 온 독특한 친구로 유명했다. 이렇게 외국 자료를 비롯해서 차근차근 알아낸 고래 정보를 혼자만 품지 않고, '고래와 돌고래'라는 인터넷 카페를 열어 고래에 관심 있는 사람들과 서로 공유했다.

"고래에 대해 많이 알고 인터넷 카페도 운영하는 학생이 있다는 소문이 고래를 연구하는 국립수산과학원 손호선 박사님의 귀에 들어갔대요. 그래서 고래방에서 저를 찾은 거예요."

국립수산과학원 고래연구센터는 2004년에 출범했다. 그 전에는 국립수산과학원 해외자원팀에서 고래를 연구하는 연구관과 연구사 딱 두 명이 연구하는 작은 방이었고, 방 이름도 없어서 '고래방'이라고 불렀다. 고래방 연구사가 연락을 했던 당시 김현우는 군제대 직후 자전거 여행 중이었는데, 여행을 중단하고 바로 고래방을 찾아갔다. 이때부터 연구보조원 자격으로 고래 연구를 시작했다. 대학 졸업도 하기 전에 스카우트된 것이다. 복학해서도 고래에 관한 현장 조사가 있을 때마다 고래방 연구사들과 같이 활동하고, 방학이 되면 아르바이트 형식으로 고래 연구를 도왔다.

대학교를 졸업한 후 김현우는 본격적으로 고래연구센터 일을 하면서 석사 공부도 함께했다. 낮에는 센터에서 일하고 밤에는 수업을 들으면서, 현장에서 연구한 자료를 바탕으로 석사와 박사 논문을 써서 학위를 받았다. 연구와 공부를 함께하는 일이 쉽진 않았지만 고래 연구 외에 다른 일에는 눈길도 주지 않았다. 당시 고래연구센터는 부산 기장의 국립수산과학원 안에 있었는데, 2006년 울산 장생포에 고래연구센터 건물을 새로 지으면서 김현우도 거처를 울산으로 옮겼다.

고래에게 가장 평화로운 바다

"북태평양에서 꼬박 두 달 동안 배를 타고 고래 조사를 합니다. 섬하나 없는 드넓은 망망대해에서 세계 고래 연구자들이 함께 고래를 관찰하고 공동으로 연구를 해요."

거대한 고래가 지나가면서 꼬리를 흔들며 하얀 물결을 일으키자 김현우 연구사는 이 장면을 놓칠세라 카메라 셔터를 연신 눌렀다. 잠시 후 돌고래가 날렵하게 물 위로 뛰어 올라 공중회전을 한 뒤 물속으로 사라졌다. "와아!" 함께 고래를 관찰하던 연구자들이 탄성을 터뜨렸다. 이런 장면은 순식간에 벌어지기 때문에 계속 긴장을 풀지 않고 바다를 바라보면서 촬영할 준비도 갖추고 있어야 한다. 김현우 연구사는 촬영한 사진을 확대해서 외국인 연구자들과 함께 고래 종류와 크기 등 정밀 분석을 시작했다.

일본에서 출항한 거대한 조사선은 북태평양을 항해하면서 고래를 찾아 나선다. 북태평양의 지도 위에 지그재그로 선을 그어놓고 이곳을 따라서 배를 운항하면서 고래를 탐색하는 것이다. 배에는 우리나라와 일본, 미국, 멕시코 등지에서 활동하는 고래 연구자들이 모여서 고래 조사를 하는데, 이 국제 공동 조사는 국제포경위원회(IWC)가 주관한다.

이 조사를 위해 김현우 연구사는 이곳에서 고래를 포획했던 과거 기록을 찾아서 어떤 고래가 살고 있는지 미리 알아보고 고래 관련 자료를 찾는 등 꼼꼼하게 준비했다. 준비를 많이 할수록 얻는 게 많기 때문이다. 북태평양은 매우 넓은 바다라서 해마다 구역을 나눠서 이런 국제 공동 조사를 벌이는데, 거친 파도를 헤치며 운항하는 배에서 두 달 동안 생활하는 것이 호락호락하진 않지만 고래 연구자라면 누구라도 이 배를 타고 싶어 한다. 우리 바다에서 볼 수 없는 대형 고래를 만날 수 있고 이런 조사가 아니면 직접 만나기 어려운 고래도 많아서 고래 연구자에게는 매우 흥분되는 기회이다.

고래연구센터의 바쁜 일정 때문에 이 조사를 해마다 참여하기는 어렵다는 것이 무척 아쉽다. 그래도 연구원들 가운데 김현우 연구사는 장기 조사를 많이 한 편에 속한다. 북태평양 고래 조사는 두 번 참여했고, 귀신고래를 연구하기 위해 2003년부터 2007년까지 해마다 여름에 두 달씩 사할린 앞바다에서 머물기도 했다. 언젠가 기회가 되면 남극 바다의 고래도 조사해보고 싶다. 고래 연구자에게 남극 바다는 꿈의 기회가 될 것이 분명하다. 이런 연구의 궁극적인 목적은 우리 바다의 생태계를 건강하게 만들고 고래가 편안하고 평화롭게 살 수 있는 환경을 만드는 것이다.

"지금 제주 앞바다에 사는 남방큰돌고래의 개체수는 100마리 정도인데, 제가 살아 있는 동안에 200마리까지 늘어나는 걸 보고 싶어요. 귀신고래는 1977년 이후 발견되지 않고 있지만 개체수가 더 늘어나서 우리 바다에서도 볼 수 있으면 좋겠어요."

고래의 수를 늘리려면 고래가 편안하게 살 수 있는 환경을 만들어줘야 하고, 먼 바다로 이동하지 않고 제주 연안을 따라 돌면서 생활하는 남방큰돌고래를 보호하려면 해안 개발을 줄여야 하고, 국가 차원의 연안 보전 종합 대책도 세워야 한다. 이렇게 고래를 보호하려면 우리 바다에서 어떤 고래가 얼마나 살고 있고 어떻게 죽어가는지 등을 연구해야 하고, 고래를 돈벌이로 생각해서 불법 포획하고 이용하는 사람들의 인식을 바꾸는 노력도 필요하다. 실제로 제돌이 사건 이후 남방큰돌고래가 보호종이라는 게 널리 알려지면서 불법 포획은 사라졌고, 어민들이 방류하려고 노력하면서 고래가 고기잡이 그물에 걸리는 혼획도 많이 줄었다.

일렁이는 푸른 바다에 거침없이 나아가 고래를 연구하는 김현우 연구사가 해야 할 일은 아득한 바다만큼이나 넓고도 많다.

Q 해양학자가 되려면
어떤 공부를 해야 할까요?

A 해양생태계를 구성하는 생물을 두루 공부하는 학과가 적합하다. 자원생물학과(예전 해양생물학과)가 가장 적합하지만 생물학과나 해양 관련 학과에서 공부해도 괜찮다. 대학교 학부에서는 해양생물에 대한 대범주를 포괄적으로 공부하고, 석사와 박사 과정에서 점점 범주를 좁혀서 고래나 자신이 연구하고 싶은 해양생물을 깊이 공부하는 것이 좋다.

해양학자는 자신이 연구하는 분야에 호기심이 많아야 하고, 주어진 자료와 눈앞에 펼쳐진 사실만을 근거로 판단해야 한다. 감정적으로 접근하면 연구결과가 달라질 수 있기 때문에 주의해야 한다. 무엇보다도 자기가 연구하는 고래나 물고기, 산호, 해초 등 대상 개체에 대한 깊은 애정을 가져야 한다. 살아 있는 생명과 서식지를 연구하고 보호하는 일이니 말이다.

고래 전문가가 근무할 수 있는 곳은 연구소와 해양 관련 연구기관, 대학교 등이 있다. 국립수산과학원이나 한국해양과학기술원 등 해양생물을 연구하는 기관에서 근무할 수도 있고, 외국기관에서 활동할 수도 있다. 미국은 고래연구 인력이 2000명이나 되는데 고래를 연구하는 사람이 많기 때문에 우리나라보다 치열할 것이다. 활동 분야는 다르지만 아쿠아리움의 사육사나 해양생물 전문 수의사도 고래 관련한 일을 한다.

Q 우리 바다에서 고래 연구는 왜 필요할까요?

A 미국과 일본, 호주에서는 고래 연구가 활발한데, 중국과 동남아 여러 국가에서는 고래가 많이 살지만 고래 연구소를 운영하지 않고 고래 연구도 거의 없다. 고래는 양식장이나 바다어장을 통해서 수익을 얻을 수 있는 상업동물이 아니기 때문에 국가에서 연구소를 만들어서 투자할 필요가 없다고 생각하는 것이다.

고래에 관심을 갖는다는 것은 해양생태계에 관심이 있다는 것을 의미한다. 해양생태계에 대한 보존과 관리에 대한 생각과 의지가 있다면 자연히 고래에 대한 관심으로 이어진다. 고래 보호에 관한 국민의 여론이 높아지고 정책입안자들과 행정관료들이 해양생태계에 관심을 가지면 국가 차원에서 고래 연구를 할 수 있고, 해양생태계와 연안을 보전하는 정책을 만들고 고래 보호에도 적극 나설 수 있을 것이다.

야생동물도 치트가 필요해

야생동물 수의사 김희종

"치료를 잘 받아서 건강해진 동물을 방생할 때가
가장 보람 있어요. '잘 살아라' 하고 보내주면서
'제발 다시 들어오진 마라'라고 생각하죠.
동물을 치료하는 일도 적성에 맞아야 해요.
동물을 좋아한다고 다 야생동물 수의사가 될
수는 없어요. 야생동물 수의사는 포유류와 조류,
파충류까지 치료하는데, 동물의 생태특성을
알아야만 적절한 치료법을 찾을 수 있고, 그만큼
공부해야 할 범위가 넓은 매우 섬세한 직업이에요."

김희종

충남 예산에 있는 충남야생동물구조센터의 선임 수의사로, 다치거나 병에 걸린 야생동물을
치료하고 있다. 야생동물 수의사는 다친 동물이 앞으로 살아갈 생과 겪게 될 고통을 예상해서
냉철한 판단을 하는 것도 중요하다. 다친 동물과 회복 중인 동물, 영구장애를 입고 교육용으로
활약하는 동물, 그리고 이들을 정성껏 구조하고 치료하는 사람들까지 대식구와 함께 들썩들썩
즐겁게 살고 있다.

충남야생동물구조센터 cnwarc.blogspot.kr

"다친 동물이 들어왔어요!"

구조 차량이 들어오자마자 재활관리사들이 뛰어나와 구조용 이송상자를 조심스럽게 내렸다. 작은 상자 안에는 너구리가, 큰 상자에는 고라니가 누워 있다. 다친 데가 심하게 아픈 것인지 이 갑갑한 통에서 풀어달라는 뜻인지 동물들이 거칠게 움직였다.

진료실에서 김희종 수의사가 의료용 장갑을 끼고 진료 준비를 시작했다. 장진호 수의사는 치료 중에 동물이 링거 줄을 물어뜯는 것을 방지하기 위해 링거 줄을 알루미늄 주름관에 끼운 뒤, 너구리를 이송상자에서 조심스레 꺼내 진료대에 올려놓고 손으로 잡아 고정시켰다. 김희종 수의사는 너구리의 입을 끈으로 부드럽게 묶으면서 진료를 시작했다. 진료 중에 너구리가 사람이나 의료 기구를 이빨로 무는 것을 예방하기 위해서이다.

너구리는 아산에서 구조되어 이곳으로 왔는데 통 기운이 없는 듯 얌전하게 누웠다. 쿰쿰한 냄새가 나고 엉덩이 쪽이 딱딱하게 굳어 있었다.

"이 너구리는 개선충 피부염에 걸렸어요. 너구리에게는 흔한 질병인데, 개선충에 걸리면 심하게 가려워서 긁어대니 피부가 이렇게 딱딱해지고, 먹이활동도 제대로 못해서 탈진 상태가 됩니다."

김희종 수의사는 너구리의 몸을 이곳저곳 살핀 뒤에 면도기로 다리의 털을 살짝 깎았다. 그 자리에 조심스럽게 수액 링거 바늘을 꽂고 잘 고정되도록 붕대로 단단하게 감았다. 우선 수액을 맞은 뒤 기운을 좀 더 차리면 피부염 치료를 계속하게 될 것이다. 개선충은 사람에게 옮기기도 하는데 매우 가려워서 한동안 고생하게 된다. 그래서 반드시 의료용 장갑과 두꺼운 개선충 방지용 장갑을 끼고 치료해야 한다. 수액을 맞는 너구리는 집중치료실 인큐베이터 안으로 들어가 편안하게 누웠다. 아마도 너구리는 평생 이런 일은 처음 경험할 것이다. 완치되어 친구들 곁으로 돌아가면 이 놀라운 무용담을 장황하게 늘어놓지 않을까?

다음 치료 환자는 고라니이다. 이송상자 안에서 푸다다닥 거칠게 움직이던 고라니는 수술실로 옮겨져 마취 마스크부터 꼈다. 민감한 고라니는 사람을 보면 심하게 날뛰기 때문에 마취를 해야 다친 곳을 자세하게 살필 수 있다. 얌전하게 누운 고라니를 보니 부러진 앞다리 외에 다른 곳은 괜찮아 보였다. 마취가 끝나자 장진호 수의사와 재활관리사는 고라니가 깔고 누운 천을 통째로 조심스럽게 들어서 엑스레이실로 옮겨 촬영을 시작했다.

잠시 후 너무나 안타까운 결과가 나왔다. 엑스레이 필름을 판독해보니 척추뼈가 어긋날 정도로 심하게 부러져서 고라니가 다시 회생하기는 어렵다는 진단이었다. 야생으로 돌아갈 수 없는 고라니는 안락사 시키기로 결정했다.

"잠시 나가 계시는 것이 좋겠습니다."

장진호 수의사의 말에 나는 수술실 밖 복도로 나왔다. 그리고 고라니를 위해 기도했다.

야생동물도 치료가 필요해

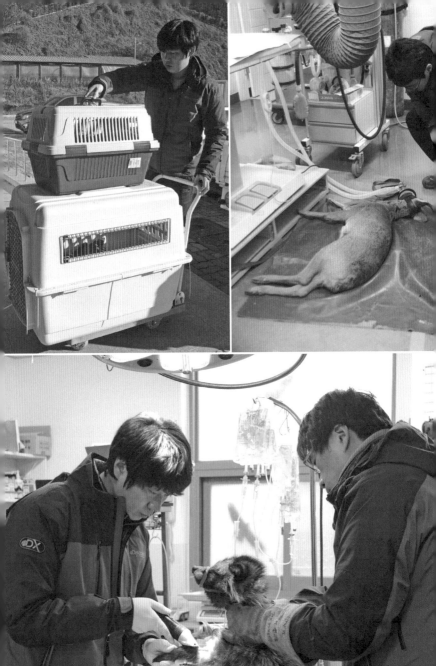

'부디 다음 세상에선 건강하게 오래오래 살아라, 고라니야.'

이처럼 야생동물구조센터는 삶과 죽음이 교차하는 곳이다.

시끌벅적 구조센터의 하루

잠시 후, 예산버스터미널에 황조롱이가 도착할 거라는 연락을 받고 김희종 수의사가 출동했다. 보령시의 공무원이 다친 황조롱이를 데리고 있다가 작은 상자에 담아서 버스편으로 보낸 것이다. 저녁에는 흰꼬리수리가 들어올 거라는 연락도 왔다. 오늘 하루만 다친 동물이 4마리나 들어왔다.

"동물들이 활발하게 활동하는 봄에는 다친 동물도 많이 들어와요. 하루에 18마리가 들어온 적도 있어요. 그에 비하면 지금은 조용한 편이죠."

다친 동물이 많은 계절에는 구조센터 식구들도 밤늦게까지 치료하고 또 새벽 5시부터는 동물들의 먹이를 챙기느라 퇴근도 못하고 뛰어다닌다. 어떤 날은 여러 곳을 뛰어다니며 하루 종일 구조만 하는 날도 있다. 생명을 다루는 일이기 때문에 머뭇거리거나 지체할 겨를이 없다.

구조센터의 하루는 정신없이 바쁘게 돌아간다. 다쳐서 실려 오

김희종, 장진호 수의사가 구조되어 온 너구리를 치료하고 고라니를 마취하고 있다.

는 동물의 응급치료뿐 아니라 입원실에 있는 동물의 상처를 확인하고 건강 상태도 살펴야 하며, 건강이 회복되어 계류장에 있는 동물들의 재활훈련도 시켜야 한다. 채소와 씨앗, 동물 사료, 미꾸라지, 메추리, 병아리 같은 동물들이 좋아하는 먹이도 챙겨야 하는데, 살아 있는 먹이인 미꾸라지는 어항에 넣고 따로 관리도 해야 한다. 또, 입원실과 계류장에 떨어진 동물의 똥과 털 같은 것도 치워야 하고, 자원봉사자 교육과 구조센터를 찾아오는 손님들을 위한 교육과 홍보 활동도 빼놓을 수 없다. 무엇보다도 다친 동물이 있다는 연락이 오면, 곧바로 출동하여 구조하거나 보호 중인 기관이나 사람을 찾아가서 동물을 안전하게 데리고 와야 한다.

충남야생동물구조센터에서는 수의사 2명과 재활관리사 3명, 구조와 시설 관리 일을 맡은 직원까지 모두 6명이 바쁘게 뛰어다니고 있다. 거기에 야생동물에게 먹이를 주고 계류장 청소도 하면서 여러 가지 일을 돕는 자원봉사자와 근로학생 들도 함께 활동하고 있다. 늦은 시간까지 동물을 치료하고 관리하느라 분주하지만 야생동물을 정말 좋아하는 사람들이라서 열정적으로 일하고 있다.

2015년 한 해 동안 충남야생동물구조센터에서는 다친 야생동물을 889마리나 치료했다. 야생동물구조센터는 전국에 12곳이 있는데(2016년 1월 기준), 규모가 작은 곳은 한 해 300~400개체를 치료하고 넓은 지역을 관할하는 센터는 1100개체 이상을 치료하고 있다. 전국을 통틀면 한 해 야생동물 1만 마리가량을 구조해서 치

야생동물 수의사 김희종

료하는데, 그중 40%만이 건강을 회복한 뒤 자연으로 돌아간다. 나머지는 거의 치료 중에 죽거나 이미 죽어서 구조된 경우, 영구장애가 생겨서 안락사 시키는 경우이다.

지금 입원실에는 몽골에서 태어나 우리나라를 찾았다가 다친 독수리가 있고, 교통사고를 당해서 멍한 상태인 어린 고라니 3마리, 치료는 끝났지만 봄에 무리가 찾아오기를 기다리는 저어새 3마리, 꿩과 솔부엉이, 말똥가리, 큰소쩍새와 참매, 멧비둘기, 각자 다른 방에 입원한 너구리 7마리까지 많은 동물이 치료와 재활훈련을 받으며 자연으로 돌아갈 날을 기다리고 있다.

야생동물도 치료가 필요해

야생으로 돌아갈 수 있을까?

"야생동물을 치료할 때에는 당장 살 수 있느냐보다 다시 야생으로 돌아갈 수 있느냐를 판단하는 것이 더 중요해요."

동물이 다치는 원인은 기아와 탈진, 기생충 감염, 바이러스 감염, 건물이나 유리창 충돌, 전깃줄 사고, 농약 같은 독극물 중독, 낚싯바늘과 낚싯줄 사고, 납중독 사고, 덫과 올무 같은 밀렵도구 사고, 사냥꾼이 쏜 총상, 도로 위 교통사고, 포식자 공격, 쥐 포획용 끈끈이, 바다 기름오염 등 매우 다양하다. 이 중에서 충남야생동물구조센터에 들어오는 동물은 건물이나 자동차에 부딪히거나 날개나 뼈가 부러진 경우가 제일 흔하다. 병원의 응급실처럼 말이다.

수술을 해야 하는 경우도 종종 있다. 이때 수의사는 냉철하게 판단해야 한다. 앞으로 동물이 살아갈 생을 미리 예상해서, 지금 치료를 한 뒤에 야생으로 돌아갈 수 있다면 정성껏 치료한다. 하지만 치료해서 살릴 수는 있으나 예전처럼 야생에서 살 수 없는 영구장애를 갖게 된다면 안락사를 시켜야 한다. 안락사는 임상치료 경험이 많은 수의사가 구조센터의 치료 기준과 원칙에 따라 신중하게 판단한다. 어떤 동물이든 생명은 소중하기 때문이다.

"사람을 보면 공격해야 하는 동물이 아무 반응이 없으면 통증이 정말 심한 거예요. 또, 야생동물 전문가가 아닌 사람이 동물을 잡아서 구조센터로 데리고 오는 경우도 동물이 발버둥 치거나 도

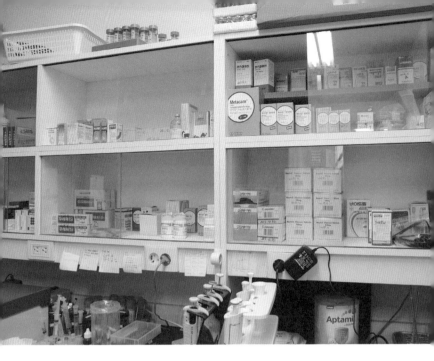

망갈 여력이 없어서 잡힌 것이기 때문에 많이 아프구나, 통증이 심하구나 하고 짐작하죠."

동물은 사람과 달리 수의사에게 아픈 부위를 말해주지 않는다. 그래서 다양한 방법으로 동물의 아픈 곳을 찾는다. 처음에는 움직임 정도와 반응 등을 보고 다친 상태를 짐작하고, 그다음 동물의 몸을 구석구석 살피면서 다친 부위를 정확하게 찾아낸다. 어떤 동물은 겉으로는 괜찮아 보이는데 검사해보면 심각한 경우도 있다.

　　　　　　　　　　　　　　　야생동물도 치료가 필요해

한편, 처음 동물을 발견한 신고자에게도 연락한다.

"발견 당시 상황을 물어보는 것이 가장 중요해요. 어느 곳에서 어떻게 발견했는지, 발견 당시 동물의 상태는 어땠는지를 물어보고 그 상황을 유추해보면 다친 원인을 짐작할 수 있어요."

신고자가 말해주는 장소와 상황, 동물의 움직임 상태 등을 유추해서 탈진 때문인지, 전깃줄 사고인지, 교통사고인지를 추정하고 그에 맞게 검사하고 치료한다. 그러나 많은 경우 야생동물구조협회나 시청, 구청, 소방서 같은 유관기관을 거쳐서 오기 때문에 동물이 다치게 된 원인을 가늠하기 어려운 경우도 많다.

동물은 매우 까다로운 환자이다. 야생동물은 사람을 비롯한 모든 동물을 경계하는 습성이 있기 때문에 작은 소리와 움직임에도 귀를 쫑긋 세우고 스트레스를 받는다. 그래서 입원실과 계류장에 있는 동물을 관찰할 때에는 문 앞에 있는 작은 창으로 살짝 들여다보거나 행정실에 설치된 CCTV로 관찰한다. 하지만 먹이를 주거나, 먹이를 스스로 먹지 않아 어쩔 수 없이 먹여야 하거나, 주사를 놓기 위해 사람이 다가가야 하는 일도 종종 있다.

노루는 얌전한 편이지만 예민한 너구리는 자꾸만 구석으로 숨어든다. 고라니는 날뛰고 뒷발길질을 하고 도망치면서 한바탕 난리를 친다. 이때 수의사와 재활관리사가 뒷발길질에 차이는 일도 종종 있다. 사람과 동물이 다치지 않도록 늘 조심해야 하고, 위험한 경우에는 마취를 한 뒤 안전하게 치료하기도 한다. 사람처럼 대화를 통해서 이해시킬 수 없기 때문에 동물 치료는 매우 조심스럽게 이루어진다.

먹이를 먹는 방법도 저마다 다르다. 치료를 하고 회복이 된 솔부엉이는 사람이 주는 모든 먹이를 경계하면서 절대 안 먹으려고 버틴다. 이대로 두었다가는 탈이 날 것 같다 싶은 경우에는 강제로 잡아서 먹이를 먹인다. 저어새는 미꾸라지를 곱게 갈아서 먹여야 하는데, 길게는 한두 달 동안이나 이렇게 먹여야 하니 정말 호락호락한 일이 아니다.

애완동물을 치료할까, 야생동물을 치료할까

"저는 모든 동물을 다 좋아해요. 그래서 야생동물 수의사가 될 수 있었어요. 동물을 치료하는 일도 적성에 맞아야 해요. 새나 뱀을 싫어하면 야생동물 수의사가 될 수 없어요."

애완동물을 치료하는 동물병원에서 근무하면 주로 개나 고양이, 앵무새 같은 한정된 동물을 치료하고, 소와 돼지, 닭, 오리 같은 산업동물을 치료하는 수의사는 자신의 전문분야 동물 치료에만 집중한다. 그러나 야생동물 수의사가 되면 치료해야 하는 동물의 종류가 무척 다양해진다. 고라니, 너구리, 다람쥐, 오소리, 족제비 같은 포유류부터 왜가리, 꾀꼬리, 굴뚝새, 괭이갈매기 같은 새, 심지어 뱀도 치료한다. 이들 동물 각자의 생태특성을 잘 알아야만 그에 맞는 적절한 치료법을 찾을 수 있다. 그만큼 야생동물 수의사는 공부해야 할 범위가 넓은 매우 섬세한 직업이라 할 수 있다.

"어릴 때부터 집에서 개를 키웠어요. 동물을 좋아하니까 동물 치료하는 일을 해야겠다고 마음먹었지요. 수의사라는 직업은 중학생 때부터 알았어요."

김희종은 학교에서 돌아오면 개가 뛰쳐나와 반겨주는 것이 참 좋았다. 대학생 때에도 친구와 같이 자취하면서 개 두 마리를 키웠다. 늘 동물과 함께 살면서 관찰했기 때문에 동물을 치료하는 일도 자연스럽게 다가왔다. 김희종 수의사는 아이들이 좀 더 크면 집에서 동물을 키우려고 한다. 동물이 아이들의 성장과정에 매우 좋은 영향을 준다고 생각하기 때문이다.

"사람들이 하는 대로 따라하기보다는 남들이 하지 않는 일을 하고 싶었어요. 청개구리처럼 말이에요."

강원대 수의학과에서 6년 동안 공부를 하고 수의장교로 군대를 다녀오는 동안 김희종은 진로에 대해 고민을 많이 했다. 고민은 주로 애완동물을 치료할까, 야생동물을 치료할까였다. 수의학을 공부했더라도 개를 싫어하거나 새나 뱀 같이 꺼려하는 동물이 있어 적성에 맞지 않으면 직접 치료를 하지 않는 경우도 있다. 다행히 김희종은 모든 동물을 좋아하고 꺼리는 동물은 없었지만 소나 개를 치료할지 야생동물을 치료할지 결정해야 했다.

그래, 결심했어! 야생동물 수의사, 야수가 되기로 결정했다. 나아가 야생동물을 공부하고 싶어 하는 친구들을 가르칠 수 있는 위치가 되면 좋겠다고 생각했다. 우리나라에는 다쳐서 죽어가는 야생동물은 점점 늘고 있지만 야생동물 전문 수의사는 그리 많지 않기 때문이다.

처음 근무했던 강원대 야생동물구조센터에서는 산양과 담비, 오소리를 비롯해서 강원도 깊은 숲에 사는 포유류를 열심히 치료했고, 홍도와 흑산도의 국립공원 철새연구센터에서는 철새를 치료했다. 바쁘게 뛰어다니다 보니 야생동물 치료는 매우 흥미롭고 보람도 컸다.

"초반에는 실수도 많았어요. 열심히 치료했는데 어이없이 동물이 죽는 경우도 있었죠. 이렇게 수술할 걸 괜히 이렇게 했나, 후회도 많았어요."

처음 야생동물 수의사가 되었을 때 열심히 치료했지만 동물이 죽는 경우가 종종 있었다. 치료를 잘 받은 고라니가 답답한 입원실을 벗어나려고 발버둥 치다가 제 성격에 못 이겨서 죽기도 하고, 상처가 잘 아물었는데도 스트레스를 받아 죽은 녀석도 있고, 보이지 않는 감염 때문에 죽기도 했다. 별 문제 없이 멀쩡했는데 갑자기 죽어서 정확한 원인을 알기 위해 부검을 하고 다른 기관에 의뢰하기도 했다. 또, 수술하다가 출혈이 심해지고 수술 시간이 길어져 죽기도 했다. 정말 많은 사건사고가 있었다.

후시딘을 함께 바르는 우리는 같은 동물!

"다친 동물에게 후시딘을 발라주고, 치료하다가 다치면 저도 후시딘을 발라요."

아니, 후시딘은 사람의 상처를 치료하는 연고가 아니던가? 동물용 약품은 다양하게 개발되어 있지만 대개 개와 고양이 같은 애완동물이나 소, 돼지, 닭 같은 산업동물에 맞춰서 개발된 것이라 야생동물에게는 잘 듣지 않는 경우가 있다. 그래서 불가피할 때에는 사람 약품을 쓰기도 하는데, 상처치료제뿐 아니라 항생제 연고도 사람이 쓰는 약품을 함께 쓴다. 사람과 야생동물에게는 같은 종류의 세균이 있는데 세균을 죽이는 항생제는 똑같은 작용을 하기 때문이다. 하긴 사람은 식물이 아니라 동물이니 말이다.

구조센터에서 의료기기를 직접 만들어 동물 치료에 활용하기도 한다. 허리를 다친 황로가 집중재활훈련을 할 수 있도록 스마트폰 거치대로 새의 몸을 고정시킨 뒤 다리를 편하게 움직이게 하고, 동물의 부러진 뼈를 고정시키는 부목도 필요할 때마다 만들어서 쓴다. 얼굴 모양이 서로 다른 새를 위해 마취마스크를 다양한 크기로 만들어서 쓰기도 한다. 어떤 새는 동그란 횃대에 앉는 것을 좋아하고, 어떤 녀석은 널빤지 같은 선반에 즐겨 앉고, 돌 위에 앉는 것을 좋아하는 녀석도 있어서 새의 개성에 맞춰 앉을 자리도 따로 만들어야 한다.

깃털이 빠져서 날기 어려운 새는 같은 종류의 사체에서 깃털을 뽑아서 고정시킨 뒤 방생하기도 한다. 새의 깃털은 일 년마다 새로 나지만 새로 나기를 기다리느라 계류장에 오래 갇혀 있으면 새가 스트레스를 많이 받는다. 자연으로 돌아갈 수 있을 정도로 건강하다면 일찍 내보내는 것이 좋기 때문에 이런 아이디어를 낸 것이다. 이런 것은 수의학과가 아닌 생생한 현장에서만 알 수 있는 알짜배기 정보이다.

"동물에게 정을 주면 사람에게 의존하게 되면서 야생동물이 야생성을 잃어버려요. 그러면 안락사를 시켜야 할 경우에도 주저하게 되지요."

그래서 김희종 수의사는 야생동물을 열심히 치료하되 정을 주진 않으려고 한다. 영구장애를 가졌더라도 멸종위기종같이 가치가 있는 야생동물이거나 보기 드문 희소성이 있는 동물은 교육용이나 전시용으로 활용하기 위해 구조센터에서 키우기도 한다. 눈을 다쳐서 앞이 거의 보이지 않는 올빼미와 황조롱이, 매, 벌매까지 치료를 마친 새들이 구조센터의 복도와 행정실에서 사람들과 함께 살고 있다. 마음 같아서는 더 많은 동물을 살려서 키우고 싶지만 그러려면 동물원처럼 넓은 공간이 필요하고, 먹이 공급도 충분히 해야 하고, 관리하는 사람도 필요하기 때문에 어쩔 수 없는 선택을 할 때가 많다.

야생동물도 치료가 필요해

건강하게 살아라, 제발!

"치료를 잘 받아서 건강해진 동물을 방생할 때가 가장 보람 있어요. '잘 살아라' 하고 보내주면서 '제발 다시 들어오진 마라'라고 생각하죠."

다리를 다친 고라니가 긴 치료를 무사히 마치고 통통하게 살이 오르고, 구조용 이송상자 문을 열자마자 뒤도 돌아보지 않고 쏜살같이 들판을 뛰어갈 때 벅찬 감동이 인다. 날개를 다쳐서 뒤뚱거리던 독수리가 재활을 무사히 마치고 근육 양이 늘어서 힘차게 하늘을 날아오를 때면, 그동안 속 썩이고 마음 졸였던 시간을 충분히 보상받을 만큼 큰 기쁨을 느낀다. 이런 기쁨과 감동이 야생동물 수의사를 계속하게 만드는 힘이 된다.

방생할 때에도 동물의 생태특성을 고려해야 한다. 치료가 끝난 철새는 철새 무리가 찾아오는 계절과 장소에 맞춰 방생해야 무리에 자연스럽게 어울릴 수 있다. 여름철새를 겨울에 방생하면 얼어 죽고 만다. 그래서 철새는 치료가 끝났더라도 이듬해 친구들이 돌아올 때까지 계류장에서 머무는 일이 종종 있다. 동물은 처음 발견된 장소에 방생하는 것이 가장 좋은데 어미로부터 독립하는 시기를 고려해서 방생하기도 한다. 고라니는 10~11월경, 너구리는 8~9월 무렵이면 새끼가 자라 어미로부터 독립하는데, 이때는 처

각각의 습성에 맞게 만든 쉼터에서 쉬고 있는 새들. 다친 정도가 심한 희귀종은 교육용으로 활용한다.

음 발견한 장소가 아니더라도 동물이 좋아하는 적절한 곳에 풀어준다. 또, 같이 구조된 형제 동물을 함께 내보내면 새로운 곳이라도 더 잘 적응해서 살아간다.

"야생동물이 건강하게, 안전하게 살 수 있는 환경이 만들어지면 좋겠어요."

구조센터에서 동물을 열심히 치료해서 방생하지만, 동물이 사는 야생 환경이 편안하지만은 않다. 까치나 멧돼지, 고라니, 제주노루와 같이 농작물에 피해를 주는 동물을 유해조수라고 하여 사냥꾼들이 열심히 잡아들인다. 또, 도로는 점점 늘어나지만 동물의 이동습성에 대한 배려를 하지 않아 교통사고를 당하는 동물도 늘고 있다. 갯벌과 습지를 없애는 개발이 이어지면서 철새들이 안심하고 찾아올 곳도 사라지고 있다.

김희종 수의사는 야생동물과 사람이 함께 건강하게 살 수 있는 환경이 만들어지면 좋겠다는 바람을 가지고 있다. 더 이상 동물 구조가 필요 없는 세상이 와서 구조센터가 없어지고, 야생동물 수의사는 동물의 생태와 행동, 그리고 야생에서 발생하는 질병과 사람과의 관계 등을 연구하는 일을 하면 좋겠다고 말한다. 과연 이런 세상은 언제쯤 찾아올까? 충남야생동물구조센터를 돌아 나오는 길, 구조차량이 다시 현장으로 쏜살같이 출동했다.

Q 야생동물 수의사가 되려면 어떻게 해야 할까요?

A 대학교 수의학과에서 6년을 공부하고 국가자격증인 수의사 면허증을 받아야 한다. 그리고 야생동물구조센터에서 인턴 기간으로 6개월~1년 동안 수련을 한다. 인턴 수련이 의무 사항은 아니지만 현장 경험이 중요하기 때문이다.

전국의 야생동물구조센터나 동물원에서 동물 치료를 할 수 있고, 국립공원종복원기술원, 국립생태원 같은 동물 복원이나 연구를 하는 기관에서 근무할 수도 있다. 전국의 야생동물구조센터는 12곳(2016년 1월 기준)인데 더 늘어날 계획이고, 야생동물에 대한 관심이 높은 만큼 야생동물 수의사의 전망은 밝은 편이다.

충남야생동물구조센터는 공주대 예산캠퍼스에 있고, 사업비는 환경부에서 30%, 충청남도에서 70%를 담당하고 있다. 구조센터 직원들은 교직원(계약직) 소속으로 공무원 기준의 보수를 받는다. 일반 동물병원의 수입보다는 적을 수 있지만, 보호자가 없는 동물을 위한 일, 공공의 일이라 보람이 더욱 크다. 현장 출동이 많은 만큼 건강과 체력도 좋아야 하고, 야생동물에 대한 강의와 홍보 등 다양한 활동도 할 수 있다.

야생동물도 치료가 필요해

Q 야생동물이 다치지 않게
하려면 어떻게 해야 할까요?

A 치료도 중요하지만 예방이 더 중요하다. 새들은 건물의 유리 창에 비친 나무를 보고 날아가다가 부딪치는 일이 많다. 창문마다 매나 독수리 모양을 한 '버드 세이버'를 붙이면 작은 새들은 이 모양을 보고 놀라서 피해 날아가니 충돌을 피할 수 있다. 개나 고양이 같은 애완동물을 유기하는 것도 막아야 한다. 개는 크고 작은 동물을 가리지 않고 공격하고, 민첩한 고양이는 새알이나 낮은 곳에서 나는 새를 공격해서 큰 피해를 준다. 산행하다가 밀렵꾼이 몰래 설치한 덫이나 올무 같은 밀렵도구를 보면 수거해 오자. 밀렵도구는 야생동물을 매우 고통스럽고 잔인하게 죽인다. 다친 동물을 발견하면 빨리 지역별 야생동물구조센터로 연락한다.

봄에는 야생동물의 출산 시기라서 어린 새끼들이 많이 발견된다. 새끼만 있는 것을 보고 구조센터로 데리고 오는 경우가 있는데, 어미가 잠깐 먹이를 구하러 갔거나 근처에서 안타깝게 지켜보고 있었을 경우가 많다. 다쳐서 위급한 경우가 아니라면 무작정 데리오는 것보다는 숲에 그대로 두어서 어미의 보호를 받게 하는 것이 좋다.

야생동물 수의사 김희종

자동차를 타고 달리다가 한적한 도로에서나 '야생동물 주의'라는 안내판이 보이면 속도를 늦추고 방어운전을 하고, 정해진 주차장에 주차하고 조용히 걸어서 간다. 건물을 지을 때에도 주변 환경을 고려하고, 불필요한 전깃줄을 없애는 등 국가와 지방자치단체 차원에서도 야생동물의 보금자리를 배려하는 정책이 필요하다. 그리고 야생동물의 생태에 대한 교육과 홍보 프로그램도 늘어나야 한다.

식물원은
나의 운명

식물 전문가 강정화

"대학교 가는 걸 시간 낭비라고 생각했어요.
식물 가꾸는 것을 좋아하니까 지금 내가 하고
싶은 일을 시작하자고 마음먹었지요. 특별히
가고 싶은 학교도 없었고 아버지에게 배우는 것이
더 낫다고 생각했어요.
저의 일과 취미는 모두 식물원에 있어요.
좋아하는 식물을 늘 볼 수 있는데 월급까지 받으니
얼마나 좋아요?"

강정화

우리나라 식물원 가운데 가장 넓고, 가장 많은 종류의 자생식물이 자라고 있는 용인 한택
식물원에서 식물관리이사로 일하고 있다. 어릴 적, 고향인 거제 외도에서부터 식물에 대한 애정이
싹터서 배움이 있는 곳을 스스로 찾아다니며 식물 공부를 했다. 식물원 관리뿐 아니라 멸종위기
식물 복원, 교육 프로그램 운영, 해외 봉사 등 폭넓은 활동으로 맑고 싱그러운 향기를 세상 곳곳에
퍼뜨리고 있다.

한택식물원 www.hantaek.co.kr

"쏴아아!"

관수시설의 밸브를 돌리자 호스에서 시원한 물이 쏟아졌다. 한택식물원 강정화 식물관리이사는 꽃들의 뿌리가 흠뻑 젖을 수 있도록 물을 골고루 뿌려주었다. 산수국과 붓꽃, 섬초롱꽃이 물을 시원하게 들이키고는 금세 방글방글 웃었다. 밤새 꽃들이 무탈하게 잘 지냈는지 안부를 묻듯, 강정화 이사는 꽃과 하나하나 눈을 맞췄다.

봄부터 시작된 가뭄이 7월 초까지 이어지면서 요즘 한택식물원은 물 주는 게 가장 큰 일이다. 더운 한낮에 물을 뿌리면 갑작스런 온도 변화가 식물에게 스트레스를 주기 때문에, 아침 일찍 또는 저녁 늦게 물을 주어야 식물에게 이롭다. 그래서 강정화 이사는 새벽에 일어나자마자 물 주는 일로 하루를 시작한다. 호스에서 뿜어 나오는 강한 물줄기가 꽃잎이나 어린 싹에 직접 닿아서 다치지 않도록 적당한 거리를 두고 물을 뿌린다.

물을 뿌리면서 오늘은 어떤 꽃이 새로 피었는지, 새로 심은 꽃모종은 뿌리를 잘 내리고 있는지, 씨앗이 영글어 채종할 때가 된 식물이 있는지 등도 두루두루 살폈다. 때마침 시원한 바람이 불어오자 여름 숲은 싱그러운 향으로 가득 찼다.

한적한 식물원 숲길을 거닐며 아름다운 꽃을 구경하는 일은 즐거울지 몰라도, 20만 평이나 되는 너른 땅에 물을 뿌리는 것은 보통 일이 아니다. 식물원에서 일하는 직원들은 오전 8시부터 하루 일을 시작하지만 강정화 이사는 아침에 눈뜨면 곧바로 일을 시작한다. 식물원은 너무나 넓고 할 일은 태산 같은데 일하는 사람은 겨우 15명이라, 내가 좀 더 일한다는 생각으로 급한 일부터 차근차근 해결해나간다.

"벽돌을 여러 개 좀 가져다주세요."

강정화 이사는 가슴장화를 신고 식물원 입구에 있는 인공수조에 들어가 수련 화분을 고정하는 작업을 하기 시작했다. 활짝 핀 수련은 기증받은 것인데, 수련의 꽃과 잎은 물 위에 드러나고 뿌리 부분은 물속에 잠겨 있게 해주어야 한다. 강정화 이사는 직원들이 가져다준 벽돌을 인공수조 안에 쌓고 수련이 적당하게 잠길 수 있도록 조심스럽게 화분의 높이를 조절했다. 그 옆에 있는 연꽃과 수생식물도 햇빛을 잘 볼 수 있도록 잎사귀의 위치를 잘 잡아주었다.

수조에서 나와 가슴장화를 벗자마자 다시 트럭 짐칸에 꽃모종을 싣고 식물원 안으로 차를 몰았다. 한창 꽃모종을 심고 있는 직원들에게 새로운 모종 상자를 내려주고, 식물을 심는 방법과 심을 때 주의할 점, 풀 뽑는 방법을 일러주었다. 초보 직원들이 가끔 잡초를 뽑다가 희귀종 식물의 싹을 뽑는 대형 사고를 치곤 하니 말이다.

식물원의 자산인 꽃씨도 받아야 하는데, 씨앗이 잘 익는 시기를 놓치지 말라는 당부도 거듭했다. 작년 이맘때 씨앗을 채종했더라도 올해는 날씨에 따라 영그는 시기가 달라지기 때문에, 식물마다 꽃씨 익을 무렵이 되면 늘 신경 쓰고 지켜보면서 적정한 채종

시기를 결정해야 한다. 씨앗이 덜 익었을 때 채종하면 싹이 트지 않고, 너무 익도록 그냥 두면 바닥으로 떨어지거나 튕겨나가 버리고, 곤충들이 와서 다 먹어치우기도 한다. 씨앗 채종은 일찍 핀 봄 꽃의 씨앗이 영그는 5월부터 겨울까지 계속된다.

식물은 마치 아기를 키우는 것처럼 조심스럽게 다루어야 하고 신경 쓸 일도 무척 많다. 직원들과 잠시 얘기를 나누는 동안에도 강정화 이사는 눈앞에 보이는 풀을 뽑았다. 한여름 식물원에는 활짝 핀 꽃이 지천이고, 해야 할 일도 지천에 널려 있다.

멸종위기 식물종을 복원하라!

"우리 식물원은 화려한 꽃들이 눈길을 사로잡는 정원이나 관광 식물원이 아니에요. 다양한 식물 유전자원을 확보하여 관리하는, 식물원 고유 기능을 우선으로 하는 정통 식물원이지요."

경기도 용인시 처인구 백암면 옥산리에 있는 한택식물원은 20만 평 넓이에 36개 테마 정원이 있고, 자생식물 2400여 종과 외래식물 7300여 종 등 총 9700여 종 1000만여 본의 식물이 자라는 우리나라 최대의 종합 식물원이다. 한택식물원은 누구나 관람할 수 있는 '동원'과 식물 연구재배단지로 일반인의 출입을 제한하는 '서원'으로 나뉘어 있다.

보통 식물원이라고 하면 아름답게 핀 꽃을 구경하는 곳이라고 생각하는데, 이는 식물원의 여러 역할 중 일부에 지나지 않는다. 또 식물원 하면 나무와 꽃을 보기 좋게 다듬어 가꾼 곳이라고 생각하는데, 한택식물원에서는 식물을 생태특성에 맞는 가장 적당한 곳에 심은 뒤 그 자리에서 계속 자라도록 하고, 방문객들이 잘 볼 수 있도록 가지를 자르거나 옮겨 심는 이벤트도 하지 않는다.

한택식물원에서 가장 중요하게 여기는 것은 최대한 많은 식물종을 수집하여 유전자원을 확보하고, 멸종위기종 식물이 더 이상 사라지지 않도록 소중하게 지키고 가꾸는 것이다. 또한 우리 자생식물의 생태를 연구하고, 일반인들에게 식물의 번식과 재배 관리,

정원 조성 등을 교육하고, 학교와 유치원, 교도소, 군 부대 같은 기관이나 시설에 자생식물을 보급하여 누구나 우리 꽃을 쉽게 볼 수 있도록 정원을 꾸미는 공익적 기능도 한다.

한택식물원에서 강정화 이사는 식물 관리 일을 맡고 있다. 식물원의 일은 파종과 재배 관리, 채종, 병충해 예방 등 모든 게 식물과 관련되어 있어서 식물관리이사가 거의 모든 일에 관여한다고 해도 과장은 아니다. 식물연구소 일도 강정화 이사가 총괄하는데, 식물 번식 실험뿐 아니라 신품종 개발, 식용 및 약용식물 연구도 한다. 특히 우리나라에 얼마 남지 않은 멸종위기종 식물의 번식 연구에 많은 정성과 노력을 기울이고 있다.

"주왕산에서는 둥근잎꿩의비름을 복원했고, 두타산에는 깽깽이풀, 태백산에는 노랑무늬붓꽃, 하동엔 히어리, 진천엔 미선나무를 공들여 심었어요. 식물을 심은 뒤에는 잘 자라는지만 관찰할 뿐, 더 이상 관리는 하지 않아요. 식물이 스스로 살아가게 하는 것이 중요한데, 복원한 식물이 죽었다면 복원지를 잘못 선택한 셈이죠."

식물을 복원할 때에는 본래 현 자생지에서 1km 정도 거리를 두고 그 근처에 복원하는데, 자생지가 훼손되었거나 앞으로 위험하다고 판단될 때에는 그 지역 환경과 비슷한 지역에 대체 복원지를 만든다. 강정화 이사는 멸종위기종 식물들이 잘 살 수 있는 자

한택식물원은 다양한 식물 유전자원을 확보하여 관리하는 정통 식물원이다.

식물 전문가 강정화

생지와 대체 복원지를 찾기 위해 전국을 누비고 다녔다. 식물마다 그늘이나 물기가 많은 곳을 좋아하기도 하고, 양지 바른 곳에서 잘 자라는 등 환경 조건이 다른데, 이런 적절한 장소를 잘 찾는 것이 복원의 핵심이다.

한택식물원은 2001년부터 환경부에서 '희귀·멸종위기식물 서식지 외 보전기관'으로 지정하여, 서식지 내에서 보전이 어려운 식물을 체계적으로 보전하고 증식하는 일을 하고 있다. 서식지 외 보전기관 자격으로 한택식물원에서 관리하는 식물은 개병풍, 노랑만병초, 미선나무, 순채, 산작약, 가시연꽃, 단양쑥부쟁이, 층층둥굴레, 날개하늘나리, 각시수련 등 희귀식물 19종이다(2014년 12월 기준). 그동안 자생식물을 보전하기 위해 애쓴 강정화 이사와 많은 사람은 깽깽이풀과 노랑무늬붓꽃, 둥근잎꿩의비름, 히어리, 금강초롱꽃 등을 멸종위기 야생생물에서 해제시키는 놀라운 성과를 얻기도 했다. 그래서 한택식물원에서 특별 관리하는 식물의 종류도 해마다 조금씩 달라진다.

어린 꽃들에게 희망을

"혈기왕성한 10대 아이들이 와서 작은 씨앗을 조심조심 다루고 정

자생식물과 외래식물 9700여 종이 늘 아름답게 꽃을 피우는 한택식물원

성 들여 심으면서 생명의 소중함을 배우고, 싹이 트는 과정을 지켜보면서 인내도 배워요. 힘들다고 투덜거리는 아이들도 있지만 그런 모습마저도 참 기특하고 예쁘지요."

강정화 이사는 식물 수업을 하기 위해 조금 특별한 학교를 찾아간다. 청주소년원 미평여자학교는 범죄를 저지른 10대 여자아이들이 수감되어 있는데, 2주마다 열리는 특별활동 시간에 원예반에서 아이들과 함께 자생식물을 키운다. 이 수업은 환경부와 법무부가 함께하는 '꽃들에게 희망을'이라는 사업인데, 강정화 이사는 몇 년째 원예반 활동을 하고 있다. 따스한 기운이 감도는 봄과 함께 원예반의 수업이 시작되면 강정화 이사는 아이들에게 파종 상자와 꽃씨를 나누어 주고 씨앗을 심는 방법을 알려준다. 설명을 들은 아이들은 작은 씨앗을 조심해서 다루며 집중해서 심은 뒤 햇볕이 잘 드는 곳에 두고 물을 열심히 주면서 기다린다. 파종 수업을 한 뒤 2주가 지나 강정화 이사가 다시 수업을 하러 가면 아주 작고 보드라운 싹이 나 있다.

"제가 심은 꽃씨에서 싹이 돋았어요. 아, 신기해요."

"거름을 듬뿍 주면 빨리 자랄까요? 기다리기 너무 힘들어요."

새싹을 보고 기뻐하는 아이들은 강정화 이사를 둘러싸고 귀가 따갑도록 재잘재잘거린다. 폭력이나 절도 같은 좋지 않은 일로 이곳에 들어왔지만 작은 싹이 다칠까 조심조심 다루고 행여나 말라 죽지는 않을까 걱정하고 안타까워하는 모습은 10대 소녀들의 여린

감성과 다르지 않다. 다른 어른들에게는 문제아라는 낙인이 찍혀 있을지 몰라도, 강정화 이사의 눈에는 발랄하고 기특해서 뭐라도 더 해주고 싶고 바라볼수록 마음이 짠해지는 예쁜 아이들이다.

아이들은 때때로 강정화 이사를 감동시키곤 한다. 한창 식물 수업을 하고 있는데 한 아이가 가까이 오더니 편지를 살짝 찔러주었다. 정성 들여 또박또박 쓴 예쁜 손편지였다. '지금까지 식물이 생물체라고 생각하지 못했는데 원예반 활동하면서 생명이라는 걸 알게 되어 정말 감사하다'고 적혀 있었다. 강정화 이사의 마음에는 감동의 물결이 일렁였다. 식물원에서 동분서주 뛰어다니다가 녹초가 되어 미평여자학교를 찾아가지만 생기발랄한 아이들을 보면 다시 힘이 솟고, 아이들의 변화를 지켜보면서 힘들더라도 원예반 수업을 계속해야겠다고 다짐하곤 한다.

"다시는 여기 오지 마. 다음엔 우리 식물원에서 보자."

출소를 앞두고 다음 수업부터는 원예반에 못 온다고 마지막 인사를 하는 아이들이 있다. 그럴 때면 강정화 이사는 식물원에서 건강하게 다시 만나자고 약속한다. 소중한 꽃과 같은 아이들이 식물을 키우면서 저마다 가슴에 희망의 싹을 틔울 수 있기를 바라고, 이런 활동을 통해서 식물을 가꾸는 직업을 선택하는 아이도 생겼으면 하는 즐거운 상상도 해본다.

최고의 스승은 아버지

"저희 아버지가 최고의 스승이자 식물원 분야에서 앞서 일한 선배님이에요."

강정화의 고향은 이국적인 식물 정원으로 유명한 거제도 외도이다. 아버지 역시 외도가 고향이고 지금도 외도에서 일을 하고 있다. 외도 보타니아를 가꾼 고 이창호·최호숙 회장 부부가 1969년부터 섬을 아름다운 정원으로 가꿔 유명 관광지로 성공시키는 동안, 강정화의 아버지 강수일 고문은 고향을 떠나지 않고 당시 외도자연농원을 함께 가꾸었다. 식물 전문가인 아버지 덕분에 강정화는 어릴 때부터 식물 가꾸는 일이 너무나 익숙하고 자연스러웠다. 외도에는 학교가 없어서 초등학교에 입학할 때부터 거제도에서 학교를 다니면서 2주에 한 번씩 고향 집으로 갔는데, 고등학교를 졸업하자마자 다시 고향 외도로 돌아갔다.

"대학교 가는 걸 시간 낭비라고 생각했어요. 식물 가꾸는 것을 좋아하니까 지금 내가 하고 싶은 일을 시작하자고 마음먹었지요. 특별히 가고 싶은 학교도 없었고 아버지에게 배우는 것이 더 낫다고 생각했어요."

대학을 가지 않겠다고 말씀드렸더니 아버지는 그러라고 하셨다. 그 후 아버지를 따라서 식물 관리하는 법을 배우며 외도 정원을 가꾸고, 책을 보면서 독학으로 식물 공부를 했다.

그러던 어느 날, 충남 태안의 천리포수목원에 있던 식물 여러 종이 외도에 들어왔는데, 이름표가 떨어져서 이름을 알 수 없는 나무가 하나 있었다. 그 무렵 강정화는 외도에 새로운 식물이 들어오면 도감 1쪽부터 하나하나 넘기면서 식물의 특성을 이해하려고 애썼다. 그런데 아무리 찾아도 이 나무는 도무지 알 수가 없었다. 그래서 천리포수목원을 직접 찾아가기로 했다. 외도에서 배를 타고 거제도로 가서 서울행 고속버스를 타고 태안을 거쳐서 어렵사리 천리포수목원을 찾아갔다. 그런데 수목원의 문은 굳게 닫혀 있었다.

1970년부터 가꿔온 천리포수목원은 40년 동안 연구 목적 이외에는 출입할 수 없는 비개방 수목원이었다가 2009년부터 일반인에게 개방하기 시작했다. 강정화가 찾아간 때는 1990년대 초반이었으니 문이 굳게 잠겨 있을 수밖에 없었다. 미리 연락한 것도 아니라서 문 앞에서 한참을 서성거리다가, 뒤늦게 나온 직원에게 자초지종을 설명하고는 겨우 식물원으로 들어갈 수 있었다. 이름을 알 수 없었던 그 나무는 뉴질랜드 돈나무(Pittosporum tenuifolium)였다. 방문의 목적이었던 나무 이름을 알아낸 뒤 천리포수목원을 찬찬히 둘러보았다.

천리포수목원은 우리나라로 귀화한 미국인 민병갈 원장(Carl Ferris Miller, 1921~2002)이 땅을 사들여 수목원으로 일군 곳인데, 식물 하나 보겠다고 20대 어린 여자가 남해의 먼 섬에서 찾아온 걸보고는 밀러 할아버지(강정화는 민병갈 원장을 이렇게 불렀다)가 무척 반겼다. 이곳에서는 외도에서 볼 수 없는 식물이 자랐고, 식물마다 학명도 붙어 있었다. 이야기를 나누다 보니 외국 수목원과 교류한 다는 놀라운 사실도 알게 되었다. 또, 외도의 정원은 나무와 꽃을 예쁜 모양으로 다듬어서 가꾸는데, 천리포수목원은 수형을 다듬 지 않고 자연스럽게 키우고 있었다.

"이런 곳이 있구나, 작은 섬마을에만 살다가 더 넓고 새로운 세계를 만난 기분이었어요."

첫 방문 이후 천리포수목원과 계속 교류를 하면서 해마다 한 번씩 방문했고, 수목원 안의 게스트하우스에서 편히 묵는 특혜도 누렸다. 이렇게 다른 식물원을 둘러보고 나니 새로운 세계에 대한 호기심이 부쩍 커졌다.

당시 외도에서는 정원을 열심히 가꾸면서 개원 준비를 하고 있었는데, 갓 개원한 제주도 여미지식물원도 방문해보기로 했다. 관광 식물원으로 개원하려면 어떤 준비와 체계를 갖춰야 하는지 직접 경험해보고 싶었다. 겨울에 두어 달 동안 강정화는 여미지식물원에 머물면서 가드너들과 함께 종자 파종을 하고 식물 모종을 심고, 또 안내 부서에서 일하면서 많은 방문객을 자연스럽게 안내하는 방법도 배울 수 있었다.

공부를 하다 보니 전문적인 가드닝과 해외 선진 식물원에도 관심이 생겨 외도 개원 일 년 후 식물원과 가든 분야에서 세계 최고라고 알려진 영국의 정원전문학교에서 2년간 공부하기도 했다. 당시에는 국내에 전문가드너 양성 기관이 없어서 외국 학교를 선택했지만 지금은 우리나라 여러 기관에서도 전문가드너 교육을 진행하고 있다. 영국에는 전 세계의 다양한 식물이 모여 있는 데다, 영국 사람들에게는 정원 가꾸기가 특별한 일이 아니라 생활의 일부였다. 다양한 곳을 보고 경험할수록 가야 할 길은 아직 멀었다는 생각이 들었다. 여름날 왕성한 번식력을 자랑하는 식물처럼 강정화의 가슴속에는 새로운 꿈이 쑥쑥 자라났다.

식물과 식물원에 대해 공부하면 할수록 강정화는 우리 땅에서 살고 있는 자생식물부터 제대로 공부해야겠다는 생각이 들었다. 식물 전문가들 사이에서는 태안의 천리포수목원과 용인의 한택농원(한택식물원의 옛 이름)이 희귀식물과 자생식물이 많은 것으로 유명했다. 외도 이창호·최호숙 회장이 한택농원을 보러 가자고 해서 강정화도 들뜬 마음으로 따라 나섰다. 용인에 있는 깊은 골짜기에 가득 피어난 수많은 식물을 찬찬히 관찰하면서, 우리나라의 토양과 환경에 적응해서 살고 있는 자생식물에 대한 호기심이 더욱 생겼다. 외도에 돌아와서도 한택농원의 꽃들이 자꾸만 아른거렸고, 그곳에 또 다른 배움이 있을 것 같았다.

"여름에 2주 정도 한택농원에서 자생식물을 공부하고 싶어요."

외도 회장도, 자생식물의 스승과도 같은 한택농원 원장도 흔쾌히 허락해서 다시 한택농원을 방문하게 되었다. 그런데, 두 번째 방문에서 강정화를 반겨준 것은 자생식물만이 아니라 무성한 풀이었다. 2주 내내 한택농원에 자원봉사 하러 온 대학생들과 땀을 뻘뻘 흘리며 풀만 뽑아야 했다. 여름날 식물원에서는 풀 뽑는 일이 가장 중요하니까.

한택식물원에서 일 년 정도 공부하면 우리나라에 사는 자생식물 정도는 다 알게 되겠지라는 생각이 들어 아예 짐을 싸서 외도를 떠나 용인으로 거처를 옮겼다. 그런데 식물원에서 땀을 뻘뻘 흘리면서 일하다 보니 강정화는 부족한 자신의 모습을 여실히 깨닫게 되었다.

"일 년이 지나고 보니 오히려 내가 식물에 대해 얼마나 모르는지를 절실히 깨닫게 되었어요."

일 년에 한 번씩 피었다 지는 꽃을 보고 그 식물을 다 안다고 할 수는 없는데, 이렇게 피고 지는 식물은 식물원에 너무나 많고도 많았다. 새싹의 모양과 잎이 무성하게 자란 모습, 화려한 꽃이 피고 지고 열매와 씨앗이 영글고, 씨앗이나 알뿌리, 겨울을 나는 겨울눈의 모습 등 식물은 다양한 얼굴을 가지고 있는데, 겨우 몇 해 관찰하고서 그 식물에 대해 잘 안다고 할 수는 없었다. 강정화 이사는 아직도 잘 모르겠고 식물에 대한 모든 것을 알 수도 없다는 생각이 든다.

짐을 싸서 한택농원에 왔을 때에는 일 년 후 다시 외도로 돌아갈 생각이었지만, 외도 보타니아는 정식 개원한 후 매우 유명해지고 관광객도 늘면서 운영이 잘되었다. 그러나 20만 평이나 되는 한택농원은 할 일이 너무나 많고 늘 일손이 부족했다. '여전히 부족해, 좀 더 공부해야지'라고 생각하면서 해마다 고향으로 돌아가는 것을 미루고 일에 매달리다 보니 어느덧 18년이라는 세월이 흘렀다.

식물을 우선으로 생각하는 마음

1979년에 식물원을 가꾸기 시작하면서 이택주 원장이 전국 곳곳을 다니며 식물 종자를 모은 덕분에, 지금 한택식물원에는 다양한 우리 자생식물이 자라고 있다. 여기에 머물지 않고 강정화 이사는 새롭게 발견한 국내종과 희귀한 외래 식물 등 식물원에 없던 다양한 종을 들여와 식물의 유전자원을 늘리기 위해서 애쓰고 있다. 그 결과 한택식물원에는 중남미·남아프리카·호주 온실에 선인장과 바오밥나무, 그라스트리, 용설란, 나무고사리, 병솔나무 등 다양한 외래 식물이 살고 있는데, 이 온실을 꾸미기 위해 강정화 이사는 해외 교류도 활발하게 했다.

칠레와 아르헨티나 식물원을 방문하여 꼼꼼하게 둘러보고, 식물원에서 활동하는 사람들과 함께 그 나라의 국립공원을 둘러보며 독특한 식생을 직접 관찰하기도 했다. 식물을 수입할 때에도 많은 노력을 기울였는데, 희귀식물이나 멸종위기식물 등 나라 사이에 교류가 엄격하게 금지된 식물이 있기 때문이다. 멸종위기에 처한 야생 동·식물종의 국제거래에 관한 협약인 사이테스(CITES)는 전 세계에서 보호하는 동·식물종의 불법 거래를 방지하고 있는데, 외국의 식물을 수입하려면 우선 이 사이테스 대상종인지부터 확인해야 한다. 그리고 식물의 종류와 포장 방법, 씨앗 형태로 들여올 것인지 모종으로 들여올 것인지, 어디에서 관리할 것인지 등 꼼꼼하게 서류를 작성해 우리나라 환경청에서 승인 허가를 받아야 한다.

우리나라에서 허가가 나면 해당 국가의 관할 관청(주로 환경부)에도 서류를 보내서 또 승인을 받아야 한다. 이때 가장 중요한 것은 식물을 구입하려는 그 나라의 식물 농장도 식물을 합법적으로 허가받아서 키운 곳이라야 한다. 이런 외국 식물은 문헌조사나 인터넷 조사 등 다양한 방법으로 찾는데, 한택식물원에 꼭 필요한지, 관리 가능한 식물인지도 꼼꼼히 따져본다.

한택식물원에서는 교육 프로그램도 진행하고 있는데, 강정화 이사는 13주 동안 전문적인 식물 관리법을 가르치는 원예조경학교와 식물 전문가를 양성하는 조경가든대학에서 강의하고 실습 교육도 참여하고 있다. 또, 멸종위기종 식물에 관한 포럼 같은 외부 행사에서 전문가 자격으로 발표하고 외부 강의를 하기도 한다. 식물원의 일이 밀려 있어도 후배들을 위한 일이라는 말에는 마음이 스르르 약해져서 외부 강의를 승낙하고 만다. 〈월간 가드닝〉과

강정화 이사는 세계 여러 식물원이나 기관과도 활발하게 교류하고 있다. 위는 네팔에서의 봉사활동, 아래는 실습 중인 볼리비아 농대 학생들과 함께한 모습.

식물 전문가 강정화

인터넷 웹진에 글을 연재하여 식물 공부를 하는 이들과도 소통하고 있다.

이런 다양한 활동을 인정받아 강정화 이사는 2012년 '생물다양성의 날' 기념식 때 대통령상을 수상했다. 이런 상을 받을 만큼 큰일을 했나 하는 생각도 들었지만, 한평생 식물을 위해 살아온 아버지 생각이 떠올라 수상을 받아들였다. 아버지는 평생을 바쳐서 외도의 정원을 열심히 가꿨지만 자신이 한 일을 내세우지 않는 분인데, 식물 분야의 후배이자 당신의 분신과도 같은 딸이 상을 받는 것은 곧 아버지가 상을 받는 것과 같다는 생각이 들었기 때문이다. 아버지는 식물원 일을 딸이 이어서 하는 것을 굉장히 좋아하고 늘 자랑스러워한다.

"저의 일과 취미는 모두 식물원에 있어요. 좋아하는 식물을 늘 볼 수 있는데 월급까지 받으니 얼마나 좋아요?"

강정화 이사는 한택식물원 기숙사에서 살고 있다. 안성에 집이 있지만 출퇴근하는 15분마저 아까워서 아예 식물원으로 옮겼다. 기숙사의 문을 열고 나가면 바로 사무실이라 출근하는 데 일 분이 채 걸리지 않는다. 출근 복장은 챙이 넓은 모자에 주머니가 많은 작업 조끼, 움직임이 자유로운 바지에 긴 장화나 작업용 등산화이다. 그리고 허리춤에는 늘 전지가위를 꽂고 다닌다. 전지가위는 나뭇가지나 잎사귀를 자르고, 호미로 변신해서 땅을 파기도 하고, 설비 일도 하는 등 어떤 일이라도 뚝딱뚝딱 처리해준다.

"당연한 말이지만 식물원에서는 식물을 우선으로 생각할 줄 알아야 해요. 가뭄 때문에 식물이 말라 시들어 있는데 퇴근시간이라고 그냥 갈 순 없잖아요? 빨리 처리해야 할 일이라고만 생각하거나 업무시간만 따져서는 안 되지요. 생명체와 함께 하는 일이라서 마음가짐부터 달라야 해요."

강정화 이사는 식물 관리 외에는 다른 일을 생각해본 적도, 곁눈질한 적도 없다. 앞으로도 식물원을 잘 가꿔서 아름답고 소중한 우리 자생식물을 알리고 지키는 일에 더욱 힘을 쏟고 싶다. 강정화 이사에게 식물 가꾸는 일은 그저 운명이다.

Q 식물원에서 일하려면 대학을 나와야 할까요?

A   원예학과나 조경학과, 산림학과, 생물학과에서 공부해도 좋지만 꼭 대학 졸업을 해야만 일할 수 있는 건 아니다. 한택식물원에서는 직원 채용할 때 대학 전공자나 자격증을 가진 사람에게 가산점을 주지 않는다. 생물학을 공부하면 식물의 분류를 잘 알고 조경학을 공부하면 설계에 익숙하다는 장점이 있지만, 막상 실무를 시작하면 전공자와 비전공자 사이에 큰 차이가 없는 경우가 많다. 식물에 대한 이론은 잘 알지만 나무를 다루거나 작업할 줄은 모르고, 자격증이 있어도 나무를 심어본 경험이 많지 않아 가장 기초인 풀 뽑기부터 차근차근 다시 가르친다.

한택식물원에서 직원을 채용할 때 가장 중요하게 생각하는 것은 식물을 정말 좋아하는가와 성실성이다. 신입 채용 직원자들은 대개 환상을 가지고 있다. 예쁜 앞치마를 두르고 물 소리개를 들고 우아하게 꽃밭을 가꾸는 일이라고 생각한다. 그러나 현실은 물 소리개가 아니라 굵은 소방호스를 힘껏 끌어와서 물을 뿌려야 한다. 식물원은 작고 예쁜 꽃집이 아니라 광활한 숲이니말이다. 풀을 뽑고 식물을 심고 모종삽작을 나르는 등 육체노동이 많은 편이라 부지런하고 건강한 사람이라야 한다. 식물을 살아 있는 생명체로 보고 식

    식물 전문가 강정화

물을 먼저 생각하는 마음이 있는 사람이라면 좋겠다.

물론 공공기관이나 기업, 연구기관에 취업하려면 전공 공부를 마치고 관련 자격증도 있는 것이 유리하다. 식물 공부를 하면 정원을 가꾸는 가드너, 조경기사, 식물연구소, 산림청과 국립수목원을 비롯한 산림·농업 관련 기관, 숲 해설사 등 여러 분야에서 활동할 수 있다.

Q 자생식물은
왜 사라지나요?

자생식물은 예전부터 우리나라 기후와 땅에 적응하면서 살아온 식물을 말하는데, 학자에 따라 견해가 다르지만 우리 자생식물은 5000여 종류가 있는 것으로 알려져 있다. 이 중에는 전 세계에서 우리나라에서만 자생하는 금강초롱과 미선나무, 모데미풀, 매화말발도리, 금마타리 같은 한국특산식물도 400여 종류가 있는데, 한국특산식물은 우리나라의 자생지에서 사라지면 지구에서 사라지는 것이라 더욱 잘 가꿔야 한다.

건물을 짓거나 대규모 개발을 하면서 자생식물의 서식지가 사라지곤 한다. 또, 식용이나 약용, 원예가치 때문에 불법 채취하고 남획하면서 자생식물이 점점 사라지고 있다. 산에서 땔감을 해서 군불을 지피던 시절에는 사람들이 산에서 나무를 하면서 개체수가 조절되었는데, 지금은 숲이 그대로 우거지면서 나무 아래의 일조량이 부족해져서 서식지 없어지기도 한다. 기후변화로 인한 가뭄이나 폭우 등도 식물을 사라지게 하는 중요한 원인이 된다. 환경부가 지정한 멸종위기 야생식물은 I급 9종, II급 68종으로 모두 77종을 나라에서 엄격하게 관리, 보존하고 있다.

식물 전문가 강정화

자생식물은 우리의 소중한 자산이자 인류 공동의 자산이다. 2010년 유엔 생물다양성협약 총회에서 채택된 나고야 의정서에서는 생물자원의 주권을 주장했다. 앞으로 식량과 의약품, 화장품 등 생물 유전자원을 활용하려면 그 당사국의 승인을 얻어야 하고 이익을 공유해야 한다는 것이다. 더불어 자생식물의 가치는 더욱 높아질 것이다.

한국의 멸종위기종 www.korearedlist.go.kr

편견을 깨면
새로운 길이
열린다

곤충학자 김태우

ⓒ국립생물자원관

"곤충을 자세히 관찰해서 곤충일기를 썼어요.

일기를 쓰다 보니 더 세심하게 관찰하게 되었고,

다양한 곤충의 습성을 저절로 알게 되었지요.

이런 기록은 본격적으로 곤충 공부를 할 때

큰 도움이 되었어요.

곤충 공부를 하려면 먼저 편견부터 깨야 해요.

징그럽다, 무섭다, 독이 있다 등 사람들은 곤충에

대한 선입견을 가지고 있는데, 이런 편견을 깨면

새로운 길이 열리고 그 길에서 자신이 정말

좋아하는 직업도 찾을 수 있습니다."

김태우

우리나라 최대의 생물자원 연구기관인 국립생물자원관의 환경연구사이자, 우리나라에서는 매우 드문 곤충 전문가이다. 여러 종류의 곤충을 연구하고 있지만 특히 기후변화와 해충 연구, 미래의 식량자원 등 연구 가치가 높은 메뚜기를 평생의 연구과제로 정하여 몰두하고 있다. 곤충을 널리 알리기 위해 강의를 하고 책을 쓰는 등 다양한 노력을 기울이고 있다.

초충일기 블로그 blog.naver.com/orthoptera

국립생물자원관 www.nibr.go.kr

지은 책 《내가 좋아하는 곤충》《곤충이 좋아지는 곤충책》《재미있는 곤충 이야기》《곤충, 크게 보고 색다르게 찾자》《알고 보면 더 재미있는 곤충 이야기》

찜통 같은 여름 폭염에 숨을 헐떡이던 2014년 8월 말, 전남 해남군 산이면 덕호마을에 비상이 걸렸다. 메뚜기 수십억 마리가 너른 논을 새까맣게 뒤덮은 채 벼의 잎과 낟알을 갉아먹고 있었다. 논 주변의 풀숲과 밭도 습격하여 식물이란 식물은 모조리 갉아먹었다. 깜짝 놀란 농민들이 들판으로 달려 나왔다. 논에는 벼가 보이지 않고 들판을 가로지르는 하얀 콘크리트 도로마저 보이지 않았다. 새까맣게 뒤덮은 곤충떼의 습격은 공포 그 자체였다.

"내 칠십 평생 이런 일은 처음이랑께. 이게 뭔 일이당가?"

마을 사람들은 넋을 놓은 채 들판만 바라보았다. 소식을 들은 해남군 농업기술센터와 농촌진흥청, 해남군청 공무원들도 부리나케 현장으로 찾아왔다. 그리고 긴급 방제작업에 돌입했다. 텔레비전에서도 메뚜기떼의 습격에 대해 자세하게 보도하기 시작했다. 취재기자와 카메라맨 들이 현장으로 달려와 촬영하고, 뉴스 앵커는 생방송으로 현장 소식을 생생하게 전했다.

"그럼, 곤충 전문가 김태우 박사님을 모시고 이 현상의 원인에 대해 자세히 알아보겠습니다. 어서 오십시오."

"네, 반갑습니다."

앵커와 김태우 박사가 고개를 숙여 가볍게 인사를 나눴다.

"우리나라에서는 매우 보기 드문 일인데, 이 새까만 곤충은 도대체 무엇입니까?"

보통 우리가 아는 메뚜기는 초록색이지만 해남에 나타난 메뚜기는 검붉은색이라서 사람들은 혹시 외국에서 날아든 외래종이 아닐까 의심하기도 했다. 해외 토픽에서 아프리카나 유럽에 메뚜기 떼가 나타났다는 소식을 종종 접했기 때문이다. 앵커가 자세한 설명을 부탁했다.

"이런 일은 우리나라에서 매우 드문 일이라 저도 깜짝 놀랐습니다. 메뚜기는 여러 가지 종류가 있는데, 해남에서 떼를 지어 나타난 것은 메뚜기과의 풀무치라는 종입니다. 풀무치는 강원도부터 제주도까지 전국에서 살고 있습니다. 이번에 해남에 나타난 군집형 풀무치는 본래 초록 빛깔인데 많은 수가 모여 살면서 집단의 밀도가 굉장히 높다 보니 서로의 접촉 자극 때문에 스트레스를 받아 검붉은색으로 변한 것입니다."

"풀무치떼가 왜 갑자기 이렇게 늘어났을까요, 박사님?"

"메뚜기떼가 창궐하려면 광활한 땅이 있어야 하는데 해남 지역에 새로운 간척지를 조성하면서 최근에 너른 땅이 생겼고, 이곳에서는 농약을 치지 않는 친환경농법으로 농사를 짓고 있습니다. 그러자 주변에 흩어져 살던 풀무치들이 이곳을 가장 좋은 번식 장소라고 판단해서 집중 모여든 것이라고 생각됩니다. 메뚜기의 알은 환경이 좋지 않을 때에는 알 상태로 몇 년씩 있다가 번식하기 좋은 때가 되면 부화하는데, 몇 년 동안 알들이 부화하지 않고 축적되어 있었을 겁니다. 그러던 와중에 최근에 건조한 날씨가 이어지다가 갑자기 비가 내리자 알들이 동시에 부화하면서 개체수가 증

편견을 깨면 새로운 길이 열린다

폭되었을 가능성이 큽니다."

풀무치떼의 습격에 깜짝 놀란 사람들은 전문가의 과학적인 설명을 듣고 나서야 비로소 안도의 숨을 내쉬었다. 원인을 알 수 없는 기이한 현상이 아니라 앞으로 대책을 세울 수 있는 예측 가능한 상황이라는 걸 확인했으니 말이다. 이렇게 풀무치떼의 생태특성에 대해 명쾌하게 설명해준 김태우 박사는 우리나라 최고의 메뚜기 전문가이다.

곤충 연구는 어떻게 활용될까?

"따르르릉, 따르르릉."

"네, 국립생물자원관입니다."

"김태우 박사님과 통화할 수 있을까요?"

해남에 풀무치떼가 등장하면서 김태우 박사를 찾는 사람들이 늘어 전화기도 바쁘게 울려댔다. 텔레비전뿐 아니라 라디오와 신문사에서도 풀무치떼의 발생 원인과 대책에 대한 인터뷰 요청이 계속 이어졌다. 앞으로 이런 일을 다시 겪지 않으려면 어떤 대책을 세워야 하는지 많은 사람이 주목하고 있기 때문이다.

김태우 박사는 인천에 있는 국립생물자원관에서 환경연구사로 활동하고 있다. 국립생물자원관에는 척추동물과 식물자원, 조류, 어류, 해조류, 연체동물, 버섯 등 다양한 생물자원을 연구하는 생물학자 60여 명이 활동하고 있다. 2007년에 개관한 국립생물자원 관은 국가 차원에서 생물자원을 발굴 조사하고 생물자원 정보 시스템을 구축하는 등, 다양한 연구와 보전 사업을 하는 우리나라 최대의 생물자원 연구기관이다. 동양 최대 규모를 자랑하는 수장고 19곳에는 동물과 식물, 유전자원 등 총 1100만 점 이상의 생물 표본을 소장할 수 있는 시설을 갖추고 있고, 전시교육관에서는 한반도 생물의 다양성 및 생물자원의 이용과 보전에 대한 교육, 한반도 자생생물 전시, 동식물의 표본 전시와 함께 계절마다 다양한 교육 프로그램도 열고 있다.

"저는 곤충분류학 연구에 집중하고 있어요. 그리고 국립생물자원관에 소속된 연구직 공무원이라 우리 기관의 운영에 필요한 업무와 전시 프로그램, 교육 프로그램 운영 등 다양한 활동도 함께하고 있어요."

곤충학자가 하는 일은 무척 다양하다. 포충망과 그물망 같은 곤충 채집 장비와 카메라 같은 기록 장비를 챙겨서 곤충이 살고 있는 곳을 찾아 현장 연구를 한다. 새로운 곤충을 발견하면 기초 연구를 하고, 전공분야인 메뚜기목도 계속 연구하고 정리해나간다. 이런 연구자료를 모아 곤충 정보를 필요로 하는 사람이나 기관에 정보를 제공하고 전문적인 조언도 한다. 해남처럼 곤충 관련된 일이 발생하면 사람들이 궁금해하는 내용을 방송이나 언론을 통해서 알려주는 역할도 한다. 이때 김태우 박사는 곤충의 기초생물학적 정보를 알리는 일을 했고, 메뚜기 방제 활동과 농민들의 피해 대책은 해남군과 농촌진흥청이 담당했다.

방학이 되면 국립생물자원관에서는 청소년을 위한 주니어 큐레이터 과정을 여는데, 이때 김태우 박사는 '곤충학자의 여름'이라는 주제로 신비롭고 흥미진진한 곤충 강의를 한다. 학교와 환경단체같이 곤충 강의를 원하는 곳을 찾아 외부 강의도 종종 하고 있다.

실험실에서 곤충을 직접 키우기도 한다. 곤충 소리도감을 만들기 위해 저마다 다른 곤충의 소리를 녹음해야 하는데, 야외에서는 곤충들이 합창으로 울기 때문에 녹음하기가 어렵다. 또, 잡힌 곤충은 곧바로 울지 않기 때문에 위협을 느끼지 않도록 적당한 환경을 만들어주고 실험실 안에 있는 방음실에서 한 종씩 소리를 녹음한다. 이렇게 해서 지금까지 여치, 귀뚜라미, 매미 소리도감을 만들었고, 낮에 우는 메뚜기 소리도감도 만들 계획이다.

중국과 일본, 러시아의 협력기관과 공동 프로젝트를 진행하여 외국 곤충학자들과 공동 연구를 진행하기도 하고, 우리나라에서는 연구를 많이 하지 않은 바퀴와 집게벌레, 사마귀에 대한 연구도 할 계획이다.

국립생물자원관의 수장고에는 1100만 점 이상의 생물 표본을 소장할 수 있고, 전시교육관에서는 상설전시와 다양한 기획전시도 열고 있다.

해 보인다. 와연 내안은 이어지... 그리고 아침에는 ... 여기
먼지붙이 죽을 발견하였다. 상체는 빛나는 녹색이고
배 부분은 음나는 진한 녹색과 노란 기가 났다.
그 중 배부분에는 좀 노란 무늬가 짙은 부분이 끝에 있고
은은 은이 났다. 죄식인듯 잎모양이 씹어 뜯는 모습
이오 동작은 매우 빨랐다. 발들은 느렸고. 유리병
이나 스티로폼벽은 기어오르지 못했다. 턱수염은
4개가 만만하였고 더듬이는 10 마디정도 되어보였다.
눈은 검고 역시 윤이 나며 몸길이는 1.5cm 쯤 되어보였다.
뒷발은 길어서 몸길이와 비슷하오 앞다리는 좀 짧았다.
가슴에는 양쪽으로 약간 눈이 났고 (아래부분은 아주 검었다.)→발의 모
배부분의 등껍질은 은홍 굴무늬가 가 있고 아주 아름다운 벌레라고
생각했다. 그래서 이번에도 좀 관찰한 후 놓아 줄 셈이다. 정말. 아름
힘세게 보였다. 밤에 밖에 나아가 풀밭에 이 벌레를 놓아주었다. 그
모리본이 기어갔다. 집에 돌아와 거미의 상태를 살펴보니 아까

이려와서 내 손에도 얹어 보고 집도 마련해 주고 온갖 정성을 다했다.
이 지식이 부족했던 나는 달팽이가 뭘 먹고 사는지를 몰라 마냥
잎이 많은 대다 넣고 분무기로 물을 뿌려 주기만 했다. 그래도 달팽이는
왕고 잘 지내기에 아무 먹고 사는 줄로만 알았다. 그러나 얼마후 달팽이
4기 껍질속에 들어가서는 막을 치고 안나오는 것이었다. 그래서 나는 어
가픈게 아니가 하고 염려도 해 보았고 물도 더 뿌려 주었다. 물은 부
과 있다가 다시 키우던 열근을 내밀기 때문에 안심은 했지만 예전만큼
싱싱한 표정이 아니었다. 그래서 '아사'할 염려도 되서 잡았던 그 잔
로 놓아주었다. 아마 잘살게 일까 하고 혼자 속으로 하던 말이 생기
그 후 내가 중학교에 입학하고 산에 간 사간도
별로 많지 않았는데 학교화원에서 여러
마리의 굉태충을 보았다 나는 아직도
그것이 달팽이의 새끼인줄 알았다 (완이충
은 껍질이 되화하여 피부에 붙한 달팽이
종류인디 온갖 채소를 갉아먹는 해충이다.)
중1 여름 방학을 한 무렵 우리 밭에 담배...

곤충소년, 스스로 곤충일기를 쓰다

"모든 동물을 좋아하는데 어릴 적 우리 집은 애완동물을 키울 환경이 되질 않았어요. 대신 곤충은 좁은 공간에서도 여러 마리를 키울 수 있어서 가까이에 두고 관찰하다 보니 점점 관심이 깊어졌지요."

호기심 많은 곤충소년 김태우는 메뚜기와 여치, 매미 등 눈에 띄는 대로 곤충을 잡아다 책상 위 작은 통 속에 넣어 키웠다. 부산에서 태어난 김태우는 초등학교 무렵에 서울로 이사 가 북한산 자락에서 살았는데, 북한산에는 다양한 곤충이 살고 있었다. 이 곤충은 어떻게 살까, 궁금해지면 곤충을 잡아 와 통에 넣고 이것저것 먹이를 주면서 관찰했다. 한때는 곤충 생태계를 이룰 정도로 수십 마리를 한꺼번에 키운 적도 있는데, 어떤 곤충이 또 다른 곤충을 어떻게 잡아먹고 먹히는지 먹이사슬을 관찰하기도 했다. 그러다가 실수로 뚜껑을 잘못 열어서 곤충들이 온 집 안에 '와글와글' 날아다니는 대혼란이 벌어지기도 했다.

한때는 양서파충류를 키운 적도 있는데, 어떤 날은 사라진 개구리가 모두가 잠든 시간에 어디선가 '꽥꽥' 울어서 "아, 녀석이 저기 있었구나" 하고 벌떡 일어나 한밤중에 개구리 잡기 소동을 벌

어릴 때부터 써온 곤충일기

편견을 깨면 새로운 길이 열린다

이기도 했다. 뱀을 키우기도 했는데 녀석이 몰래 탈출하는 바람에 '방에서 뱀이 나오면 큰일인데……' 하며 혼자 전전긍긍하기도 했다. 가족들은 그 사실을 모르고 있었기 때문이다.

"곤충을 자세히 관찰하고 곤충일기를 썼어요. 지금도 그때 쓴 곤충일기가 일곱 권 남아 있어요. 숙제도 아니었는데, 곤충을 관찰하면서 스스로 기록하고 싶었어요."

오늘은 어떤 곤충을 발견했고, 이 곤충이 먹이를 어떻게 먹고 어떤 행동을 했는지, 또 곤충이 며칠 만에 태어나고 죽었는지 등을 보고 느끼는 대로 적었다. 곤충의 모습을 자세히 기록하고 그림을 그려놓기도 했다. 집에서 키우는 곤충뿐 아니라 북한산과 학교, 마을에서 만나는 신기한 곤충에 대해 빠짐없이 기록했다.

김태우는 입대하기 전까지 관찰 일기를 계속 썼는데, 이런 기록과 그림은 본격적으로 곤충 공부를 할 때 매우 큰 도움이 되었다. 발견 당시에는 이름을 몰랐지만 나중에 곤충을 공부하다 보니 '그때 봤던 곤충이 이것이었구나'라고 뒤늦게 알게 되기도 했다. 이렇게 알게 된 곤충은 더욱 또렷하게 기억할 수 있었고, 관찰 일기를 꾸준히 쓰다 보니 다양한 곤충의 이름을 억지로 외우지 않아도 저절로 알게 되었다. 곤충일기가 곤충 연구의 밑바탕이 된 것이다.

"곤충에 관련된 직업을 갖기 위해 공부를 시작한 것은 아니었지만, 한 분야의 전문가가 되고 싶었어요."

김태우는 대학교 농공학과에 입학했는데, 농업의 생산성을 높이기 위한 농업 시설물 설계와 시공, 농지 측량, 농기계 관련 공부를 하는 학과였다. 전공에 대한 이해 없이 대입시험 점수에 맞춰서 들어간 것이라 적성에 맞지 않았다. 고민을 계속하다가 제대한 뒤, 내가 정말 좋아하는 길을 찾아가야겠다는 생각이 들어 다시 생물학과에 입학했다. 그리고 대학 졸업 무렵에 곤충 멘토인 지도교수를 만나 본격적으로 곤충 연구에 집중할 수 있었다.

대학을 다시 입학하는 바람에 대학원 공부는 서른이 되어서야 시작할 수 있었는데, 대학원은 성신여대 대학원을 다녔다. 곤충연구학과를 개설한 학교가 많지 않고 대학원 과정은 남학생도 입학할 수 있어서 '여대를 다니는 남학생'이 되었다. 출발은 좀 늦었지만 정말 하고 싶었던 곤충 공부라 무척 재미있었다. 지도교수의 전공은 풍뎅이였는데 김태우는 메뚜기를 연구하기로 마음먹었다. 메뚜기는 기후변화와 미래의 식량자원, 해충 연구 등과 관련되어 연구 가치가 높은 곤충이지만, 우리나라에는 메뚜기 전문가가 거의 없고 연구도 많이 되어 있지 않았기 때문에 도전해보기로 한 것이다.

곤충학자가 되려면 편견을 깨라

"메뚜기 중에 제주청날개애메뚜기가 있는데, 제가 제주에서 처음 발견하여 신종으로 발표했고 제 이름을 따서 학명에 김(Kim)이라는 이름을 붙였어요."

곤충 학명에 자기 이름을 붙인다고? 곤충을 연구하다 보면 새로운 종이나 미기록종을 발견하여 학계와 세상에 알리고, 새로운 이름을 붙여주는 놀라운 일도 하게 된다. 산여치와 제주청날개애메뚜기, 숨은날개털귀뚜라미, 이렇게 3종은 김태우 박사가 전 세계에서 처음으로 발견하여 기록한 신종이다. 산여치는 그전까지는 꼬마여치로 잘못 알려진 종인데, 자세히 연구해보니 과학적인 차이가 있어 새로운 종이라는 사실을 알게 되었다. 숨은날개털귀뚜라미는 일본에도 우리와 같은 종이 살고 있다고 알려졌는데 김태우 박사가 먼저 논문을 발표하여 선취권을 갖게 되었다. 산꼽등이와 민어리여치, 철썩기, 꼬마여치베짱이, 봄여름귀뚜라미, 금빛삽사리, 무늬바다방울벌레와 같이 외국에서는 이미 알려졌지만 우리나라에서는 처음 발견한 미기록종 22종도 찾아냈다.

　　이 신종과 우리나라 미기록종의 한국어 이름은 모두 김태우 박사가 지어주었다. 우리나라 미기록종은 외국에서 먼저 발견하여 영문 이름은 있지만 한국어 이름은 아직 없기 때문이다. 곤충 작명가로서 이름 붙이는 중요한 기준도 있다. 우선 곤충의 특징을 잘 나타낸 이름이어야 하고, 부르기 쉬워야 하며, 계통언어와 비슷한 종 이름을 붙여줘야 한다. 그리고 신종과 미기록종을 발견했다는 사실을 논문으로 발표해야 학계에서 인정받을 수 있다.

원산밑들이메뚜기(위), 섬서구메뚜기(왼쪽 아래), 벼메뚜기(오른쪽 아래)

언제 어디서 어떻게 채집했는지 논문에 기록하고, 신종이라는 것을 입증하는 근거 자료도 수집하고, 곤충을 표본으로 만들어 국립생물자원관 수장고에 보관하고, 고유관리번호를 논문에 기록해야 한다. 이렇게 희귀종을 발견하고 학명에 자신의 이름을 붙이는 일은 곤충분류학을 연구하는 곤충학자에게는 매우 영광스런 일이다. 이 학명은 앞으로 영원히 살아남아 많은 사람이 인용하게 될 것이기 때문이다.

"곤충 공부를 하려면 먼저 편견부터 깨야 해요. 곤충학자를 바라보는 편견이 무척 많거든요."

어느 날 야외에서 곤충 채집을 하던 김태우 박사는 포충망을 든 채 밥을 먹으러 음식점에 들어갔다. 옆자리에 앉아 있던 아주머니가 포충망을 가리키면서 왜 어른이 아이처럼 포충망을 들고 있냐고 물었다. 곤충 채집을 아이들의 놀이쯤으로 생각해서, 다 큰 어른이 왜 포충망을 들고 다니느냐는 것이었다. 곤충을 잡으면 약으로 쓰느냐고 묻는 사람도 있었다. 또, 김태우 박사는 중학생 때부터 혼자 산과 들을 돌아다니거나 밤에 헤드랜턴을 켜고 공원의 풀밭을 뒤지며 곤충을 채집했는데, 이것을 본 사람들은 혼자서 뭐하냐고, 혹시 간첩 아니냐고 수상한 눈빛으로 바라보곤 했다. 실제로 곤충 채집을 하던 어떤 교수는 누군가 신고를 해서 경찰서에서 조사받기도 했다.

또, 곤충 연구를 하려면 봄부터 가을까지 숲을 자주 찾아야 하는데, 사람들은 좋은 곳에 놀러간다고 부러워한다. 그러나 곤충 연구는 생각만큼 호락호락하지 않다. 더운 여름날, 숲에서 살아 움직이는 곤충을 관찰하려면 끈기 있게 기다려야 하고, 숲에 웅크리고 있다가 벌레에 물리고 벌에 쏘여서 부어오르기도 한다. 그렇다고 모기약이나 벌레퇴치제를 뿌리면 곤충이 모두 도망가기 때문에 그럴 수도 없다. 곤충 서식지를 찾다가 자동차를 돌리기 어려운 좁은 길이나 막다른 길에 이르러 곤란을 겪기도 하고, 험한 길을 등산하듯이 땀을 뻘뻘 흘리면서 한참을 걸어 오르기도 한다. 더구나 여러 가지 곤충 채집 장비와 카메라 같은 촬영장비까지 무거운 짐을 모두 메고 걸어야 한다.

드디어 곤충 서식지에 다다르면 덤불이 무성하거나 낙엽이 쌓여서 썩은 곳을 뒤지고, 소똥이나 야생동물의 똥도 열심히 뒤적여야 한다. 사람의 눈으로 보기에 지저분해 보이는 곳에 곤충들이 집을 짓고 알을 낳기 때문이다. 또, 돼지의 사체가 썩어가는 것을 일 년 동안 관찰한 적이 있는데, 동물의 사체에 벌레가 생기고 자라는 변화를 연구하기 위해서였다. 돼지 사체가 썩어가는 모습과 역한 냄새도 연구를 위해서라면 참고 견뎌야 했다.

곤충학자에 대한 편견은 또 있다. 야외에서 곤충을 잡아 오면 곤충표본을 만들고 기록하는 일을 하는데, 아주 작은 곤충의 날개를 펴고 다리를 조심스럽게 펴서 표본 만드는 것을 지켜본 사람들은 성격이 소심할 것 같다고 말한다. 곤충학자가 끈기 있게 기

다리고 꼼꼼하게 관찰하고 정리해야 하니 세심한 성격에 맞는 일이긴 하지만 그렇다고 소심한 것은 아니다. 곤충이 살고 있는 깊은 숲을 용감하게 찾아가서 독을 쏘면서 공격하는 곤충도 조사해야 하니 오히려 과감한 성격이어야 한다.

김태우 박사는 꼼꼼하고 세심하고 용감한 여학생이 곤충을 공부하면 더욱 좋겠다고 생각한다. 우리나라 사람들은 곤충이 징그럽다는 편견을 가지고 꺼리는 경우가 많은데, 해외에는 멋진 여성 곤충학자가 많다.

우리 땅에는 다양한 곤충이 살고 있지만 곤충 분야의 학자는 그리 많지 않아서 열심히 연구하면 누구나 최고의 전문가가 될 수 있다. 곤충에 대한 여러 가지 편견을 깨면 새로운 길이 열리고, 그 길에서 자신이 정말 좋아하는 직업도 찾을 수 있다.

곤충 할아버지를 꿈꾸며

"곤충학자의 겨울은 농민의 농한기라고 할 수 있어요. 한 해 동안 연구한 자료를 정리하고, 논문을 쓰거나 공부하는 시기이지요."

겨울에는 곤충이 알이나 벌레집에 숨어서 추위를 나는데, 이렇

곤충학자는 포충망이나 녹음기 등 여러 가지 장비를 챙겨서 곤충들과 만난다. 이런 모습 때문에 가끔 오해를 받기도 한다.

게 겨울을 나는 곤충을 연구하기도 하지만 다른 계절에 비해 야외 출장은 드문 편이다. 이럴 때 자료를 정리해서 다른 계절에 미처 하지 못했던 논문을 쓰고, 책을 쓰기도 한다. 김태우 박사는 신기하고 흥미로운 곤충 이야기를 담은 책을 10권 넘게 집필했다. 어린이 책부터 성인 책까지 다양한 사람이 곤충을 이해할 수 있도록 책을 펴냈는데, 앞으로 더 열심히 쓸 계획이다. 인터넷 블로그 '초충일기'에도 곤충 사진과 관찰 이야기를 담아 많은 사람과 교류하고 있다.

지구에 사는 생물종 가운데 가장 많은 수를 차지하는 것은 곤충이다. 곤충이 사라지면 꽃은 수정을 못해서 열매를 맺지 못하고, 곤충을 먹이로 삼는 동물도 줄지어서 사라지게 된다. 이렇게 곤충은 생태계에서 매우 중요한 일을 담당하고 있고, 평소에는 잘 느끼지 못하지만 사람도 이 작은 곤충들의 도움을 받으며 살고 있다. 곤충학자는 이런 곤충의 생태에 대해 연구하고 곤충과 인간의 관계, 그리고 자연생태계를 연구하는 매우 신비로운 직업이다.

앞으로 김태우 박사는 곤충학자로 열심히 활동하다가 정년퇴직을 하면 그동안의 경험을 살려서 아이들에게 재미있고 흥미로운 곤충 해설을 하는 곤충 할아버지가 되고 싶다. 아이들이 우리 곁에 있는 곤충에 대해 이해하고 자연생태계에도 관심을 가질 수 있도록 해설하고 도와주는 봉사를 하면 좋겠다. 또, 많은 학생이 곤충에 관심을 가져서 유명한 곤충학자인 파브르 선생을 뛰어넘는 곤충학자가 우리나라에서 탄생하면 좋겠다.

곤충학자에 대한 이야기를 신나게 하던 중, 어디선가 미세하게 곤충의 소리가 들렸다. 그 소리는 너무나 작아서 들릴 듯 말 듯 했다. 김태우 박사는 귀를 쫑긋 세우고 조용히 그 소리에 집중하고 몰입했다.

편견을 깨면 새로운 길이 열린다

Q 곤충학자가 되려면 어떤 자격이 필요할까요?

A 대학교에서 생물학이나 농생물학과 같은 생물 관련학과를 졸업하고, 석사와 박사 학위를 받으면 곤충학자가 될 수 있다. 곤충학자가 되려면 무엇보다도 자연을 사랑할 줄 아는 마음을 가져야 한다. 곤충은 함부로 죽이거나 장난쳐도 되는 장난감이 아니라, 식물의 수정을 돕고 열매를 맺게 하고 새와 동물의 먹이가 되는 등 자연생태계에서 매우 중요한 역할을 하고 있다.

곤충학자가 되려면 호기심이 많아야 하고 관찰력도 좋아야 한다. 곤충의 음식이나 계절에 따른 변화, 환경조건 등을 세심하게 관찰해야 하기 때문이다. 모험심이 풍부하고 담력도 있어야 한다. 깊은 산속이나 울창한 숲에 다양한 곤충이 살고 있는데, 곤충이 사람을 공격할 수도 있다. 꼼꼼하고 세밀하게 정리해서 곤충 표본을 해야 하고, 오래 참고 몰입 있게 연구하는 근기와 열정도 필요하다.

Q 곤충과 관련한
직업은 무엇이 있나요?

A 곤충을 연구하고 학생들을 가르치는 대학 교수가 될 수 있다. 질병관리본부 연구직이나 검역원, 또는 곤충 관련 연구소, 농촌진흥청 같은 농업 관련 기관에서도 일할 수 있고, 자연사박물관이나 과학관, 생태원 등에서 곤충 연구를 할 수 있다. 또, 천적 곤충을 연구하는 회사나 곤충을 판매하는 회사에서 일할 수도 있다. 지금 우리나라에서는 곤충 관련된 직업이 세분화되지 않았지만 앞으로 자연생태계의 중요성이 커지면서 더욱 늘어날 것이다.

우리나라 환경부에 소속된 국립생물자원관은 국가 차원에서 우리나라 생물 종을 보존하는 가장 큰 기관으로, 자연사박물관 역할도 하고 있다. 이곳에서 근무하는 사람들은 국가 공무원이다. 생물학자에게는 연구를 할 수 있는 최적의 환경이라 입사 경쟁이 치열한 편이다. 환경연구관과 환경연구사두 직급이 있는데, 환경연구관은 박사 학위가 있고 관련 분야의 경력이 풍부해야 하고, 환경연구사는 석사 학위가 있고 논문이 다양하면 지원할 수 있는데, 대개 근무하면서 연구에 더욱 집중하여 박사 학위를 받는다.

편견을 깨면 새로운 길이 열린다

산양을
멸종위기에서
구하라!

야생동물 복원 전문가 조재윤

"지난 일 년을 돌아보니 365일 중 260일이나 현장으로 출동했더라구요. 궂은 날에는 공사장의 노동자들도 쉬는데, 우리는 눈이 오나 비가 오나 산양을 찾아다녔어요. 힘들지만 이런 적극적인 구조활동이 산양의 멸종을 막을 수 있는 최선이라고 생각해요. 저의 목표는 산양을 멸종위기종에서 해제시키는 것이에요. 환경부에서 멸종위기종으로 지정한 동물은 많은데 아직 해제한 경우는 없어요. 한 종이 늘었다는 것은 곧 그만큼 우리 숲의 환경이 좋아지고 생태계가 복원되었다는 것을 뜻합니다."

조재운

국립공원관리공단 종복원기술원(경북 영주시 소재)에서 산양복원사업을 맡아 산양의 개체수와
유전적 다양성을 늘리기 위해 열심히 뛰고 있다. 멸종위기종이자 천연기념물인 산양이 예전처럼
전국에서 흔히 볼 수 있는 짐승이 될 수 있도록 산양의 생태와 행동권, 서식지에 대한 연구에
집중하고 있다.

국립공원관리공단 www.knps.or.kr
국립공원관리공단 종복원기술원 bear.knps.or.kr

"헉! 헉! 헉!"

고요한 겨울 산에 거친 숨소리만이 바람을 타고 허공으로 흩어졌다. 국립공원관리공단 종복원기술원의 조재운 박사는 온몸으로 눈을 밀며 걸어갔다. 그 뒤를 다른 직원들이 따라 걸으면서 눈을 다지고 길을 뚫었다. 아무리 좋은 체력을 가진 장정이라도 허리나 가슴팍까지 쌓인 눈을 헤치며 걷는 것은 결코 쉽지 않다. 체력이라면 누구에게도 뒤지지 않는다고 자신만만한 사람일지라도 100m도 채 못 가 기진맥진하고 말 것이다. 그래서 조재운 박사와 뒷사람이 교대하면서 눈길을 만들어갔다. 눈 속에 발이 깊이 빠지지 않도록, 달래나무를 둥글게 휘어서 직접 만든 설피도 신었다.

이렇게 하루 종일 눈길을 뚫어도 1km가량에 지나지 않고, 많이 가도 1.5km 정도이다. 해가 질 때쯤 되면 서둘러 산을 내려왔다가 다음 날 다시 찾아가 눈길 뚫기를 반복한다. 나무에 걸리고 바위에 넘어져서 상처가 나는 일도 흔하다. 이렇게 폭설을 뚫고 산길을 만드는 것을 러셀(Russel) 작업이라고 하는데, 제설차를 발명한 미국인의 이름을 딴 것이다. 눈이 많이 쌓이면 어디가 길이고 비탈인지 구별하기조차 어려운데, 평소에 길을 잘 아는 사람이 러셀 작업을 해야 뒷사람들도 위험을 피해 안전하게 걸어갈 수 있다.

혹한의 겨울 산에는 저체온증과 마비 같은 건강 이상이 생길 수 있어 반드시 5~10명이 함께 이동해야 한다. 또, 구조한 야생동물을 안전하게 옮길 수 있는 구조틀과 동물약품 같은 수의장비,

자신의 몸을 보호하는 보온장비, 도시락과 물까지 필요한 짐을 모두 메고 걸어야 하니 결코 호락호락한 산행이 아니다.

"여기예요! 여기 산양이 있어요."

앞서 가던 직원이 다급하고도 들뜬 목소리로 산양의 위치를 알렸다. 조재운 박사는 반가운 마음에 서둘러 눈길을 헤치며 바위 아래로 뛰어갔다. 바위가 처마 구실을 해줘서 눈이 덜 쌓인 바위굴에 산양 한 마리가 웅크리고 앉아 있었다. 사람들이 다가가자 잔뜩 경계하면서 도망가려고 발버둥 치지만 눈에 갇혀 어쩔 도리가 없는 모양이다. 조재운 박사는 조심스럽게 산양을 안아 구조틀에 넣었다. 그리고 동료들과 함께 구조틀을 들고 서둘러 산을 내려왔다.

숲에서 산양을 발견하면 동행한 수의사가 먼저 건강 상태를 살피고 암수 구별, 나이, 크기 등 산양에 대한 기본 정보를 확인한 뒤, 그대로 숲으로 돌려보낼 것인지, 구조해서 적극 치료할 것인지를 판단한다. 하지만 눈에 갇힌 산양은 되도록 빨리 구조하는 것이 중요하다. 다리가 짧아서 다른 동물들처럼 눈을 헤치며 뛰어다닐 수 없는 산양은 먹이가 부족한 겨울 산에서 며칠째 굶주리고 탈진해서 생사의 기로에 서 있을 것이 분명하기 때문이다.

조재운 박사와 직원들은 산양이 들어 있는 구조틀을 종복원기술원 안에 있는 동물병원으로 조심스럽게 옮겼다. 수의사는 산양의 건강 상태를 정밀하게 관찰하기 시작했다. 다치거나 질병이 생긴 건 아닌지 몸 구석구석을 살피고 크기와 몸무게 등 기본 신체

검사도 했다. 이 산양은 태어난 지 아직 일 년이 채 되지 않은, 털이 북슬북슬하고 눈망울이 선한 어린 수컷이다. 수의사는 굶주려서 기운이 없는 것 외에 별다른 이상은 없다고 진단했다. 그러자 조재운 박사와 직원들은 산양을 다시 계류장으로 옮겼다.

계류장은 병원의 병실과 같은 곳인데, 이곳에서 충분히 먹고 푹 쉬면서 건강을 회복하면 산양은 다시 숲으로 돌아가게 될 것이다. 조재운 박사는 건초를 듬뿍 주고 그릇에 물을 담아주었다. 그리고 계류장의 문을 닫고 나와 작은 창문을 통해서 조용히 산양을 관찰했다. 낯선 공간에서 산양이 잘 적응하는지, 먹이는 잘 먹는지, 똥은 잘 싸는지를 날마다 관찰해야 한다.

계류장에는 산양뿐 아니라 다친 고라니와 노루, 쇠부엉이까지 야생동물 10여 마리가 머물고 있는데, 다쳐서 치료 중인 동물은 지붕이 있는 입원실에 있고 회복기에 있는 동물은 울타리만 둘러 있는 너른 계류장을 한가롭게 거닐고 있다. 이들은 산양을 구조하러 가던 길에 발견되었거나 주민들과 산행객들이 신고해서 구조해 온 동물들이다. 조재운 박사는 산양 전문가이지만, 계류장에 있는 다른 여러 야생동물의 상태도 돌보면서 다친 상처가 잘 아물고 건강을 회복하면 숲으로 돌려보낸다. 그런데 이 중에서 다리를 심하게 다쳤거나 날개에 영구장애를 입어 스스로 먹이활동을 할 수 없

눈 쌓인 겨울 산에서 산양을 구조하는 종복원기술원 직원들

산양을 멸종위기에서 구하라!

는 녀석들은 안타깝지만 숲으로 돌아가지 못하고 계류장에서 계속 살면서 종복원기술원을 방문하는 사람들이 관찰할 수 있는 교육용 동물로 활약하게 된다.

산양의 개체수를 늘려라!

"오늘은 이곳에서 먹이활동을 하고 있구나."

강원도 인제군 국립공원관리공단 종복원기술원 북부복원센터, 조재운 박사는 컴퓨터 모니터의 지도를 보면서 산양의 현재 위치를 확인했다. 지도 위에는 여러 개의 점이 이어서 나타났다. 지난겨울 조재운 박사와 직원들은 구조한 산양을 정성껏 치료해주고 봄이 오자 본래 살던 보금자리에 다시 풀어줬다. 이때 산양의 목에 GPS(인공위성 위치확인 시스템) 발신기를 달아주었는데, 이 정보가 인공위성을 통해서 2시간마다 컴퓨터 프로그램에 자동 입력이 되어 모니터에 나타나는 것이다. 모니터를 보면 산양의 위치와 오늘 이동한 거리, 지난 한 달간의 이동경로까지 한눈에 알 수 있다.

몇 년 동안 쌓인 이 자료를 모아 조재운 박사는 산양이 먹이활동을 하는 장소와 자는 곳, 계절별 이동하는 곳 등 산양의 행동권과 생태 연구를 하고 있다. 만약 산양이 며칠째 움직이지 않고 한 자리에만 있거나 현장 추적을 나갔을 때 발신기의 소리가 달라지면 어떤 문제가 생긴 게 분명하다. 산양이 눈 속에 갇혀 있거나 올무나 덫 같은 밀렵도구에 걸려 있을 수도 있기 때문에 이럴 때에는 곧바로 현장으로 출동해서 치료하거나 구조한다.

1960년 이전에 산양은 전국의 산에서 흔히 볼 수 있는 짐승이었다. 그런데 산양이 바위와 산을 잘 타니 관절이나 뼈에 좋을 거라며 닥치는 대로 잡아들여 보신음식을 만들고 털과 가죽을 이용했다. 또 1965~1967년 강원도 지역에 폭설이 내려 많은 산양이 죽었고, 눈에 갇힌 산양을 사람들이 너도나도 잡아들여서 무려 6000마리가량을 포획했다는 기록이 있다.

이후 산양의 수가 급격히 줄어들자 1968년에는 천연기념물 217호로 지정하여 국가에서 보호하고 있다. 지금은 설악산과 오대산, 울진·삼척, 양구·화천, 비무장지대 일부에만 겨우 남아 있고, 월악산과 속리산에서는 복원사업을 열심히 해서 산양 수가 조금씩 늘어나고 있다.

"설악산에서는 산양이 100마리가량이 살고 있다고 알려졌는데, 2009년부터 제가 선발대로 와서 현장조사를 해보니 250마리가 살고 있었어요. 그래서 설악산의 산양은 복원이 아니라 보존사업을 하기로 결정했지요."

2009년부터 조재운 박사와 종복원기술원 식구들은 설악산 곳곳을 누비며 산양의 똥과 발자국, 먹이 흔적, 뿔질(뿔로 비벼서 나무껍질을 벗겨 놓는 것) 같은 흔적을 조사하고, 산양이 다닐 만한 곳에 무인센서카메라를 설치하여 설악산에 산양이 250마리가량 살고 있다는 것을 확인했다. 그리고 현장을 세밀하게 조사해서 산양의 보금자리는 130여 곳이라는 것도 알아냈다. 이 자료를 중심으로 겨울에는 눈에 갇혀 탈진한 산양이 있을 만한 곳, 그중에 사람이 접근 가능한 곳을 찾아가 산양을 구조하고, 여름에는 깊은 계곡과 이름 없는 작은 계곡까지 보금자리가 있을 만한 곳을 모두 찾아가 서식지 조사를 했다.

"건강하게 새끼 낳고 잘 살아라."

구조틀의 문을 열자 웅크리고 있던 산양이 뛰어나와 오대산 깊은 숲으로 순식간에 사라졌다. 조재운 박사는 산양의 뒷모습을 보니 마치 자식을 떠나보내는 것처럼 마음이 짠했다. 이 산양은 지난 가을 올무에 걸려 다리를 심하게 다쳤는데, 종복원기술원 계류장에서 몇 달 동안 머물면서 치료를 받고 다시 건강을 회복했다. 조재운 박사와 종복원기술원 직원들은 이 산양을 오대산에 풀어주기로 결정했다. 오대산에는 본래 살던 개체와 새로 방사한 개체, 이들 사이에서 새끼를 낳으면서 산양이 36개체까지 늘어났다.

전 세계에 서식하는 산양은 4종류가 있는데 털 색상, 크기, 뿔 모양, 덩치 차이 등 종마다 조금씩 생김새가 다르다. 우리나라에서는 그중 한 종 4가지 타입이 살고 있는데, 사람으로 치면 한 민족, 4개 성씨만 살고 있는 것과 같다. 산양은 멀리 이동하지 않고 한자리에 머물러 사는 특성 때문에 지역별 고유 타입을 가지는데, 예전에 산양이 전국 곳곳에 살던 때에는 여러 가지 타입이 살았지만

야생동물 복원 전문가 조재운

설악산과 오대산, 울진·삼척, 양구·화천, 비무장지대, 이 4곳에만 겨우 남으면서 딱 4가지 타입만 남았다.

한 종이 건강하게 살려면 다양한 유전자를 가진 동물이 살아야 한다. 같은 유전자를 가진 종은 외부에서 병균이 침투하는 등 변화나 충격이 생겼을 때 한 번에 절멸할 수도 있기 때문이다. 그래서 한 가지 타입이 전국에 사는 것보다 10가지 타입이 곳곳에 사는 것이 더 건강하다. 조재운 박사는 설악산에서 구조한 산양을 다른 지역에 방사하여 서로 다른 유전자를 가진 어미 사이에서 건강한 새끼들이 태어날 수 있도록 해주고, 산양마다 유전자 연구 분석도 부지런히 하고 있다.

"설악산에서 구조한 산양을 다시 설악산에 풀어놓으면 2~3일 만에 본래 서식지를 찾아가요. 그런데 다른 지역에 옮겨 놓으면 암컷은 4~6개월 동안 15~18km까지 열심히 이동하고, 수컷은 6개월에서 일 년 동안 주변지역을 돌아다녀요. 가장 안전한 집을 찾는 거죠."

산양은 일 년 동안 1km² 반경 안에서만 먹이활동을 하면서 움직이고, 어미와 새끼가 함께 다닐 뿐 산양들끼리 무리 생활도 하지 않는다. 그런데 사람들이 서식지를 옮겨준 산양은 열심히 숲을 돌아다닌다. 이사할 좋은 집을 보러 다니듯이 먹을거리가 풍부하고 다른 동물들이 침입하지 않을 안전한 집을 찾아 다니는 것이다. 그러다 보니 산양을 방사한 후 6개월 동안은 밀렵도구에 걸리거나 로드킬 같은 사고를 당할 수 있어 매우 위험하다.

그래서 조재운 박사와 종복원기술원 식구들은 24시간 조를 편성해서 산양의 발신기에서 오는 위치 정보를 바탕으로 이동 방향을 계속 모니터링하고, 등고선을 따라 이동하는 패턴도 세밀하게 관찰한다. 산양이 이동할 장소에 미리 가서 올무와 덫, 그물 같은 밀렵도구를 제거하고, 탐방객에게 조용히 산행할 것을 당부하는 안내판과 현수막도 설치하는 등 산양이 안전하게 서식지를 마련할 수 있게 애쓴다.

"지난 일 년을 돌아보니 365일 중 260일이나 현장으로 출동했더라구요. 궂은 날에는 공사장의 노동자들도 쉬는데, 우리는 눈이 오나 비가 오나 산양을 찾아다녔어요."

힘들지만 조재운 박사는 이런 적극적인 구조활동이 산양의 멸종을 막을 수 있는 최선의 방법이라고 생각한다.

11년 만에 대학 졸업, 20년 만에 박사 학위

"아버지, 저 대학 안 가고 염소 키울게요."

갑작스런 대학 포기 선언에 아버지는 적잖이 놀란 표정을 지

산양을 방사할 때 GPS 발신기를 목에 달아주고, 발신기에서 오는 신호를 받아 모니터로 산양의 이동경로를 매일 확인한다(위). 산양 서식지에서는 똥과 불질 같은 흔적을 조사한다(아래).

야생동물 복원 전문가 조재운

었다. 그도 그럴 것이 촉망받던 조재운은 중학생 때부터 충북 진천 고향을 떠나 서울로 유학을 갔다. 부모님은 아들이 공부를 제법 잘 하니 서울에서 공부시키고 싶었던 것이다. 그렇게 고등학교까지 서울에서 다닌 아들이 고향마을 사과 과수원으로 돌아와 하고 싶은 일을 하겠다며 대학 포기 선언을 한 것이다. 들판을 한참 동안 말없이 앞서 걷던 아버지가 입을 열었다.

"그래, 네가 하고 싶어 하는 건 다 해줄게. 대학 안 가도 좋고 과수원을 맡아서 농사지어도 좋다."

깊은 고민 끝에 아버지는 아들의 결정을 적극 지원해주었다. 아버지의 결단에 조재운은 뛸 듯이 기뻤다. 그러나 드넓은 과수원 일부터 맡아서 하기에는 너무 벅차서, 좋아하는 염소를 감당할 수 있을 만큼만 키워보겠다고 말씀드렸다. 아버지는 흔쾌히 염소 15마리를 사주었다. 어릴 적부터 조재운은 동물을 좋아했는데, 그냥 동물을 바라보기만 해도 기분이 좋았다. 들판을 뛰어다니며 개구리와 뱀을 잡았고, 개와 닭을 키우고 열대어를 키운 적도 있었다.

과수원 한구석에 뚝딱뚝딱 염소 우리를 짓고 아버지가 사준 염소를 열심히 키웠다. 염소들이 새끼를 낳으면 수를 점점 늘려서 목장을 운영하는 청년 사업가가 되고 싶었다. 그런데 염소를 키우다 보니, 좀 더 전문적으로 동물을 알고 싶어지고 수의학에도 관심이 생기면서 공부를 하고 싶다는 생각이 몽글몽글 솟아났다.

'다시 시작해볼까? 그래야 아쉬움이 남지 않겠지?'

그렇게 고등학교를 졸업한 지 2년이 지나서 학원을 등록하고 대학입시 공부를 시작했다. 다양한 분야에서 활동할 수 있는 생물학과를 지원하는 게 좋겠다는 선생님의 권유에 따라 생물학과에 합격했는데, 정작 입학하고 보니 '공부가 성에 안 차서' 학교를 잘 가질 않았다. 고향 집으로 돌아와 다시 염소를 키우다가 모든 과목을 F학점 받고 제적되었다. 그러다가 다시 복학하고 군대도 다녀오면서 무려 11년 만에야 대학을 졸업했다.

애지중지 키우던 염소는 군 입대를 하느라 모두 팔아야 했고, 제대 후 복학해서는 학교 공부를 하면서 구두와 옷을 판매하는 사업을 병행하기도 했다. 사업이 제법 잘되었고 한때는 외국에서 살고 싶어서 이민을 가려고도 생각하다가 문득 '진정으로 내가 하고 싶은 일이 뭘까?' 하는 깊은 고민에 빠져 들었다. 인생에서 가장 중요한 것, 내가 가장 이루고 싶은 것은 무엇일까를 생각하다가 다른 데 신경 쓰지 말고 동물 공부를 제대로 해보기로 결심했다. 그래서 석사 공부를 시작하려고 교수를 찾아갔는데, 교수는 공부를 흔쾌히 허락했지만 한 가지 조건을 달았다.

"나이가 서른 중반인데 석사 공부만 할 거면 그만두고 박사 공부까지 할 거면 시작하게."

아니, 4년제 대학도 11년 만에 졸업했는데 어떻게 박사 공부까지 한단 말인가. 해볼 테면 시작하고 아니면 석사도 하지 말라는 교수의 단호한 말에 조재운은 눈앞이 캄캄했다. 하지만 이왕 어렵

산양을 멸종위기에서 구하라!

게 마음먹었으니 멋지게 부딪쳐보기로 했다. 어릴 적부터 꿈이 뭐냐고 물으면 생물학자가 되고 싶다고 말했는데 이젠 그 꿈을 이루어보고 싶었다. 석사 과정부터는 정말 하고 싶었던 포유류 공부라서 공부에 몰입하고 현장조사도 신나게 다녔다.

무사히 석사 학위를 받고 국립공원관리공단에 입사하여 소백산을 누비고 반달가슴곰 복원을 하고 있는 지리산도 부지런히 오르내렸다. 그런데 몇 개월 지나지 않은 2009년, 국립공원관리공단에서 설악산 산양 복원사업을 시작하는데 야생동물 전문가를 중심으로 선발대를 꾸린다는 소식이 들려왔다. 현장에서 동물을 조사하고 공부할 수 있다는 것이 마냥 좋아서 조재운은 무조건 가겠다고 지원했다.

이때부터 산양과 깊은 인연이 시작되었다. 설악산에는 호랑이나 표범, 곰 같은 대형 포유류는 멸종되었지만 산양은 다행히 꽤 많은 수가 살고 있다. 설악산의 수많은 계곡을 오르내리며 조사해서 자료를 차곡차곡 모으고, 이 현장자료를 바탕으로 논문을 써서 드디어 박사 학위를 받았다. 대학 입학한 지 무려 20년 만이었다. 돌아보면 참 먼 길을 돌아왔다.

"가장 좋아하는 일을 직업으로 가질 수 있어서 다행이라고 생각해요. 그런데 먼 길을 돌아온 시간은 조금 아까워요. 더 일찍 시작했더라면 많은 일을 했을 텐데 하는 아쉬움이 들지요."

조재운 박사는 야생동물을 살리는 것이 매우 의미 있는 일이

야생동물 복원 전문가 조재운

라고 생각한다. 돈을 많이 벌거나 높은 명예를 얻을 수 있는 직업
은 아니지만, 생명을 살리고 자연생태계에 생물다양성을 풍부하게
만드는 소중한 일이기 때문이다. 마음 저 깊은 곳에서부터 동물을
정말 좋아해야만 할 수 있는 일이라, 어쩌면 이 일을 하는 사람들
은 애초부터 다른 사람들과 DNA가 다른 게 아닐까 하는 생각도
든다. 같이 근무했던 수의사는 우제류 알레르기 증세가 있어 산양
처럼 발굽이 2개 달린 야생동물을 치료하고 나면 한동안 가려움
증에 시달린다. 또 다른 직원은 높은 곳에 오르면 벌벌 떠는 고소
공포증이 있지만 1700미터나 되는 높은 설악산을 기꺼이 누비고

다닌다. 또 동물을 구조한 후부터는 고기를 잘 안 먹는 직원도 있다. 왜 이런 일을 하냐고 물어보면 그들의 대답도 한결같았다. 그냥 이 일이 좋아서, 야생동물이 좋아서라고 말이다.

아빠는 좋은 일을 하는 사람

"저의 목표는 산양을 멸종위기종에서 해제시키는 것이에요. 환경부에서 멸종위기종으로 지정한 동물은 많은데 아직 해제한 경우는 없어요. 매우 의미 있는 일이지요."

조재운 박사의 목표는 산양의 수를 예전처럼 많이 늘려서 고라니처럼 동네 뒷산에서 흔히 볼 수 있는 짐승으로 만드는 것이다. 한 종이 늘었다는 것은 곧 그만큼 우리 숲의 환경이 좋아지고 생태계가 복원되었다는 것을 뜻한다. 산양 복원사업계획을 장기적으로 세워서 설악산과 오대산, 월악산, 속리산, 지리산까지 산양을 예전처럼 백두대간 곳곳에서 살게 하고, 이렇게 백두대간 생태축을 연결하는 것이 조재운 박사와 종복원기술원의 최대 목표이다.

숲에서 한 종이 인간의 도움을 받지 않고 스스로 새끼를 낳고 키우면서 생존이 가능한 최소 존속개체군은 100개체 이상이라고 한다. 숲에서 동물 한 종이 100마리는 살아야 자체 생존이 가능하다는 뜻이다. 설악산에는 산양이 250여 개체가 살고 있으니 앞으로 보존을 더 잘해야 하고, 36개체가 살고 있는 오대산과 60여 개체가 살고 있는 월악산에는 복원사업을 더욱 적극 벌여야 한다.

앞으로도 야생동물 전문가가 해야 할 일은 너무나 많다. 속리산과 덕유산, 지리산 등에도 차근차근 방사하여 이들이 스스로 살아갈 수 있도록 만들어야 한다. 또, 지금은 지리산에만 살고 있는 반달가슴곰을 설악산에도 살 수 있게 복원해야 하고, 여우와 사향노루, 사슴 같은 동물들도 예전처럼 우리 숲에 살 수 있게 해야 한다.

"우리 딸이 '텔레비전 뉴스를 보면 범죄자나 사기꾼 같은 나쁜 사람들이 많이 나오는데, 우리 아빠는 동물을 살리는 일로 텔레비전에 나오니 좋은 일을 하는 사람이야'라고 말하더라고요. 참 기쁘고 보람도 느꼈어요."

조재운 박사는 국립공원에서 일하면서부터 가족들과 떨어져 2~3주에 한 번씩 만난다. 멀리 떨어져 살아도, 아이들이 자라는 중요한 순간을 함께하지 못해도, 아빠가 하는 일이 딸에게 깊은 영향을 미친 모양이다. 고등학생인 큰딸의 꿈은 수의사이다. 몇 해가 지나면 아빠와 딸이 함께 야생동물 전문가로 활약하는 훈훈한 모습을 만날 수 있지 않을까?

조재운 박사는 바쁜 시간을 쪼개 대학교에서 생물학 강의도 한다. 앞으로 산양에 관한 책도 쓰고 싶고 야생동물을 연구하는 현장 연구소도 열고 싶다. 무엇보다 간절한 꿈은 산양과 산양의 친구들이 우리 숲에서 거침없이 자유롭게 뛰노는 것이다. 사람들이 숲에 가면 산양의 똥이나 발자국 같은 야생동물의 흔적을 쉽게 관찰하고, 이 숲 어딘가에 순한 눈과 작은 뿔을 가진 산양이 살고 있다는 것을 느낄 수 있게 되기를 바란다. 그날을 위해 조재운 박사는 오늘도 다시 묵직한 배낭을 꾸려 거침없이 숲으로 들어갔다.

야생동물 복원 전문가 조재운

Q 야생동물 전문가가 되려면 무엇을 준비해야 할까요?

A 산행하는 일이 잦기 때문에 체력이 좋아야 하고 숲을 좋아해야 한다. 무엇보다 동물을 사랑하는 마음과 자연환경을 이해하는 생태감수성이 있어야 하고, 왜 보존하고 복원해야 하는지를 이해하는 것이 중요하다.

포유류를 공부하려면 생물학과가 가장 적합한데, 에코과학부나 환경 관련 학과에서 공부해도 좋다. 이런 학과에서 생물과 환경에 대한 기초 공부를 탄탄하게 하고, 이어서 포유류 관련 학과가 개설된 대학교에서 석사와 박사 공부를 깊이 있게 하면 좋다. 포유류에 관한 기초 공부를 체계적으로 하면 현장에서 할 수 있는 일은 무척 다양해진다. 전문적인 포유류 공부를 한 후 자신의 경험과 전문성을 조합하면 더욱 폭넓은 활동을 할 수 있다.

Q 국립공원에서는
어떤 일을 하나요?

A 뛰어난 자연환경을 품고 있고 보존가치가 높은 숲과 섬, 문화
유적지 21곳을 국가에서 국립공원으로 지정하여 국립공원관
리공단이 관리하고 있다. 1967년에 처음으로 지리산이 지정
되었고 설악산, 북한산, 한려해상, 다도해 등을 거쳐 2012년에 21번째로 무
등산국립공원이 지정되었다.

국립공원관리공단에서는 동·식물을 복원하는 종복원기술원뿐 아니라
철새의 생태와 이동을 연구하는 철새연구센터, 생태탐방 프로그램과 동반
안전교육 등 생태교육을 전문으로 하는 생태탐방연수원, 그리고 숲과 바다,
갯벌에 사는 생물을 조사하고 국립공원 제도와 탐방문화 등 전문 연구를
하는 국립공원연구원 등 다양한 전문기관을 운영하고 있다.

국립공원이 있는 지역마다 국립공원을 관리하는 사무소를 운영하고 있
는데, 탐방객에 대한 안내와 교육, 탐방로와 대피소 같은 시설물 관리, 야영
장 운영, 지역 주민들과 협력 같은 다양한 활동을 하고 있다. 또, 산행 중 다
치거나 폭우에 고립되어 위험에 빠진 탐방객을 구조하는 활동도 하고, 사찰
과 문화재, 꽃과 나무 등을 해설하는 해설 전문가들도 현장에서 열심히 뛰
고 있다.

　　　　　　　　　　　　　　　　야생동물 복원 전문가 조재운

Q 숲에서 동물이 복원되면 어떤 변화가 생기나요?

A 야생동물이 숲을 돌아다니면서 나뭇잎과 열매를 따 먹는 먹이활동을 하고, 이곳저곳에 똥을 싸면 똥 속에서 나온 싹이 숲 곳곳에 퍼진다. 새도 열매의 씨앗을 먹거나 날개에 붙어서 이곳저곳에 옮기는 산포 역할을 하는데, 이런 야생동물들 덕분에 움직이지 못하는 나무들은 자손을 다른 곳에 퍼뜨릴 수 있다. 이렇게 숲에 식물의 종류가 다양해지고 숲이 무성해지면 야생동물도 늘어나고, 자연생태계가 건강해지는 것이다.

종복원기술원에서는 동물에게 위협이 될 만한 것을 없애고, 산에 쓰레기를 버리거나 소리를 지르고 밀렵하는 사람들도 단속하여 동물들이 살기 좋은 곳으로 만들어간다. 또, 다치거나 병에 걸린 야생동물을 적극 구조하여 치료하는 야생동물병원 역할도 하고 있다. 국립공원관리공단에서는 2030년까지 반달가슴곰과 산양, 여우 등 다양한 야생동물이 사는 백두대간 생태축 복원을 목표로 열심히 뛰고 있다.

2

녹색 세상을
만들다

유엔에서 전문가로
일하고 싶다면?

유엔 환경담당관 남상민

"결핍이 저에게는 큰 자산이 되었어요.
어릴 적 고향 집에 전기가 들어오지 않은 덕분에
텔레비전을 보는 대신 책을 많이 읽었고,
여행 경비를 언론 취재를 통해 충당하면서
아시아 여러 나라를 다녀, 세상에 대해 폭넓게
이해할 수 있었어요.
유엔에서 활동하려면 어떤 공부를 해야 하냐는
질문을 많이 받는데, 유엔에서는 경제, 환경,
무역 등 다양한 분야의 전문가들이 활동하고 있어요.
자기 분야에서 전문지식과 경험을 쌓으면
유엔에서 일할 기회가 열리는 것이죠."

남상민

유엔에스캅(UNESCAP) 동북아사무소 부대표로 활동하면서 동북아 6개 나라의 평화와 협력을
위해 노력하고 있다. 경북 울진의 외딴집에서 태어나 고속버스도 꽤 성장해서야 처음 탔고 사투리
억양이 강한 영어로 말하지만, 결핍을 극복하려는 부단한 노력 끝에 우리나라 환경운동가 최초로
유엔에서 활동하고 있다.

유엔아시아태평양경제사회위원회(UNESCAP) www.unescap.org
동북아환경협력프로그램 www.neaspec.org

"오늘 이 자리에 오신 동북아 정부 대표들을 환영합니다. 이렇게 정부대표들이 한자리에 모였다는 것만으로도 매우 뜻깊은 자리가 되었습니다. 오늘 논의 주제는 동북아시아 공동의 해양문제인데요. 이 문제를 해결하기 위해 앞으로 어떤 협력이 필요할까요?"

유엔에스캅(UNESCAP, 유엔아시아태평양경제사회위원회) 남상민 부대표는 동북아시아 6개국 정부대표들과 함께 동북아 해양환경 협력에 대한 열띤 회의를 진행하고 있다. 남한, 북한, 중국, 몽골, 러시아, 일본 등 동북아시아 6개국의 중심에는 황해가 있다.

공장 폐수와 해양쓰레기 등 여러 가지 원인으로 황해는 오염되고, 보전가치가 있는 갯벌과 습지는 점점 사라지고 있다. 황사와 대기오염, 바다오염과 같이 국경을 넘어 이동하는 환경문제는 여러 나라에 걸쳐 큰 문제로 떠오르고 있다. 한 국가가 해결하기 어려운 이런 문제를 유엔(UN, 국제연합) 차원에서 해법을 찾기 위해 남상민 부대표는 정부대표들의 의견을 모으는 중이다. 정부대표들은 국가별 해양문제에 대한 대책과 앞으로의 방향에 대해 토론을 한 뒤, 이 문제를 공동으로 해결하기 위해 '동북아 해양 보전 네트워크'를 설립하자고 뜻을 모았다.

남상민 부대표는 이런 협력을 이끌어내기 위해 그동안 많은 노력을 기울였다. 먼저 동북아 6개국이 속한 동북아환경협력프로그램(NEASPEC, 1993년 결성) 연차 회의에서 '동북아 해양환경 협력'에 관한 주제 자료를 만들어 제안했다. 10여 쪽에 이르는 주제 자

컨퍼런스를 진행하고 있는 남상민 부대표

료에는 동북아 해양과 오염 실태에 대한 현황, 이를 해결하기 위한 국가별 협력의 필요성을 조목조목 담았다. 각 국가 외교부에서는 그 나라의 해양 상황을 잘 아는 전문가를 선정하여 전문가 회의에 참석시켰다. 남상민 부대표는 사업을 순조롭게 진행하고 좋은 성과를 얻기 위해, 나라별로 복잡하게 얽힌 이해관계를 고려하여 의견을 조율하고 설득하는 일을 꾸준히 해왔다.

2년간의 논의 끝에 마침내 각국 정부대표들이 '동북아 해양 보전 네트워크'를 설치하자는 결정을 내렸다. 앞으로 사업을 잘 진행하여 좋은 성과를 얻으려면 6개 나라가 더욱 협력해야 하는데, 나라마다 이해관계가 복잡하기 때문에 순조롭게 진행되지 않기도 한다. 한 가지 주제를 합의하는 데만도 설득하고 조율하는 지난한 과정을 거쳐야 할 것이다.

이외에도 남상민 부대표는 다양한 사업을 맡아서 진행하고 있다. 국경을 넘나드는 황사와 미세먼지 문제를 협의하는 '동북아 장거리 이동 대기오염물질 협력체 구축', 중국과 러시아 국경을 넘나드는 호랑이의 DNA를 두 나라 연구자들이 공유하고 호랑이 생태 통로를 공동 연구하는 '중-러 접경지역 호랑이 이동경로 연구', 황해를 중심으로 대륙을 이동하는 철새를 위한 '철새 서식지 보전사업', 아시아 탄소발자국 네트워크, 북한 나선자연보호구 조사, 동북아 개발협력포럼, 동북아 경제포럼 등 동북아 지역에 필요한 환경사업과 국제회의를 진행하고 있다.

이런 논의는 동북아시아 차원에서는 처음 하는 일이라서 모든 협력사업이 새롭고, 나라 대표들이 한자리에 모였다는 것만으로도 의미가 있다. 특히 이런 사업은 남상민 부대표가 직접 구상하여 기획했고, 집행하는 역할도 하고 있어 무척 보람 있다.

"유럽은 유럽연합(EU)이 있고 동남아시아는 동남아시아국가연합(ASEAN)이 있고, 아프리카연합(African Union), 남아시아지역협력연합(SAARC) 등 대륙별로 협력체가 있는데, 동북아는 아직 없어요. 동북아시아의 무역량은 전 세계 4분의 1이나 되고, 온실가스 배출량도 3분의 1이나 되고, 러시아와 중국, 일본, 한국 모두 경제대국으로 성장했지만 정작 이들 나라 사이의 다자간 협력과 국가 간 협력은 되지 않았어요."

그래서 남상민 부대표는 동북아 6개 나라의 긴밀한 교류와 협력을 위해 열심히 뛰고 있다. 유엔에스캅은 1947년 유엔 경제사회이사회(ECOSOC) 직속 5개 지역경제위원회 가운데 하나로, 아시아·태평양 지역 경제개발과 지역 내 국가 간 경제관계 유지 및 강화를 목적으로 창립했다. 아시아·태평양 지역의 62개 회원국을 두고 있고 본부는 태국 방콕에 있는데, 남상민 부대표는 인천 송도에 있는 유엔에스캅 동북아사무소에서 활동하고 있다.

유엔 선임환경담당관인 남상민 부대표는 주로 환경사업을 제안하고, 동북아 여러 국가가 함께 환경문제를 해결하도록 힘을 모으는 일을 진행하고 있다. 또 북한 지원 프로그램도 진행하고 있는데, 북한의 환경 개선 사업을 기획하거나 환경 분야에 대한 보고서를 작성하고, 북한의 전문가를 중국이나 말레이시아 같은 제3국으로 초청하여 교육훈련 프로그램을 열기도 한다.

영국문화원을 드나드는 환경운동가

"두려워서 못 살겠다. 울진 원자력발전소 반대한다! 반대한다!"

1990년 2월, 경북 울진에 원자력발전소가 가동을 시작하면서 지역사회에 원전의 안전문제에 대한 우려가 생겨나기 시작했다. 대학을 다니다가 휴학하고 고향 마을에 내려와 있던 남상민도 원자력발전소와 방사능의 위험에 대해 관심을 갖게 되었다. 곧이어 마을에서 '반핵운동청년협의회'를 조직하고 공해문제연구소(지금의 환경운동연합) 회원으로도 가입해서 환경 공부를 하기 시작했다.

남상민은 초등학생 때까지 전기가 들어오지 않는 산골 외딴집에서 살았고, 읍내에 있는 울진종합고등학교를 졸업한 뒤에는 취업이 잘된다며 담임 선생님이 추천해준 인하대학교 회계학과에 입학했다. 그러나 대학을 졸업할 무렵, 돈을 버는 일보다는 환경운동을 계속하고 싶었다. 다행히도 부모님은 하고 싶은 일을 하라며 격려해주셨다. 마음의 부담을 던 남상민은 환경문제를 연구하는 배달환경연구소(지금의 녹색연합)에 지원해서 합격했다.

"1990년대 당시 우리나라에 출간된 환경 책을 거의 다 읽었어요. 그런데 환경문제를 사회경제적인 측면에서 다룬 책은 거의 없어서 영국문화원에 가서 원서를 빌려 읽곤 했어요."

남상민은 평일에는 환경현장에서 활동하고 휴일에는 책 읽기에 집중했다. 그 덕분에 기본 수준 이상의 환경 전문 용어로 전문가와 토론할 수 있었고, 학위는 없지만 학술지와 환경학회지에 남북환경협력에 관한 논문을 신기도 했다. 또, 정부의 환경정책에 대해 환경단체의 주장을 발표하고, 주민운동 지원과 환경 프로그램을 기획하는 일도 하고, 우리나라 환경운동을 외국단체에 알리는 국제 연대활동도 했다.

1994년 1월의 한겨울날에 녹색전사단이 한강에 뛰어들어 퍼포먼스를 벌였다. 기자들의 지각으로 남상민은 세 번이나 얼음 같은 한강물에 몸을 담가야 했다.

국제 연대활동도 했다.

　이 무렵, 환경운동가 남상민은 환경운동 역사에 두고두고 회자되는 유명한 시위에 참가하게 된다. 1994년 1월 19일, 남상민을 포함한 배달녹색연합 소속 녹색전사단은 서울 잠실 부근의 한강에 모였다. 녹색전사단은 정부에서 발표한 '물 대책'에 항의하기 위해 영하 10도의 한겨울 날, 한강 물에 몸을 담그는 퍼포먼스를 벌였다. 이 장면을 취재하기 위해 언론사 사진기자 수십 명이 몰려와서 사진을 찍어댔다.

　　　　　　　　　　　　님실대는 바다에서 고래를 지켜라!

무사히 퍼포먼스를 마치고 밖으로 나왔는데, 한 신문사 기자가 지각을 하는 바람에 녹색전사단은 다시 차가운 한강 물에 들어가야 했다. 얼른 촬영을 마치고 덜덜 떨면서 물 밖으로 나오는 순간, 이번엔 방송국 기자가 뒤늦게 달려왔다. 추운 날씨에 젖은 옷을 다시 입을 수도 없어서 남상민은 윗옷으로 아랫도리를 대충 가린 채 다시 물속에 뛰어들었다. 이 괴로운 퍼포먼스는 다행히 언론에 크게 실렸다.

　　언론에 주목받은 일은 또 있다. 1995년 남상민은 방콕에서 열린 '남북한 환경문제 회의'를 기획하고 진행했는데, 남북한이 환경을 주제로 머리를 맞댄 것은 처음이고 민간과 정부를 통틀어서 처음 열린 남북환경회의라서 많은 사람이 관심을 가졌다. 스물여덟 나이에 이런 큰 회의를 기획하고 성공적으로 치뤄낸 남상민은 큰 보람을 느꼈다. 이 회의를 계기로 1996년에는 태국 방콕대학 객원연구원으로 6개월 동안 연구할 수 있는 기회도 얻었다.

　　태국 유학은 시민운동기금을 지원받았지만 생활비는 턱없이 부족해서 아르바이트를 해야 했다. 그래서 시사주간지인《한겨레21》통신원으로 활동하면서 한 달에 한 번 동남아시아 여러 나라를 취재하고 글을 써서 원고료를 받았다. 베트남의 협동농장, 말레이시아 공장, 태국 슬럼가 등을 다니며 가난한 아시아 사람들의 환경문제를 취재했고, 이런 활동 덕분에 세상에 대한 관심이 더욱 넓어졌다.

결핍이 자립을 키웠다

남상민은 환경에 관한 폭넓은 전문성을 갖추기 위해 더 공부하기로 마음먹고 호주 유학을 위한 준비를 서둘렀다. 유학 서류를 내고 입학 허가는 순조롭게 받았지만 유학자금은 한 푼도 없어 떠날 때가 다가올수록 암담하기만 했다. 이런 사정을 알게 된 주변 사람들이 십시일반 돈을 모으기 시작했다. 특히 친분이 있던 서울 주재 독일대사관의 부대사는 무려 천만 원이라는 큰돈을 장학금으로 주었는데, 나중에 다른 사람들을 다시 도와주라는 조건만 달았을 뿐이었다.

이 고마운 사람들을 생각해서라도 열심히 공부하지 않을 수 없었다. 남상민은 호주국립대학 '환경과 개발' 분야에서 석사 공부를 했는데, 생활비를 벌기 위해 주간지 현지통신원 아르바이트도 다시 시작했다. 아끼고 또 아껴 썼지만 일 년 만에 돈이 다 떨어졌다. 어쩔 수 없이 2년차 공부를 접고 귀국했는데 대학원 1년차 성적이 좋아 곧바로 박사과정에 진학할 수 있다는 반가운 소식을 들었다. 그리하여 전액장학금을 받고 멜버른 대학에서 국제환경정책 분야의 박사과정을 시작할 수 있었다. 보통 박사과정은 5년이 걸리는데 한눈팔지 않고 공부에만 집중하여 3년 반 만에, 석사와 박사 과정을 합하면 4년 반 만에 모두 마쳤다.

"결핍이 저에게는 큰 자산이 되었어요. 초등학생 때까지 고향 집에 전기가 들어오지 않은 덕분에 텔레비전을 보는 대신 책을 많이 읽었고, 돈이 필요해 아시아 여러 나라를 취재하고 글을 쓰면서 세상에 대해 폭넓게 이해할 수 있었어요."

언제나 형편은 넉넉하지 않았고, 대학생 때에는 여러 활동을 하느라 공부를 열심히 하지 않은 아쉬움이 늘 마음속에 남았다. 그래서 환경운동가가 된 후에는 이 결핍을 채우기 위해 일하는 동안은 최대한 집중하고 순간순간을 열심히 살려고 노력했다. 돌아보면 이런 결핍이 오히려 하고 싶은 일을 포기하지 않고 꿈도 잃지 않도록 다그쳐준 것 같다.

여러 직업을 거치는 동안 남상민은 유엔에서 일하겠다는 목표를 세운 적은 없었다. 환경 전문가로 활동하다 보니 유엔에서 일할 기회가 생겼을 뿐이다. 태국 방콕에서 공부할 때 자료를 찾기 위해 유엔에스캅 환경국에 두어 번 들른 적이 있었는데, 유엔에서 일할 생각이 있냐고 직원들이 묻길래 막연히 관심 가진 적은 있었다. 그 후 2005년 유학을 마치고 돌아와 한양대 연구교수로 일하면서 '지구환경 협력', '환경과 개발' 등을 강의하고 있을 때, 서울에서 열린 '아시아태평양환경개발장관회의'를 주관하는 유엔에스캅에서 녹색성장에 대한 주제보고서를 쓸 사람을 수소문하다가 남상민 교수에게 연락을 해왔다.

그해 겨울방학 동안 컨설턴트 자격으로 참여하여 주제보고서를 작성했는데, 이 무렵 유엔에스캅에서 환경 분야 전문 경력직을 채용한다는 소식을 들었다. 자격조건은 석사 학위 이상과 실무 경력 7년이었는데, 남상민은 환경운동가로 5년 이상 활동하고 대학에서 2년 이상 연구한 경력을 합치니 자격요건이 충분했다. 또, 방콕과 호주에서 현지 통신원으로 활동했던 것과 대통령 자문 지속가능발전위원회 등 정부기관에 자문한 경력도 도움이 되었다.

이렇게 다채로운 경험을 한 사람이 드물어 환경운동가 출신 한국인으로는 유일하게 유엔에 입사하게 되었다. 그렇게 2005년부터 태국 방콕에 있는 유엔에스캅 환경개발국에서 환경담당관으로 활동하면서 동북아 환경협력 프로그램을 비롯한 다양한 사업을 진행했다.

유엔에서 활동하려면 전문가가 돼라

유엔 직원의 연봉은 높은 편이지만 대부분 외국에서 생활하기 때문에 생활비와 자녀교육비, 항공료가 많이 든다. 가족과 함께 안정적으로 지내기 어렵다는 것도 큰 단점이다. 남상민 부대표도 마찬가지였다. 아내는 한국인 어머니와 미국인 아버지 사이에서 태어난 미국인인데, 호주 유학생 남상민과 미국의 변호사는 중국에서 열린 두만강 개발사업 관련 국제회의에서 처음 만났다. 그 후 아내가 서울로 옮겨와서 로펌에서 일하는 동안 조촐하게 결혼했다.

결혼 후 일 년은 호주에서 함께 살았지만, 아내가 박사과정을 공부하기 위해 미국에 머물고 남상민 부대표는 태국 방콕에서 근무하면서 여러 해 동안 가족과 멀리 떨어져 살아야 했다. 2010년에 유엔에스캅 동북아사무소가 인천 송도에 문을 열면서 드디어 아내와 딸과 한 집에서 살 수 있었다.

"유엔에서 활동하려면 어떤 공부를 해야 하나는 질문을 많이 받는데, 유엔은 각 분야에서 전문가들이 활동하고 있어요. 경제 전문가, 환경 전문가, 무역 전문가 등 다양한 전문가가 필요해요."

유엔은 전 세계 다양한 분야에서 활동하는 만큼 적재적소에서 일할 수 있는 전문가가 필요하다. 기아나 보건, 복지, 인권, 도시문제, 경제, 교육 등 자신의 분야에서 전문지식과 경험을 쌓으면 유엔에서 일할 기회가 열리는 것이다.

유엔에는 50개 가까운 다양한 기구가 있는데, 기구마다 다양한 분야의 전문가들이 활동하고 있다. 아프리카에서 유행하는 에볼라 바이러스나 동남아시아의 조류독감 같은 건강·위생 분야를 연구·관리하는 세계보건기구(WHO), 아이들의 보건·영양·교육 기구인 유니세프(UNICEF), 세계문화유산 관련 일을 하는 유네스코(UNESCO), 지구 환경문제를 연구하는 유엔개발계획(UNEP) 등 적절한 기구에서 전문성을 살려 활동할 수 있다. 국제관계학을 공부하면 유엔 취업이 쉬울 거라고 생각하는데, 유엔기구를 연구하는 유엔기구 직원은 소수이다.

"유엔에서 활동하려면 융합적 사고가 필요해요. 환경문제를 바

라볼 때에도 이 문제의 정치적 의미는 무엇인지, 사회적 의미와 경제적 의미는 무엇인지, 다양한 영역으로 지식을 넓혀서 바라보려는 시각이 중요해요. 전문성을 갖되 다양한 관점을 가져야 하는 것이죠."

유엔 직원들은 개발도상국의 가난한 사람들을 위해 일하는 경우가 많은데, 그래서 이들의 처지에서 생각하고 공감하는 능력이 필요하다. 그래야 이들에게 스스로 일어서는 힘을 길러줄 수 있기 때문이다. 남상민 부대표가 느끼는 가장 큰 보람은 '국제 사회의 보편적인 가치'를 위해 일한다는 것이다. 세계 평화와 안보, 환경, 빈곤·기아 퇴치 등 우리 인류의 공동 가치를 위해 일하는 것이 매우 의미 있다. 또한 각 국가 대표들이 국제 사회의 새로운 의제를 설정할 때 주도적인 역할을 하고 그 합의된 내용을 행동하도록 만들 수 있다는 점도 매력적이다.

남상민 부대표의 꿈이자 목표는 동북아 평화에 기여하는 것이다. 평화는 자주 만나서 대화하고 공동의 주제로 협력하고 일을 하다 보면 자연스럽게 형성되는 것이다. 동북아 6개 나라가 다양한 주제로 모여 나라별 협력의 기반을 만들고, 이런 부드러운 분위기가 정착되면 평화가 찾아올 것이라 믿는다.

남상민 부대표는 진로를 고민하는 청년들에게 '자신이 어떤 가치를 실현하고 싶은가를 생각해보라'고 말하곤 한다. 내가 좋아하는 가치, 지향하고 싶은 가치가 무엇인지를 생각하고, 그 목표에 맞게 자신의 전문 분야에서 집중하고 몰입하다 보면 좋은 기회가 열리고 더 멋진 일을 해낼 수 있다고 생각한다.

"자신이 가진 조건에 스스로를 구속하지 마세요. 반복되는 실패에도 좌절하지 않고 새로운 기회가 왔을 때 최선을 다해서 그 기회를 적극 활용하면, 새로운 길이 활짝 열릴 테니까요."

Q
유엔에서 일하려면
영어를 잘해야 할 텐데,
어떻게 공부해야 할까요?

A
경북 울진이 고향인 남상민 부대표는 사투리를 쓰는데, 영어를 쓸 때에도 사투리 억양이 있어서 이것이 늘 콤플렉스였다. 하지만 유엔에스캅 직원 600여 명의 국적은 매우 다양하고 이 중 미국식 영어와 영국식 영어를 세련되게 사용하는 사람은 그리 많지 않다. 독일식 영어, 프랑스식 영어, 인도식 영어, 방글라데시 영어 등 다양하다. 발음보다 더 중요한 것은 어떤 주제와 내용으로 말하는지, 무엇을 말하려고 하는지이다.

남상민 부대표는 대학생 때 잠깐 호주에 어학연수를 간 적이 있었는데, 이때 배운 영어를 활용해서 우리나라 환경문제를 영문판 뉴스레터에 실어서 알리는 일을 했다. 종이에 영어를 대충 써서 보여주면 미국인 자원봉사자가 깔끔하게 정리해주었는데, 이때 영작문의 실력이 조금씩 늘었고 환경책 원서를 열심히 읽은 것도 큰 도움이 되었다.

호주 어학연수를 계기로 영어 공부를 꾸준히 했지만, 영어를 잘하겠다는 목표를 세운 게 아니라 환경 공부를 하다 보니 영어자료를 계속 읽게 된 것이다. 팝문화에 관심 있다면 영어로 된 자료를 찾아보고, 환경에 관심 있으면 영어로 환경 공부를 하라. 영어를 목적이 아니라 도구로 활용하면 영어가 좀 더 빨리 늘 것이다.

Q 유엔 직원이 되려면 어떤 과정을 거쳐야 하나요?

A 유엔 직원은 경력 전문직 선발과 초급 전문가 시험을 통해서 채용된다. 경력 전문직은 필요할 때마다 선발하고 채용 인원이 많다. 대부분 석사 이상의 학력과 분야별 경력 등 전문성이 있어야 한다. 프로페셔널을 뜻하는 P는 P1~P5까지 5단계가 있고, 디렉터인 D는 D1, D2가 있다. 지원하기 위한 경력 기준은 P3의 경우 관련 분야 경력 5년 이상, P4는 7년 이상, P5는 10년 이상이다.

채용공고가 나면 유엔 웹사이트를 통해 지원할 수 있다. 이 시스템에서 경력과 언어 등 채용기준에 맞는 사람을 거른 뒤 필기시험을 친다. 전 세계에서 지원하므로 시험은 이메일을 통해 치르는데, 3~4개 주제와 관련한 매우 구체적인 문제에 대해 2시간 안에 작성해야 한다. 이메일을 통한 시험이라 누군가의 도움을 받거나 웹사이트를 참고할 수 있으므로, 표절 프로그램을 통해서 검토한다. 이 시험을 통과한 사람들을 대상으로 전화 면접을 거쳐 최종 선발자를 선정한다.

국제기구 초급 전문가(JPO) 시험은 국제적 역량과 경험을 갖춘 전문인력을 양성하는 제도로, 나라별로 32세 미만을 대상으로 초급 전문가를 선발해서 정부 부담으로 유엔 등 국제기구에 1~2년간 파견한다. 우리나라는 외교통상부에서 매년 초 채용공고를 내고 상반기에 선발한다.

유엔사무국 공채시험(YPP)은 유엔 부담액에 비례해 직원수가 적은 회원국을 대상으로 진행하는 공채시험이다. 경제, 법률, 사서, 출판, 안전, 환경, 통계 등 부서별로 매년 필요한 만큼 전문직을 채용한다. 응시부터 채용까지 평균 2년 이상이 걸리는데 경력에 따라 P1, P2로 임용된다.

2013년 12월 기준으로 유엔 직원은 8만 4069명인데 한국인 직원은 328명이 활동하고 있다. 그중 전문직 3만 2011명 중에 한국인은 276명이다.

오래된
마을에 생기를
불어넣다

마을활동가 홍미숙

"섬에 가기 전에 섬마을의 역사와 문화 같은
기본 공부를 해요. 섬에 발을 디디면 어른들에게
마을 이야기를 들으면서 마을 조사를 하죠. 그러면
섬의 특성과 장점이 보이기 시작해요.
처음부터 대단한 계획을 가지고 마을을 바꾸려고
하지 않아요. 사람들이 살아온 이야기를 열심히
들으며 그들이 가진 익숙한 기술과 마을 자원 중에서
소중한 불씨를 찾아내고, 이 불씨에 힘차게 바람을
불어넣는 역할을 할 뿐이에요. 마을 사람들을
살기 좋게 만드는 마을활동가는 보람이 매우 크고
행복지수가 올라가는 참 괜찮은 직업입니다."

윤미숙

벽화 마을로 유명한 통영의 동피랑과 태양의 섬 연대도를 주민들의 힘으로 가꾸어, 우리나라 마을
만들기 사업의 가장 빛나는 성공 사례를 만들어냈다. 경남 사람 특유의 유쾌하고 당당한 입담과
함께 탁월한 기획력과 리더십을 발휘하는 작은 거인이다. 지금은 전라도에 있는 섬을 지속가능한
생태 섬으로 가꾸기 위해 남도의 사람들과 깊은 대화를 나누고 있다.

연대도 www.yeondaedo.com
동피랑 www.dongpirang.org
지은 책 《춤추는 마을 만들기》

남해안에 자리 잡은 통영에는 유명한 마을 동피랑이 있다. 통영 말로 동쪽에 있는 비랑(비탈의 지역 사투리)이라는 뜻을 가진 동피랑은 통영시 중앙동 일대의 산비탈 마을로, 가난한 사람들이 다닥다닥 모여 사는 곳이다. 2007년, 통영시는 이곳이 지저분하여 도시 미관에 좋지 않다며 재개발하여 공원으로 만들 계획을 세웠다. 개발이 시작되면 가난한 사람들은 아무런 대책 없이 길바닥에 나앉게 생겼다.

이 마을을 도와야겠다고 생각한 윤미숙 국장은 푸른통영21(지방의제 추진기구)에서 활동하는 위원들을 한자리에 불러 모아 동피랑 사람들이 처한 위기에 대해 설명했다. 윤미숙 국장의 직업은 마을활동가! 마을활동가는 보전 가치가 있는 자연, 문화재, 건물, 전통기술, 그리고 사람들이 가진 지혜 등 마을이 가진 소중한 자원을 바탕으로 주민들의 힘과 지혜를 모아 더 살기 좋은 마을로 가꾸고 변화시키는 사람이다. 어떻게 해야 동피랑 사람들을 도울 수 있을까? 동피랑에 포클레인이 들어오기 전에 뭔가를 해야 하니 마음이 바빴다. 먼저 동피랑 마을을 돕는 동피랑특별위원회를 만들고, 긴 토론 끝에 벽화를 그려서 마을을 변신시켜보기로 했다.

"담벼락에 그림을 기리도(그려도) 될까예?"

"베르빡(벽)만 빌리주모 안 쫓기나나?"

집집마다 찾아다니면서 벽화 작업을 설명하고, 벽화를 그려줄 작가들을 수소문해서 모았다. 우여곡절 끝에 서울, 인천, 대구, 마

긴급 부탁사항

긴급 부탁사항

주민들이 생활하는 공간입니다.
너무 큰 목소리로 떠들지 마세요. 목청자랑
특히 쓰레기를 아무데나 버리지 마세요
제발요 ㅠㅠ

깨끗하고 행복한 동피랑 여러분이 만들어주세요♥
그럼 타박타박 즐거운 동피랑산책하시기 바랍니다

동피랑벽화마을 주민협의회 푸른통영21 통영시

산 등지에서 공공미술 작업을 하는 작가와 대학생 19개 팀 40여 명이 동피랑으로 모여들었다. 작가들은 낡고 거친 벽을 박박 긁어 내고 먼지를 털며 바탕칠을 시작했다. 조용하고 나른하던 골목이 들썩거렸다.

벽화 작업이 시작되자 윤미숙 국장과 푸른통영21 식구들, 자원 봉사자들은 엉덩이를 땅에 붙일 겨를이 없었다. 높은 언덕까지 페인트를 나르고 솔과 붓을 사러 뛰어다니고, 음료수와 간식을 챙기고, 작가들이 묵을 숙소와 식당을 예약하러 숨을 헐떡이며 뛰어다녔다. 화사한 벽화가 하나둘 그려지자 할매들은 골목을 돌면서 "우리 집 그림이 낫다, 저 집 그림은 이상하다"며 저마다 그림 감상평을 하고, 작가의 의도와 상관없는 유쾌한 통영식 제목을 지어주기도 했다.

그 후 한 달이 지났을까. 우연히 동피랑에 찾아든 방문객들이 벽화 사진을 찍고 인터넷에 올리기 시작했다. 방송에서도 동피랑 벽화를 소개하면서 점점 더 많은 사람이 찾아들었고, 통영의 새로운 명소로 떠오르기 시작했다. 주말에는 좁은 동피랑 골목길에 발 디딜 틈이 없을 정도로 방문객이 늘었다. 이런 변화를 지켜본 통영시에서는 동피랑 재개발 계획을 취소하고 마을을 그대로 보전하기로 했다. 성공이다! 윤미숙 국장은 뛸 듯이 기뻤다.

동피랑의 개성 있는 벽화들. 늘 같은 그림을 봐야 하는 주민들을 위해 2년마다 새로 그린다.

인근에 있는 중앙시장의 매출이 오를 정도로 동피랑은 필수 관광 코스가 되었다. 그러나 너무 많은 사람이 몰려오자 마을에 갈등이 생겼다. 열린 문틈으로 보이는 일상을 방문객들이 카메라로 마구 찍어대자, 더운 여름날 골목에서 '난닝구' 차림으로 더위를 식히던 할매들은 선풍기도 없는 집 안에 갇혀버렸다. 방문객들의 소음과 쓰레기 문제 등으로 여러 가지 다툼도 일어났다.

이것을 어떻게 극복할 것인가, 윤미숙 국장과 동피랑 주민들이 모여 머리를 맞대고 회의를 했다. 그 결과, 불편을 재화로 교환하여 관광객의 소비가 주민들의 경제에 도움이 될 수 있게 만들기로 했다. 우선 빈집을 사들여 주민들이 운영하는 구판장과 매점을 열고 차와 음료, 벽화 기념품을 판매했다. 동피랑협동조합도 만들어 수익을 주민 80가구가 현물로 나누었다. 그리하여 해마다 상·하반기에 쌀 두 가마니씩을 집집마다 나눠 받고 매월 상하수도 요금도 수익금으로 충당하고 있는데, 수익이 더 생기면 전기 요금도 충당할 계획이다.

이런 일을 맡은 마을 사무장과 판매원, 청소원 등 마을에 새로운 일자리도 생겼다. 동피랑을 지키기 위해 밤낮을 가리지 않고 비탈진 언덕길을 오르내린 윤미숙 국장은 주민들의 힘, 공동체의 힘을 느낄 수 있어서 더없이 기뻤다.

마을활동가 윤미숙

연대도, 에코 아일랜드로 가꾸라

통영은 우리나라에서 두 번째로 섬이 많은 곳이다. 푸른 바다로 어우러진 섬의 풍경은 아름답지만 섬에는 없는 게 많다. 약국과 보건소가 없고, 시장과 시내버스도 없으며 학교도 거의 없다. 있는 것보다 없는 게 더 많다. 그래서 먹고살기 위해, 또는 고등 교육을 받기 위해 사람들은 하나둘 섬을 떠났다. 통영에 있는 570여 개 섬 가운데 사람이 사는 유인도는 60개였는데 지금은 40개로 점점 줄고 있다.

한편에서는 섬 개발이 이어지면서 큰 건물과 분위기 있는 카페가 들어서고, 와글와글 떠들다가 쓰레기만 버리고 가는 관광객으로 붐빈다. 또, 국가 예산을 엄청나게 쏟아부었지만 콘크리트 건물만 덩그러니 남아 있는 섬도 있고, 풍광이 좋은 섬은 재력가가 사들여서 아무도 접근하지 못하는 닫힌 섬이 되기도 했다.

동피랑에서 주민 자치로 놀라운 변화를 이끌어낸 윤미숙 국장은 이런 섬에도 주목했다. 유명 관광지로 개발된 몇몇 섬 외에는 주민들이 어업과 농업을 하면서 매우 힘들고 팍팍하게 살고 있다. 윤미숙 국장은 고단한 섬을 살기 좋은 섬, 떠나는 섬을 찾아오는 섬으로 만들어보자고 생각했다. 본래 살던 사람들의 공동체를 잘 살리고 자연환경도 살려서 살기 좋은 생태 섬인 '에코 아일랜드'로 가꾸어보기로 했다. 푸른통영21과 섬 주민들이 지혜를 모으고 통영시가 예산을 집행하여 진행하되, 섬 사람들이 원하는 것을 그들의 속도에 맞게 천천히 의논하면서 진행하기로 했다.

2007년에 윤미숙 국장은 '푸른통영21 생태섬 후보 조사위원회'와 함께 생태 섬 후보지를 찾아 나섰다. 섬을 고르는 기준은 풍경이 아름답고 자연 생태가 건강하게 유지되어 있을 것, 주민이 100명 안팎으로 살고 있을 것, 문화나 풍속이 남아 있을 것, 외딴섬이 아닐 것, 난개발이 없고 매립이 덜 진행되었을 것, 주민들의 의지가 있을 것 등이었다. 관광지로 유명한 섬은 제외했다. 3개월에 걸쳐 꼼꼼하게 답사를 한 뒤 7개 후보 섬 가운데 한 곳을 낙점했다.

그곳은 바로 연대도였다. 경남 통영에서 남쪽으로 18km 떨어진 연대도(면적 0.79km²)는 작은 섬이지만 푸른 숲이 있고, 48가구 82명 중 어르신뿐 아니라 함께 일할 젊은이들도 있었다. 특히 섬에 있는 폐교를 외지인에게 팔지 않고 어촌계가 소유하고 있어서 이곳에서 프로그램을 열 수 있겠다고 생각했다. 연대도는 사업을 시작하기에 좋은 조건을 두루 갖추고 있었다. 그러나 첫발을 내딛는 것부터 순탄치 않았다.

"에코 아일랜드인지, 개코 아일랜드인지 고마 싫다. 우린 이대로 살 끼다. 아무도 오지 마라."

주민들의 반대는 격렬했다. 통영시나 국가에서 하는 사업은 어떤 제안이든지 일단 안 한다고 했다. 알고 보면 그럴 수밖에 없는 이유가 있었다. 조선 선조 때 충렬사의 사패지(賜牌地, 나라에 큰 공을 세운 왕족이나 벼슬아치에게 임금이 내려주는 논밭)가 되었는데, 충렬사재단은 섬에서 나는 고구마와 보리쌀까지 모두 가져갔다. 오랜 세월 동안 재산권을 행사할 수 없었고 이 굴레에서 벗어나 사유재산권을 독립한 것도 얼마 되지 않았다. 당연히 섬 사람들의 형편은 어려울 수밖에 없었다. 또, 1968년 12월에 한려해상국립공원으로 지정되어 개발 제약을 받았고, 1988년에는 신석기 연대패총이 발견되면서 문화재 발굴지를 중심으로 반경 500m 이내에는 아무것도 할 수 없었다. 작은 섬에서 500m는 매우 넓은 면적이다.

　이래저래 주민들의 설움이 깊었다. 이런 상황에서 에코 아일랜드 사업을 시작하겠다고 하니 또 다른 규제라 생각한 것이다. 윤미숙 국장은 주민들의 반응이 어쩌면 당연하다고 생각했다. 집집마다 찾아다니며 에코 아일랜드 사업에 대해 차근차근 설명하고 마을 모임에도 찾아가면서 사람들의 마음이 모일 때까지 진득하게 기다리기로 했다.

마을활동가는 지혜를 모으는 사람

이듬해 봄 기운이 돌자 윤미숙 국장은 연대도를 위해 뭐라도 해야겠다 싶어서 묵정밭을 빌려 다랭이 꽃밭을 가꿔보기로 했다. 통영시에 공공근로 사업을 신청하여 인건비를 마련했더니 돈 한 푼이 아쉬운 연대도 할매들과 아낙네들이 반찬값이라도 벌자며 하나둘 찾아왔다. 칡넝쿨이 무성한 밭을 포클레인으로 뒤집은 뒤 호미로 흙덩이를 쪼개 보드랍게 일구었다. 윤 국장도 호미를 들고 꽃모종을 옮겨 심으면서 할매들과 이야기를 하고, 준비해 간 간식을 나눠 먹으면서 또 이야기꽃을 피웠다.

윤미숙 국장은 거제 산골에서 태어났지만 어릴 때에는 병약하고 가족도 많아서 농사일을 해보질 않았다. 처음 해보는 호미질이라 손바닥에 물집이 터져서 쓰라렸다. 비록 일은 힘들었지만 함께 땀 흘려 심은 꽃들이 활짝 피어나자 섬 사람들도 윤 국장에 대한 경계를 조금씩 풀기 시작했다. 다랭이 꽃밭 가꾸기 덕분에 육십 평생 처음 월급을 받아본 할매는 감격스러워했다. 2년 동안 계속되던 반대를 극복하고 윤 국장은 다시 사람들에게 뭔가를 시작해보자고 했다.

"우리 섬에 오래된 숙원 사업이 하나 있는데, 그거를 우선 시행해보모 우떻겄소?"

연대도에는 원래 섬을 한 바퀴 돌 수 있는 산길이 있었는데, 그 옛길이 없어지니 불편하다고 했다. 이 길은 나무하러 가고 산소 가고 산밭에 똥장군과 거름을 지고 가던 길인데, 난방을 석유 보일러로 바꾸면서 땔감을 하지 않고 인적도 뜸해지자 수풀이 우거지면서 길이 없어진 것이었다.

어렵지 않은 일이었다. 옛길을 기억하고 있는 마을 이장이 앞장서고, 몇몇 사람들이 뒤따르면서 리본을 묶어 길을 표시했다. 통영시가 산림조합에 의뢰해서 우거진 풀과 나무를 정리했다. 며칠 만에 산길 2.2km가 복원되었다. 섬을 한 바퀴 도는 이 길을 걸으면 사방으로 바다가 보이고, 동백숲 터널도 지나면서 연대도의 아름다움을 느낄 수 있다.

이 복원한 산길의 이름을 짓기 위해 사람들이 마을회관에 모였다. 크고 작은 일을 결정할 때마다 윤미숙 국장은 섬 사람들의 의견을 듣는 민주적인 회의를 했다. 첫 번째 조는 똥장군을 지고 고구마밭에 올라가서 거름 주고 똥장군과 함께 구르던 길이라며 '똥장군길'이라고 이름 지었고, 두 번째 조는 나무하러 다니던 길이니 '나뭇길'이 좋겠다고 했다. 그럼 똥장군길과 나뭇길, 둘 다 지게를 지고 하는 일이니 '지겟길'이 좋겠다며 모두들 손뼉을 쳤다.

할매와 할배 들은 수십 년을 살아오면서 저마다 지혜를 품고 있는데, 윤미숙 국장은 이렇게 흩어져서 띄엄띄엄 나오는 어른들의 삶의 지혜를 잘 정리하는 게 마을활동가의 몫이라고 생각한다. 간혹 성격 급한 마을활동가는 마을길이나 건물 이름을 혼자 지어버리는데, 그럼 아무도 불러주지 않아 마을 사람들의 이름이 되질 않는다. 사람들의 지혜가 우러나올 때까지, 천 바퀴쯤 돌 때까지 진득하게 기다릴 줄 알아야 한다.

오래된 마을에 생기를 불어넣다

노는 사람이 사라진 섬

"쓸 데도 없는 폐교 팔아서 한약이나 지어 묵자."

할배들은 폐교 얘기만 나오면 팔아서 한약 지어 먹고 몸보신이나 하자고 했다. 이 얘기를 수없이 들은 윤미숙 국장은 급기야 한약이라는 말만 들어도 몸서리가 쳐질 지경이 되었다. 소중한 학교를 어찌 한약과 바꾼단 말인가.

연대도에는 작은 폐교가 있다. 1945년에 개교한 학림초등학교 조양분교는 1993년까지 700명이 넘는 졸업생을 배출했지만 여느 농어촌 마을처럼 인구가 점점 줄어들고 마지막 졸업생까지 졸업하자 문을 닫았다. 당시 어촌계장과 젊은이들은 외지인에게 우리 모교를 팔 수 없다며 대출까지 받아서 교육청으로부터 학교를 사들였다. 그 후에도 학교를 팔아서 돈을 나누자는 노인들이 있어서 갈등은 계속되었다. 이 과정을 지켜본 윤미숙 국장은 마음이 조마조마했다. 연대도를 에코 아일랜드 사업 후보지로 결정했던 가장 큰 이유는 폐교가 섬 사람들의 소유로 남아 있기 때문이었다. 학교 건물을 깨끗하게 꾸미고 다양한 프로그램을 열면 마을에 도움이 되는 수익 사업을 할 수 있었다.

오랜 궁리 끝에 윤미숙 국장은 폐교에서 여름캠프를 열어보자고 했다. 푸른통영21 식구들과 함께 교실의 낡은 책상과 의자를 치우고 이층침대를 준비하고, 운동장에 우거진 잡초를 뽑고, 임시 식당과 간이 샤워장도 만들었다. 청소하는 데 사흘이나 걸릴 정도로 대작업이었지만 여름캠프는 대성공이었다. 7~8월 동안 20여 개 팀이 섬을 찾아오자 마을에는 활기가 돌았다. 어른들만 사는 섬에 아이들이 깔깔거리며 뛰어다니고 상냥하게 인사하니 마을 분위기가 달라졌다. 부녀회는 식당에서 밥을 하고 할매들이 가꾼 텃밭 채소는 맛깔난 반찬이 되었다. 어른 방문객들이 횟감을 사거나 배를 빌려 바다낚시를 하니 수익이 생겼다. 구판장 매출은 평소의 10배가 넘었고 민박집에도 손님이 줄을 이었다.

연대도 어촌계에서는 다시 폐교 매각에 대한 회의를 열었다. 하루 종일 격론을 벌이고 투표까지 한 끝에 결국 학교를 팔지 않기로 어렵게 결정했다. 반가운 소식을 들은 윤 국장은 폐교를 에코체험센터로 새롭게 단장하는 일을 서둘렀다. 교육과 행사를 열 수 있는 강의실, 식당, 숙소를 마련하고, 태양에너지와 지열을 이용해서 냉난방을 하고, 운동장에는 태양광 조리기와 인간동력 놀이기구 등 신재생에너지 체험장을 꾸몄다. 물론 이 일 역시 섬 사람들이 함께 의견을 모으고 결정 내린 것이다.

어촌계에서는 에코체험센터 건물을 관리하고 대여해주면서 수익을 얻고, 부녀회는 에코체험센터를 찾아온 단체 손님들을 위해 섬에서 키운 채소로 식당을 운영하면서 돈을 벌었다. 할매들은 다랭이 꽃밭에서 피어나는 꽃을 따서 할매공방에서 국화차와 민들레차, 방풍 절임, 머위 절임 등을 만들어 팔았다. 쓰레기를 치우는

일자리도 생기고 마을 사무장까지 생기니 고즈넉하던 섬에 노는 사람이 없어졌다. 섬을 찾아오는 손님도 부쩍 늘었다. 연대도의 변화를 궁금해하는 전국의 공무원과 다른 마을 주민, 마을활동가가 수없이 답사를 왔고 관광객도 많았다. 연대도를 찾은 사람들이 식사하고 숙소에서 묵고 에코체험센터를 이용하고 가게를 이용하는 모든 비용은 고스란히 섬 사람들의 수익이 되었다.

"조용한 섬에서 갑자기 방문객이 늘면 피로감이 굉장히 커요. 그래서 연대도는 하루에 100명까지만 손님 예약을 받아요."

100명은 에코체험센터와 마을 민박 등에서 수용할 수 있는 손님의 수와 섬의 넓이, 이동 동선 등을 고려할 때 가장 적합한 인원이다. 이렇게 정한 것은 섬을 갑자기 개방하자 처음 일 년 동안 주민들이 몹시 당황했기 때문이다. 수영 팬티만 입은 남자 대학생들이 골목을 활보하니 밭에서 일하던 할매들이 깜짝 놀라서 이들을 쫓아내는 사건도 있었다.

패시브 하우스 마을회관

"집이 희한하거로 골고루 따시네. 딱 들어서이 후끈하네."
"바깥에 저리 바람이 부는데 방 안에 외풍이 하나도 없네."

주민들이 오순도순 모여 사는 연대도(위). 섬 사람들이 함께 가꾼 다랭이 꽃밭(아래)

오래된 마을에 생기를 불어넣다

연대도의 마을회관 개소식 날, 떠들썩한 동네 잔치가 열렸다. 새로 지은 마을회관에 들어선 사람들은 건물을 만져보고 창문을 여닫아보면서 신기해했다. 섬에는 필요한 것이 너무나 많지만 가장 절실했던 것은 마을회관 증개축이었다. 예전 건물은 출입문이 삐걱거리고 창문에서 황소바람이 들이치고, 차가운 시멘트 바닥과 녹슨 의자에는 엉덩이를 붙이고 앉을 엄두가 나질 않았다. 다리가 불편한 할매들이 마을회관을 편하게 이용하게 하려면 어떻게 해야 할까, 고심하던 윤미숙 국장은 에너지를 적게 쓰는 패시브 하우스(passive house)로 지어보자는 파격적인 제안을 했다.

건물의 바닥과 지붕, 벽체를 40cm가 넘는 두께로 튼튼하게 만들고, 창문은 삼중 유리인 고기밀 창호를 달아서 단열에 신경 썼다. 땅속 지열을 이용하고 실내공기를 바깥 공기와 순환시켜주는 열교환 환기 시스템, 태양광 전기로 작동하는 히터 펌프도 설치하여 여름엔 시원하고 겨울은 따뜻하면서도 전기 요금과 난방 요금 같은 유지비도 전혀 들지 않게 설계했다.

또, 어촌계장의 옛 고구마밭에 들어선 태양광발전소 덕분에 마을회관뿐 아니라 연대도의 모든 집이 태양이 만든 전기를 쓰는 태양의 섬이 되었다. 사계절 강한 햇볕이 내리쬐는 섬에서는 태양광발전이 제격이고, 자연이 만든 깨끗한 에너지로 에너지 자립을 이

연대도는 에너지 자립을 이룬 섬마을이다. 다른 지역의 활동가나 행정가도 연대도를 배우러 많이 찾는다.

마을활동가 윤미숙

에코체험센터 태양광발전설비

현재발전량	0.0	kW
누적발전량	102	MWh
외 기 온 도	8.7	°C
일 사 량	0	W/m²
CO_2 절감량	43	T/C
현재 형광등	0	개 점등
누적 식수 잣나무	2147	그루

▶ 태양광 발전 시스템 계통도

마을이 희망입니다! 에너지자립마을 만들기

루면 섬의 생활은 비로소 지속가능해진다.

태양광발전소는 정부 지원 사업으로 설치했는데, 발전소를 세우면서 사람들은 전기를 절약하기로 약속했다. 하지만 그전부터 섬 어르신들은 저녁 8시만 되면 불을 끄고 주무시고, 가전제품도 큰 것을 쓰지 않는 등 발전소가 생기기 전부터 절약하는 습관이 배어 있었다. 에너지 교육을 여러 차례 받고 에너지 자립 마을 답사도 다녀오면서 왜 아껴 써야 하는지도 잘 아신다.

행복지수를 높이는 법

"섬에 가기 전에 섬마을의 역사와 문화 같은 기본 공부를 해요. 섬에 발을 디디면 마을길을 천천히 걸어봐요. 섬의 지형과 옛 건물, 시설을 둘러보고 어른들에게 마을 이야기를 들으면서 마을 조사를 하죠. 그러면 섬의 특성과 장점이 보이기 시작해요."

거제에서 태어나 서울과 제주 등 여러 곳에서 직장을 다니던 윤미숙은 세상일에 호기심이 많아 스물다섯 살부터 인도를 시작으로 세계 여러 나라를 여행했다. 서른이 되던 해, 어머니가 편찮으셔서 타지 생활을 접고 고향으로 돌아와 거제시민신문, 거제노동자신문의 기자로 10년 동안 활동하면서 다양한 지역 소식을 전했다.

그러다가 지역의 선배가 사람 구할 때까지만 부탁한다며 거제

환경운동연합 사무국장 일을 맡아달라고 요청했다. 잠깐 도와준 다는 생각으로 시작했는데 그로부터 9년 동안이나 환경운동 일을 했다. 숲으로, 섬으로 야생화를 찾아다니고 새를 관찰하고 습지에 사는 생물을 조사하고, 자연의 생명들이 편안하게 살 수 있도록 서식지를 보존하는 운동도 열심히 벌였다. 또, 잘못된 부분을 집요하게 지적하여 환경 관련된 법과 시행령을 바꾸면서 보람도 느꼈다.

기자와 환경운동가의 일은 크게 다르지 않았다. 지역의 문제에 대해 조사하고, 문제점을 짚고, 기사나 성명서 쓰고, 홍보하고 바로잡는 일이었다. 차이가 있다면 기자는 객관적 관찰자에 머물지만 환경운동가는 문제를 해결하기 위해 적극 뛴다는 것이다.

우연히 시작한 환경운동은 인생을 풍요롭게 했고 삶에 대한 철학도 바꿔놓았다. 환경운동가의 활동비는 일반 회사보다 턱없이 적었지만 자발적 가난을 선택하자 마음이 풍요로워졌다. 옷은 재활용가게에서 깔끔한 옷을 골라 입었고, 비싼 보석이나 명품백은 애초에 관심도 없었다.

마흔 무렵에 올린 결혼식도 무척 소박했다. 신부 윤미숙은 흰 원피스를 잘 빨아서 입고 신랑도 입던 옷을 세탁해서 입었다. 야생화 부케를 들고 반지를 하나씩 주고받았는데, 이 반지는 몇 년 뒤 어느 시민단체에 기부했다. 아름다운 수도원 푸른 숲에서 결혼식의 증인이 되어줄 친구들과 함께 멋진 오카리나 연주를 들으면서 올린 결혼식의 총 비용은 겨우 20만 원이었다. 평생 함께할 좋은 친구이자 내 편을 얻는 날, 유쾌한 결혼식을 올릴 수 있어서 더없이 기뻤다.

환경운동을 신명나게 하던 윤미숙은 주민들과 함께 살기 좋은 마을을 가꾸기 위해 푸른통영21추진협의회로 자리를 옮겼다. 환경운동이 소중한 곳의 가치를 알리고 오염이나 개발 등 위기를 해결하기 위해 적극 노력하는 일이라면, 마을운동은 숲이나 문화재, 건물, 학교, 사람들이 가진 기술 등 마을의 자원을 이용하여 지금보다 더 살기 좋은 마을을 만드는 대안 운동이다.

할매들의 우울증을 낫게 하라

"우리 마을 좀 딜다(들여다) 봐주라."

동피랑과 연대도의 변화가 알려지자 통영의 다른 여러 섬과 마을에서도 윤미숙 국장이 찾아와 주기를 애타게 기다렸다. 불 꺼진 상가와 불법 주차로 몸살을 앓던 강구안 골목길은 젊은 예술가들과 함께 이중섭의 그림과 윤이상, 백석의 글귀 등으로 화사하게 꾸며 새로운 문화공간으로 변신시켰다. 박경리 선생의 생가가 있는 서피랑에도 마을재생사업을 시작했고, 통영의 욕지도에는 할머니 바리스타들이 운영하는 카페를 열어 섬에 가면 꼭 들러야 할 명소로 탄생시켰다.

대충 따져도 지금까지 윤미숙 국장은 연대도를 300번 넘게 드나들었고, 동피랑은 셀 수 없을 만큼 오르내렸다. 요즘 연대도에 가면 밥 먹으러 오라는 집이 너무나 많고, 주민 자치로 잘 운영되고 있어서 기분이 참 좋다. 마을을 떠났던 사람들이 돌아오면서 빈집이 없어진 것도 즐거운 변화이다. "동피랑을 한 바퀴 돌면 당뇨병이 생긴다"고 할 정도로 커피와 음료를 주시며 반기는 분이 많고, 아무도 거들떠보지 않던 달동네의 집값이 엄청 올랐다고 좋아하는 할매들을 만나는 것도 즐겁다. 연대도 사람들은 수고 많이 했다며 윤미숙 국장에게 감사패를 주겠다고 했다. 쑥스러워서 극구 사양했는데도 사무실로 감사패를 보내왔다. 감사패에는 딱 한 줄이 쓰여 있었다.

"그래, 니 참 욕봤다."

'연대도 마을 주민 일동'이라고 적힌 문구가 참 눈물겹고 고마웠다.

"제가 받을 수 있는 최상의 찬사가 뭔지 알아요? '언제 들어와서 이장 할 끼고?'예요."

섬 사람들은 언제 마을 이장 할 거냐, 정년퇴직 하면 섬으로 올 거냐고 자꾸 물으신다. 이런 말을 들을 때면 가슴 한쪽이 뻐근할 정도로 벅찬 보람을 느낀다.

"마을에 가서 조금 거들어주면 할매들이 우울증이 나았다고 해요."

윤미숙 국장은 할매들을 보면 마음이 짠하고 뭐라도 하나 더 해주고 싶다. 조금만 도와주고 손을 내밀면 어른들의 삶이 달라지는 게 보이기 때문이다. 윤미숙 국장은 처음부터 대단한 계획을 가지고 마을을 바꾸려고 하지 않는다. 사람들이 살아온 이야기를 열심히 듣고 이들이 가진 지혜를 이끌어내는 역할을 할 뿐이다. 마을 사람들이 가진 익숙한 기술과 마을 자원 중에서 소중한 불씨를 찾아내고, 이 불씨에 힘차게 바람을 불어넣는 역할을 할 뿐이다. 때로는 사람들의 말에 상처를 받아서 울고, 억울하고 분해서 잠이 안 온 적도 있지만, 시간이 지나면서 내 안의 마음이 한없이 넓어졌다는 것도 깨달았다. 그래서 마을활동가는 보람이 매우 크고 행복지수가 올라가는 참 괜찮은 직업이라고 생각한다.

2015년부터 윤미숙 국장은 전남도청으로 자리를 옮겨 관매도와 소안도, 연홍도, 증도 등 전라도에 있는 섬을 지속가능한 생태섬으로 가꾸는 '가보고 싶은 섬' 사업을 진행하고 있다. 이 섬들이 윤 국장의 아이디어와 만나 어떤 개성 있는 모습으로 변신할지, 벌써부터 궁금해진다.

Q 마을활동가가 되려면 어떤 준비가 필요할까요?

A 마을활동가는 대학을 졸업해야 할 수 있는 일은 아니다. 학력에 상관없이 마을 관련된 책을 다양하게 읽고 현장 공부를 많이 하고, 열정을 가진 사람이라면 누구나 할 수 있다. 다만 마을에 대한 무한 애정과 신뢰를 가지고 열심히 활동할 수 있어야 한다. 처음 2, 3년가량은 배운다는 마음으로 열심히 뛰고, 자신이 가진 아이디어를 실현할 수 있는 행동력이 있다면 더욱 좋다.

마을 프로그램 운영, 마을 텃밭과 학교 텃밭 체험, 농산물 판매 등 마을에 필요한 일은 너무나 많다. 젊은이들의 참신한 아이디어가 마을의 숙원사업을 해결할 수도 있다. 나만의 이익이 아니라 공공의 이익을 위해 활동하는 마을활동가가 되면 삶의 철학이 바뀌고 인생이 바뀔 것이다.

마을만들기 사업을 하는 마을마다 마을사무장을 구하는데, 지역에서는 일할 사람이 없어서 고민이다. 취직을 못해서 고민하는 도시 젊은이들이 지역에서 활동하면 좋겠다. 급여가 적더라도 지역은 생활비가 적게 들고 집값도 싸기 때문에 도시보다 삶의 질이 훨씬 높다. 어떤 마을은 숙소와 식사까지 제공하기도 한다.

마을만들기 사업은 서울시, 수원시, 강릉시, 진안군 등 지자체에서 진행하는 사업이 있고, 홍성군 문당리와 영광군 어민농락공동체처럼 뜻있는 주민들이 스스로 운영하기도 한다. 지자체별 마을만들기 지원센터 홈페이지를 통해서 마을 정보와 구인 정보를 얻을 수 있고, 전국의 마을활동가들이 정기적으로 교류하는 '마을만들기 전국네트워크 대화모임'에서도 소식을 접할 수 있다.

마을만들기전국네트워크 facebook.com/groups/mnetwork

Q 마을 일을 하려면
어떤 책을 읽어야 할까요?

A 마을활동가가 되려면 인문학 책을 적어도 한 수레는 읽어야 한다. 인문학은 사람을 위한 학문, 사람을 이해하는 학문인데, 결국 우리가 하는 모든 일은 사람에 대한 이해가 필요하다. 유명한 대학에서 공부한 사람들이라도 일하다 보면 영혼이 없다는 생각이 들 때가 있는데, 그것은 인문학적인 개념 없이 일하기 때문이다. 공학을 전공하더라도 인문학이 기초가 되어야 한다. 특히 도시공학자들은 인문학을 알아야 사람이 편리하고 행복한 도시를 만들 수 있다.

마을활동가는 지형, 역사, 생태, 도시재생, 인류학, 문화재까지 부지런히 폭넓게 책을 읽어야 한다. 또, 우리나라나 외국 마을의 좋은 사례를 폭넓게 연구하고 이해해야 한다. 이런 지식을 바탕으로 마을을 찾아가면 주민들과 함께 변화시킬 수 있는 다양한 주제가 눈에 쏙쏙 들어올 것이다.

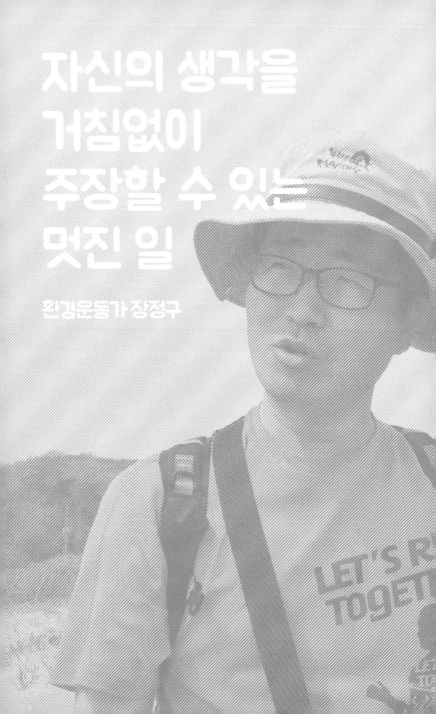

자신의 생각을
거침없이
주장할 수 있는
멋진 일

환경운동가 장정구

"통일이 되면 환경운동가는 할 일이 정말 많아요.

북한의 새 박사들과 서해안에 사는 새를 조사하고,

저어새를 비롯한 철새 보호 방법을 찾고 싶어요.

남북의 섬에 사는 주민들의 생활사도 함께

연구하고 싶고요.

딸들이 크면 아빠처럼 환경운동가가 되어도

좋겠어요. 폭넓게 공부할 수 있고, 다양한 사람들도

만날 수 있고, 자신의 생각을 거침없이 주장할

수 있는 멋진 일이니까요. 공공의 이익을 위해, 이

땅에서 살아갈 미래세대를 위해서 뛰고 있다는

자부심도 있거든요."

장정구

인천녹색연합에서 정책위원장을 맡아 산으로, 들로, 바다로 환경현장 곳곳을 부지런히 뛰고
있다. 특히 인천 지역의 섬에 깊은 애정을 가지고 섬의 자연을 보존하면서 주민들이 살기
좋은 곳으로 만들기 위해 노력하고 있다. 이런 활동을 인정받아 2015년 10월에 인천광역시
시민상(사회공익부문 환경분야)을 수상했다.

인천녹색연합 greenincheon.org

"풀등에 대해 들어본 적 있나요? 여기가 바로 나타났다 사라지는 신비한 섬이에요."

배에서 내려 풀등에 발을 내딛자마자 장정구 인천녹색연합 정책위원장은 모래를 한 움큼 손에 쥐었다. 하얀 모래알은 이내 손가락 사이로 스르르 빠져나갔다. 서해 앞바다에는 지도에 없는 신비한 섬, 풀등이 있다. 이곳에는 사람이 살지 않을 뿐 아니라 나무 한 그루도 없고 바위도 없다. 있는 것이라곤 오직 드넓게 펼쳐진 하얀 모래뿐. 이 모래마저 하루에 6시간가량 모습을 드러냈다가 홀연히 바닷속으로 사라져버린다.

"풀등은 썰물 때에만 잠시 모습을 드러내는 모래섬인데, 이 대이작도 풀등은 '언덕 모양의 모래풀'이라는 뜻으로 풀치라고도 불려요. 풀등은 태풍이나 해일의 피해를 막아주는 천연 방파제 구실을 하고 여름엔 해수욕장으로 변하기도 하죠."

인천 연안부두에서 뱃길로 한 시간 반 거리에 있는 섬인 대이작도, 이곳에서 다시 작은 낚싯배나 모터보트를 타고 500~1000m를 더 이동해야 바다 한가운데에 드러나 있는 풀등에 닿을 수 있다. 풀등은 하루에 두 번 썰물 때에만 드러나는데, 동서로 3.6km, 남북으로 1.2km로 약 155ha(47만 평)에 이른다. 바다 한가운데 축구장 100여 개가 길게 펼쳐진 것과 같은 너른 모래톱이다.

하얀 모래와 바닷물뿐, 그 외에는 아무것도 없는 듯하지만 몸을 낮추면 풀등에는 꼬물대는 바다생물들이 있다. 황맛이라고 하는 손바닥만 한 맛조개와 어른 주먹보다 큰 피조개, 큰구슬우렁이, 황금색에 무늬가 멋진 그물무늬금게 등 다양한 생물이 산다. 이렇게 풀등은 해양생물의 산란장이자 바다생태계에도 매우 중요한 지역이라서 2003년부터 국가가 '대이작도 풀등 생태계보전지역'으로 지정하여 보호하고 있다.

장정구 위원장은 풀등의 모래와 그 속에 살고 있는 바다생물을 카메라로 촬영했다. 그리고 바닷물은 어떻게 흐르는지를 살펴보고, 풀등에서 건너다보이는 대이작도와 소이작도의 모습도 꼼꼼하게 촬영했다. 장정구 위원장은 여러 해 동안 풀등의 변화를 관찰하고 지켜보는 중이다. 왜냐하면 이 소중한 풀등이 점점 작아지고 있기 때문이다.

인하대에서 조사한 결과를 보면 지난 2008년부터 2013년까지 풀등의 면적은 약 40만m²나 줄어들었다. 5년 전보다 무려 23%나 줄어든 것이다. 모래가 줄어드는 곳은 풀등만이 아니다. 덕적도와 자월도 등 덕적군도에 속한 여러 섬도 어쩐 일인지 모래해변이 줄어들고 해안사구가 깎이기 시작했다. 장정구 위원장은 이런 섬들을 차례차례 찾아가 자갈이 드러난 해수욕장과 해안사구가 무너진 해변 곳곳을 빠짐없이 둘러보며 촬영했다. 섬마을 이장과 어른들에게 예전 해변의 모습과 요즘의 차이에 대해서도 여쭤보았다.

"해수욕장의 모래가 자꾸 쓸려가니까 옹진군에서는 여름마다 다른 곳에서 모래를 퍼 와서 붓는 모래 포설작업을 하고 있어요.

하루에 6시간만 모습을 드러내는 대이작도 풀등. 해사 채취 때문에 이 풀등이 점점 작아지고 있다.
ⓒ옹진군

모래를 파서 모래가 줄어드니 다시 큰돈을 들여 모래를 사 와서 붓는 참 웃지 못할 일이 벌어지고 있는 거죠. 이렇게 모래를 부어도 오래 못 가요. 다 쓸려가 버리고 말지."

자월도 이장은 고개를 절레절레 흔들었다. 모래를 파서 모래가 줄어든다? 도대체 바다에서 무슨 일이 일어나고 있는 걸까? 바닷가 모래는 늘 제자리에 있는 것 같지만 태풍과 파도를 따라 이동한다. 또, 기후변화 때문에 생기는 해수면 상승도 풀등과 섬에 영향을 미친다. 그러나 섬 주민들은 이보다 더 직접적인 원인을 해사(海沙, 바닷모래) 채취라고 의심하고 있다.

예전에는 건물을 지을 때 강에서 모래를 파서 건축 재료로 썼는데, 강모래가 줄어들자 골재채취업체에서는 해사로 눈을 돌렸다. 자월도 인근 바다를 시작으로 승봉도, 선갑도, 굴업도 인근 바다를 옮겨가며 모래를 퍼올렸다. 인천 앞바다의 모래는 건축재료로 쓰기에 매우 좋고, 값도 싸고, 이동거리도 멀지 않아 최적의 조건을 두루 갖추었다.

"얼마나 많이 채취했냐고요? 확인된 것만 해도 1980년대부터 20년 동안 인천 앞바다에서 2억 5000만m²가 넘는 바닷모래를 퍼올렸는데, 이것은 폭 25m, 높이 25m로 서울에서 부산까지 이어지는 경부고속도로(417km)에 1000리의 모래성을 쌓을 수 있는 양이에요."

장정구 위원장이 모래의 양을 수치로 계산해서 설명했다. 서울에서 부산까지라니 정말 어마어마한 양이다. 그럼 이 많은 모래는 다 어디로 갔을까? 포근한 우리 집과 학교, 빌딩 같은 건물을 짓는 콘크리트 재료가 되어 도심 곳곳에 우뚝 서 있다. 옹진군에서는 여러 회사에 해사 채취를 허가하고 해마다 수백억이 넘는 세금을 거둬들이지만, 이보다 더 값비싼 피해가 시작되었다.

이일레(승봉도), 큰풀안(대이작도), 작은풀안(대이작도), 서포리(덕적도) 같은 고운 모래를 자랑하던 덕적군도의 여러 해수욕장에는 모래가 줄어들어 자갈이 드러난 채 황폐해졌고, 여름이면 육지에서 많은 사람이 찾아와 '천혜의 관광지', '국민 관광지'라고 불리던 명성도 잃어버린 지 오래 되었다. 해안사구가 점점 붕괴되는 연안 침식도 발생하면서 자연경관도 볼품없어졌다. 또, 모래에 알을 낳는 꽃게와 물고기는 산란장을 잃어버렸고, 어민들의 어획량도 예전 같지 않다. 섬에서 모래 같은 흙이 줄어든다는 것은 섬의 크기마저 줄어드는 매우 위협적인 일이 아닐 수 없다.

환경운동가가 하는 일

수십 년 동안 이어져온 이 문제를 어디서부터 해결할 수 있을까? 섬 조사를 마치고 인천녹색연합 사무실로 돌아온 장정구 위원장은 조사한 자료와 사진을 컴퓨터로 옮겨 정리했다. 인천녹색연합은 숲과 도시, 섬, 갯벌, 바다 등 인천과 경기 지역을 더 깨끗하고 살기 좋은 곳으로 만들기 위해 시민참여운동과 환경감시활동, 오염실태조사, 생태교육 등 다양한 활동을 하고 있는 환경단체이다.

해사 채취 문제에 대한 사실 확인을 위해 장정구 위원장은 인천시와 옹진군의 담당자와 전화통화를 하고 정보공개 청구도 하고, 해양생태계 전문가의 조언을 듣고 필요한 자료도 구했다. 그리고 밤늦도록 이 방대한 자료를 정리해서 해사 채취 문제에 대한 보도자료를 썼다. 섬 주민들의 증언과 행정기관과 환경부에 바라는 환경단체의 주장을 조목조목 정리하고, 전문가들의 의견도 담았다. 완성한 보도자료를 언론사 기자들에게 이메일로 보내고, 인천녹색연합 홈페이지와 SNS에도 글을 올렸다. 문제 해결을 위한 첫 단추는 널리 알리는 것, 그리고 함께 해법을 찾는 것이다.

다음 날, 사무실로 출근하기가 무섭게 방송국과 신문사에서 연락이 왔다. 대이작도 풀등을 촬영하고 해사 채취 문제에 대해 취재하고 싶은데, 현장 설명과 함께 인터뷰를 부탁한다고 했다. 장정구 위원장은 짐을 챙겨 인천 연안여객선터미널로 달려갔다. 하루에 두어 번 있는 배 시간을 맞추려면 어서 서둘러야 한다.

"인천 섬은 한 달에 4~5번 정도 찾아가니까 일 년이면 50~60번이고, 이런 일을 10년 동안 해 왔으니 500~600번을 찾아간 셈이 되겠죠? 섬에 긴급한 문제가 생기면 더 자주 찾아가고 여러 날을 머물기도 해요. 섬 주민들만큼이나 자주 드나들고 있죠."

인천 앞바다에는 173개나 되는 섬이 있는데, 이 중 사람이 사는 유인도는 40개 정도이고 무인도가 더 많다. 섬들은 저마다 자연생태계에서 매우 중요한 위치를 차지하고 있는데, 대이작도 풀 등 생태계보전지역뿐 아니라 장봉도 갯벌습지보호지역, 송도 갯벌습지보호지역, 강화남단갯벌 천연기념물, 백령도 사곶해변 천연기념물 등도 아름다운 풍경과 함께 중요한 생태학적 가치를 품고 있다. 또, 저어새와 노랑부리백로, 검은머리갈매기 등 철새의 최대 번식지이고, 우리나라와 중국을 오가며 번식하는 점박이물범의 보금자리이고, 호주에서 시베리아까지 먼 대륙을 오가는 도요물떼새들이 쉬었다 가는 중간기착지이기도 하다.

하지만 이런 인천 섬은 잘 알려져 있지 않아 그 존재를 잘 모르거나, 불편해서 언젠가 떠나야 할 곳이라고 생각할 뿐, 섬의 가치를 이해하는 사람은 드물다. 한편에서는 섬에 골프장이나 대규모 유원지 개발을 꿈꾸고, 채석장과 광산 개발을 한 후 복원하지 않은 채 흉물스럽게 방치해버리고, 무인도마저 유원지로 개발하려는 계획을 세우고 있다. 그렇다면 주민들이 계속 편안하게 살면서 섬을 섬답게 가꾸는 지속가능한 방법은 뭘까? 그 해법을 찾기 위해 장정구 위원장은 또다시 섬을 찾아간다.

"이장님, 이제 막 도착했는데 곧 찾아뵙겠습니다. 댁으로 갈까요, 포구로 갈까요?"

배가 부두에 닿을 무렵, 장정구 위원장은 이장에게 섬에 들어왔다는 전화부터 했다. 장정구 위원장의 휴대전화에는 인천 섬에 사는 면장과 이장, 어촌계장, 부녀회장의 전화번호가 빠짐없이 저장되어 있다. 섬에 닿으면 우선 면장이나 이장에게 잘 도착했다는 소식부터 전한다. 그리고 이분들이 사는 집이나 일하는 포구에 소주나 막걸리를 들고 찾아가 섬에서 일어나는 일과 살아가는 이야기를 열심히 듣고 기록한다.

섬은 함께 바다에 나가 고기잡이를 하고 열심히 가꾼 농산물을 물물교환하면서 서로 의지하고 사는 마을공동체이다. 이 공동체에서는 면장이나 이장 같은 지역 어른의 역할이 매우 중요하다. 특히 섬에서 벌어지는 환경문제를 해결하기 위해 사람들의 의견을 모으거나 행정기관과 해법을 찾을 때 더욱 그렇다.

장정구 위원장이 섬을 찾아갈 때에는 언론사 기자들뿐 아니라 섬의 가치를 알릴 다양한 사람들과 동행한다. 섬의 생활사를 채록하는 '섬마을 조사단'은 섬마을의 역사, 문화 같은 옛이야기와 섬 사람들의 삶을 기록하고, 고등학생으로 이루어진 '파랑'은 섬에서 일어나고 있는 일을 직접 취재하고 기사를 작성해서 인천일보에 글을 싣는다. 대학교수와 학자, 활동가 등 전문가들이 모인 '인천섬연구모임'은 보전가치가 높은 섬의 오래된 숲과 근대문화유산 등을 답사한 뒤 관계기관에 건의하여 보전 방안을 찾고, 섬의 다

백아도 주민들의 사는 이야기를 듣고(위). 자철석을 캤던 장봉도 폐광산을 둘러보면서 생태 복원 이야기를 나눴다(아래). 문제 해결을 위한 첫 단추는 널리 알리는 것. 그리고 함께 해법을 찾는 것이다.

환경운동가 장정구

양한 기록을 정리한 책도 출간하고 있다.

장정구 위원장과 인천녹색연합의 이런 활동은 인천시의 정책에
도 큰 영향을 미쳤다. 수년 동안 토론회와 세미나를 열어 지역사
회에 인천 섬의 가치에 대해 꾸준히 얘기하자, '해양'을 담당하는
행정 부서가 없던 인천시에 2010년 항만공항해양국과 해양도서정
책과가 생겼다. 새로운 행정 부서가 생겼다는 것은 '담당자'와 '관
련 사업'이 생겼다는 매우 의미 있는 변화이다. 그뿐만 아니라 다
양한 분야의 전문가들과 전국 곳곳에 있는 연구자들이 인천 섬에
대해 관심을 보이고 있다.

세상을 이롭게 하는 일을 하자

"고향이 인천이냐구요? 강원도 두메산골이에요. 학교에서 돌아와
가방을 벗자마자 지게를 지고 뒷산에 올라갔어요. 막내인 저는 집
안에서 땔감 담당이었거든요."

강원도 인제군 남면 갑둔리, 강원도 깊은 산골에서 태어난 장
정구는 산과 들판을 맘껏 뛰놀며 자랐다. 바다라고는 전혀 볼 수
없는 첩첩산중 두메산골이었다. 중학생이 되자 까까머리 장정구
는 아궁이에 따뜻하게 불을 지필 수 있는 땔감을 해오는 일을 맡
았다. 산골마을에서는 중학생이 되면 이 정도의 일쯤은 거뜬히 해
내면서 부모의 일손을 돕고 제몫을 해야 했다. 어린 나무꾼은 지

게를 지고 산으로 들어가 쓰러진 나무를 베고 썩은 나뭇가지를 잔뜩 모아 지고 내려왔다. 또, 친구들과 숲에서 고라니와 멧돼지 같은 산짐승도 보고, 나비와 신기한 곤충을 잡아 관찰도 하고, 달콤한 열매도 따 먹으며 신나게 뛰놀았다.

대학에서 어떤 공부를 할까 고민하던 고등학생 장정구는 해충과 위생 곤충, 일반 곤충 같은 인간의 삶과 연관된 곤충을 다루는 농생물학과를 지원했다. 모든 생물에 관심이 많았고 시골에 살면서 곤충에도 익숙했기 때문이다. 대학을 진학하면서 고향을 떠나 제2의 고향이 된 인천과 처음 인연을 맺었다. 인천에 살던 형네 집에서 서울대까지 2시간가량 전철을 타고 장거리 통학을 했다.

"우리 과 선배 중에서 환경에 관심 많은 분이 있었는데, 그 선배를 따라서 환경현장을 가볼 수 있었어요."

환경 동아리에서 《녹색평론》 같은 환경 책을 읽으며 토론하고, 환경에 관심이 많은 학과 선배를 따라 심각한 오염으로 유명했던 안산 시화호와 개발 붐이 막 일기 시작한 영종도 가보았다. 이런 활동 덕분에 환경문제에 조금씩 관심이 생기기 시작했다.

대학을 졸업한 청년 장정구는 인천에서 살고 싶은데 어떤 일을 하면 좋을까 고민하다가, 입시학원에서 아이들을 가르치는 일을 시작했다. 6개월 정도 학원에서 일하다 보니 교사들끼리 운영할 수 있겠다는 자신감이 생겼다. 그래서 일을 벌이고 말았다. 함께 일하던 학원교사 5명이 모여 새 학원을 열고 장정구는 원장이

자신의 생각을 거침없이 주장할 수 있는 멋진 일

되었다. 아이들과 지내는 것이 참 좋고 수업하는 것도 좋아 열심히 학원을 운영했다. 이때가 수입도 가장 좋았다. 그런데 새벽 1시까지 수업하고 주말에도 보강수업과 특강을 하니 친구 만나기조차 어려웠다. 이런 일이 5년 동안 반복되니 내 삶이 없다는 생각이 슬그머니 들기 시작했다.

학원 수업이 없는 날이면 장정구는 자전거를 타고 도시의 골목을 돌고, 계양산과 원적산에도 올라가 주변 지역을 둘러보았다. 이렇게 자전거 여행을 다니다가 인천녹색연합의 회원 모집 캠페인을 보고 반가운 마음에 바로 가입을 했고, 이왕이면 혼자 자전거를 타는 것보다 여럿이 함께하면 더 재밌겠다는 생각이 들어 회원 소모임인 '자전거모임'을 만들고 주말마다 시원하게 내달렸다.

그 무렵, 인천녹색연합 활동가가 자전거모임 회원들에게 대기 측정 모니터링을 하는데 도와달라고 부탁했다. 어려운 일도 아니라서 장정구는 수업 없는 날이면 자전거를 타고 인천 곳곳을 돌면서 대기를 측정하고, 다시 모여 회의하면서 자료를 완성해갔다. 신나게 참여하다 보니 환경문제를 해결하기 위해 열정적으로 뛰는 환경운동가에게 관심이 생기기 시작했다. 돈을 버는 일도 중요하지만 이들처럼 세상을 이롭게 하는 일을 해보고 싶다는 생각이 마음속에 점점 크게 자리 잡았다. 정말 하고 싶은 일을 하자. 그래! 환경운동을 하자. 마음속에서 뭔가가 꿈틀거렸다.

푸른 숲을 지켜라!

"계양산 골프장 반대, 시민공원 조성하라!"
"시민의 힘으로 계양산을 지켜냅시다!"

인천 지역은 육지와 산, 하천, 갯벌, 바다, 섬까지 다양한 환경을 관찰할 수 있는 독특한 지역이다. 그래서 소중하고 매력 넘치는 곳이지만 그만큼 환경문제도 다양하게 일어나고 있고, 이곳을 지키기 위해 환경운동가가 할 일도 무척 많다. 또, 많은 인구가 모여 사는 인천시는 대부분의 땅에 건물과 도로가 들어서서 녹지 공간이 매우 부족하다. 게다가 얼마 남지 않은 이 녹지마저 개발하려는 계획이 늘고 있다.

2006년, 롯데건설은 인천의 계양산에 골프장 계획을 발표했다. 계양산(395m)은 숲이 별로 없는 인천에서 그나마 맑은 공기를 마실 수 있고 산행도 할 수 있는 초록 숨통과 같은 곳인데, 골프장이 들어서면 회원권을 가진 몇몇 사람들만 이용하는 닫힌 공간이 된다. 인천 시민들은 80%가 골프장 건설에 반대했고, 계양산을 누구나 이용할 수 있는 도시공원으로 만들어달라고 인천시와 롯데건설에 요구했다. 그러나 이런 요구는 번번이 거절당했다.

2006년 10월 단풍으로 물들 무렵, 장정구 위원장과 인천녹색연합 식구들은 계양산으로 올라가 시위를 벌였다. 한 활동가가 나무 위에 올라 고공시위를 벌이고, 장정구 위원장을 비롯한 활동가들

자신의 생각을 거침없이 주장할 수 있는 멋진 일

과 회원들은 산을 찾은 시민들에게 골프장 반대 서명을 열심히 받았다. 또, 집회와 기자회견도 열어 계양산을 자연공원으로 만들어 달라고 요구하고, '계양산 한 평 사기 운동'과 같이 시민들과 함께할 수 있는 활동도 벌였다.

고공시위가 한창일 무렵, 장정구 위원장은 밤낮을 가리지 않고 수없이 계양산을 올랐고 산에서 살다시피 머물렀다. 산에서 내려오면 인천 지역단체들과 대책회의를 하거나 토론회를 열거나 회의에 필요한 자료를 만들면서 계양산에 관련된 일을 이어갔다. 이처럼 많은 노력을 한 끝에 결국 2011년 6월에 인천시 도시계획위원회는 계양산 골프장 계획 폐지를 결정했고, 2014년 2월에 인천지방법원은 계양산 골프장 계획 폐지가 정당하다는 판결을 내렸다. 무려 8년이나 이어온 골프장 싸움이 막을 내렸다. 장정구 위원장은 가슴이 뜨거워졌다.

한편, 우리 땅을 푸르고 건강하게 지키려면 시위나 집회같이 큰 목소리를 내는 활동뿐 아니라 이곳이 왜 소중한지, 자연생태계에서 어떤 위치를 차지하고 있는지를 알려주는 교육이 먼저 이루어져야 한다. 그래서 장정구 위원장은 다양한 환경교육 프로그램을 열어 해마다 환경지킴이들을 길러낸다. 초등학생 숲 교육을 하는 초록동무, 갯벌 모니터링을 하는 게눈, 하천 교육을 하는 또랑, 숲 해설가 양성과정 등 초등학생부터 성인까지 눈높이에 맞는 교육 프로그램을 만들고 숲과 하천, 갯벌, 섬 등 곳곳에서 자연생태계를 이해할 수 있게 도왔다.

이런 생태교육을 하기 위해 장정구 위원장과 인천녹색연합 활동가들은 프로그램을 기획하고, 해당 분야의 전문강사를 섭외하고, 수강생을 모집하고, 현장답사와 숙소와 배편 예약까지 꼼꼼하게 준비한다. 또, 교육을 마친 수강생에게는 다음 현장교육 때 모듬교사나 강사로 활동할 수 있는 기회를 준다.

인천녹색연합의 활동이 점점 알려지면서 지역사회에서 영향력이 높아졌고, 장정구 위원상을 찾는 이들도 부쩍 늘었다. 부평 미군기지 오염 문제와 굴포천 복개구간 복원, 검단-장수간 도로 계획, 부영공원 토양오염, 경인운하 문제 등 해결해야 할 환경문제는 꼬리에 꼬리를 물고 있다.

이런 환경현장에서는 찬성과 반대로 사람들의 의견이 갈리는데, 양쪽의 주장을 듣고 전문가의 조언을 참고하고, 역사와 문화, 지질, 생태 등 현장에 대한 공부도 빼놓지 않아야 한다. 처음 환경운동을 시작할 때 장정구 위원장은 보전가치가 있는 자연만 보였고 개발이나 오염 문제를 막아야 한다는 결과만 생각하며 맹렬하게 달렸다. 그러나 이제는 환경현장에 살고 있는 사람들, 그리고 이곳과 연관되어 있는 사람들이 보이고, 이들과 많은 얘기를 나누면서 평화롭게 공존하는 법을 먼저 생각하게 되었다.

"저는 황해에 관심이 많아요. 황해는 동북아시아 해상교통의 중심지이고, 중요한 바다 어장이고, 철새가 쉬어가고 멸종위기종이 서식하는 자연생태계에서 매우 중요한 지역이에요."

장정구 위원장은 인천을 넘어 황해라는 넓은 바다를 가슴에 품고 있다. 황해는 동북아시아 여러 나라에 매우 중요한 지역이지만, 중국과 한국의 위험한 원자력발전소가 황해 연안에 자리 잡고 있고, 중국의 경제성장과 함께 바다오염 문제도 점점 심각해지고 있다. 그래서 황해에 대해 더 알고 싶고 보전 방법을 찾고 싶다. 이런 관심은 일본의 오키나와 섬과 대만까지도 이어지고 있다. 그리고 우리 민족의 큰 숙제인 남북 통일도 빼놓을 수 없다.

"통일이 되면 서해안 전체의 갯벌과 섬에 사는 새를 조사하고 싶어요. 저어새는 강화도와 백령도, 인천 지역을 번식지로 삼아 새끼를 기르는데, 북한의 새 박사들과 남북 공동협력 조사를 하여 저어새를 비롯한 철새 보호 방법을 찾고 싶어요."

어디 그뿐인가. 백령도에서 여름을 나고 가을이면 북한을 거쳐서 중국 랴오둥만으로 이동하여 새끼를 낳는 점박이물범의 이동 과정을 연구하고 싶고, 남북의 섬에 사는 주민들의 생활사도 함께 연구하고 싶다. 통일이 되면 환경운동가는 할 일이 너무나 많다.

장정구 위원장은 어린 딸들이 크면 아빠처럼 환경운동가가 되어도 좋겠다고 생각한다. 환경운동은 폭넓게 공부할 수 있고, 다양한 사람들을 만날 수 있고, 자신의 생각을 거침없이 주장할 수 있는 멋진 일이기 때문이다. 또, 나와 가족만이 아니라 우리 지역과 우리나라, 지구촌 등 공공의 이익을 위해서, 이 땅에서 살아갈 미래세대를 위해서 뛰고 있다는 자부심이 있기 때문이다.

"현장 갈 때 등산화를 신는데, 튼튼하고 질긴 신발이지만 일 년 반이면 다 닳아버려요. 쉬는 날에도 우리 딸들 손잡고 산과 바다를 찾아가니 어느 신발인들 견딜 수 있겠어요? 하하하."

장정구 위원장의 웃음소리가 경쾌하다. 환경 피해를 입은 주민들은 또다시 인천녹색연합의 문을 두드리고 간절한 손길을 내민다. 이들의 이야기를 들은 장정구 위원장은 환경문제의 해법을 찾으러 다시 등산화 끈을 바짝 조여 매고 현장으로 뛰어나간다.

Q 환경운동가가 되려면 어떤 준비가 필요할까요?

A 환경단체의 회원이 되어 활동하거나, 관심 있는 분야에서 자원활동하면서 환경운동을 이해하면 좋겠다. 환경현장에서 벌어지는 행사나 캠페인, 현장조사를 함께 가보는 것도 좋은 경험이 된다. 산림 관련 학과나 환경공학, 환경교육, 생물학, 지리학 등 전문공부를 하면 더욱 좋지만 반드시 대학을 졸업해야만 할 수 있는 일은 아니다. 학력보다는 열정과 끈기, 환경운동에 대한 전문성이 더욱 필요하다.

무엇보다도 환경운동가가 되기 전에 생태감수성을 키우는 노력을 기울이면 더욱 좋겠다. 생태감수성을 키우기 위해서는 가까이 있는 자연을 관찰하면 좋다. 곤충과 물고기, 야생동물에 대한 애정이 생기면 이들이 사는 서식지 보호에 대한 이해가 넓어진다. 그리고 쓰레기 문제와 소음 문제, 빛공해 등 자연의 친구들에게 닥친 어려움을 무엇인지, 어떻게 해결해야 하는지도 생각하게 된다. 여러 가지 책을 읽고 환경 다큐멘터리도 보고, 생태강좌도 들으면서 공부를 하다 보면 환경과 생태계에 대한 이해까지 관심 분야의 폭이 더 넓어질 것이다.

예쁜 꽃을 찾아 사진을 찍는 사람은 생태사진가이지만, 이 꽃이 살고 있는 서식지와 주변의 위협을 없애 해마다 아름다운 꽃을 볼 수 있게 노력하는 사람은 바로 환경운동가이다.

환경운동가 장정구

Q 우리나라에는 어떤 환경단체가 있나요?

A 녹색연합은 서울 본부와 10개 지역조직에서 백두대간 보전과 탈핵과 에너지, 야생동물 서식지 보존운동 등 현장을 중심으로 활발하게 활동하고 있다. 환경운동연합은 서울 본부와 지역에 있는 50개 지부에서 4대강 사업과 기후변화, 대안에너지, 국제연대 등 한반도에서 일어나는 다양한 환경문제를 해결하기 위해 뛰고 있다.

이성의 눈으로 환경문제를 바라보는 여성환경연대, 쓰레기 문제를 해결하기 위해 노력하는 자원순환연대, 에너지 문제 해결과 절약을 위해 노력하는 에너지시민연대, 동물 복지를 위해 노력하는 카라(KARA)와 동물자유연대, 새와 그들의 서식지를 보호하기 위해 노력하는 '습지와 새들의 친구', 환경교육을 전문으로 하는 녹색교육센터와 환경교육센터, 교통문제를 다루는 녹색교통, 바다의 쓰레기 문제를 연구하는 오션(OSEAN) 등 개성 있는 활동을 벌이는 단체들도 있다.

환경단체의 활동가로 일하고 싶다면 각 단체의 소식지나 홈페이지를 많이 찾아보고, 시민사회단체연대회의 홈페이지(civilnet.net) 구인정보 방에서도 도움을 받을 수 있다.

자신의 생각을 거침없이 주장할 수 있는 멋진 일

방황해도 괜찮아, 천천히 걸어가도 괜찮아

채식한약사 이현주

©오사훈

"불임부부가 한방채식으로 치료받고 아기가 생겨서
고맙다고 찾아오면 정말 기뻐요. 아토피 환자가
말끔하게 치료되었다고 찾아올 때에도 정말 반갑죠.
한약사는 사람들을 치유하고 생명을 살리는 일이라
보람이 매우 큰 직업이에요.
고등학생 때 정신과 의사가 되고 싶었는데,
만약 20대부터 의사를 했더라면 경험이 부족하고
마음의 준비도 되지 않아서 잘할 수 없었을 거예요.
40대에 한약사가 되기까지 긴 방황의 시간이 있어서
지금의 내가 있다고 생각해요."

이현주

우리나라의 유일한 한방채식 한약국인 기린한약국 원장으로, 친환경 순식물성 한방채식과
식이요법, 오감테라피로 아픈 이들의 병증을 다스리고 체질 개선을 돕고 있다. 채식 운동인
'고기 없는 월요일' 활동도 열심히 하고, 틈틈이 책을 쓰고, 피아노 연주와 작곡도 하는 다재다능
열정의 여인이다.

기린의 한방채식 이야기 blog.naver.com/girinherb

지은 책 《기린과 함께하는 한방채식 여행》 《휴휴선(休休禪)》 《오감테라피》 《맛있는 채식 행복한 레시피》

"몸이 전체적으로 차고 소화기가 약한 편이네요. 손님은 신경이 예민해서 스트레스를 받으면 곧바로 소화기능에 문제가 생겨요. 늘 몸을 따뜻하게 하고 찬 음식이나 밀가루 음식을 피하는 것이 좋아요."

기린한약국 이현주 원장은 지금 체기와 소화불량으로 힘들어하는 손님과 상담하는 중이다. 환자의 증상뿐 아니라 즐겨 먹는 음식과 식사 시간, 잠들고 일어나는 시간 같은 생활리듬, 직업과 스트레스 등 생활 전반에 대해서도 두루 이야기를 듣고, 통증을 다스릴 수 있는 식이요법과 바른 생활습관에 대해서 조언했다. 병은 여러 가지 원인으로 생기기 때문에 전체를 살펴야만 잘 다스릴 수 있다.

상담 시간은 벌써 한 시간을 훌쩍 넘기고 있다. 처음엔 낯설고 어색한 표정으로 한약국을 들어섰던 손님은 이현주 원장과 이야기를 나누면서 표정이 한결 편안해졌고, 자신을 괴롭혀온 통증과 잘못된 생활습관에 대해서 마치 고해성사를 하듯 이야기를 풀어놓았다. 이현주 원장이 이렇게 열심히 듣는 것은 누군가가 자신의 얘기를 들어주고 공감해주는 것만으로도 마음의 치유가 시작되기 때문이다.

아침에 한약국의 문을 열면 이현주 원장은 전날 달여둔 약을 포장하는 일부터 재빠르게 시작한다. 약재에 따라서 전탕(煎湯, 끓여서 달임)을 오래 할 경우도 있고, 미리 담가두어서 약재를 밤새 우리기도 한다. 약재마다 효능이 다르고 사람의 체질과 병증도 달라서 한약재를 달일 때에는 신경 쓸 일이 많다. 약재의 무게에 따라 물의 양을 조절해야 하고 환자의 체질에 따라 조제하는 방법도 달라진다. 몸이 냉한 경우에는 건강(말린 생강)이나 감초, 황금, 작약 등을 볶아서 넣고, 출혈이 있으면 지유나 측백, 형개와 같은 약재를 숯이 될 정도로 까맣게 태워 전탕해야 한다.

이현주 원장은 약재를 저울에 달아 정확한 양을 처방하고, 물을 정확하게 계량해서 같이 약탕기에 넣고 타이머를 작동시킨다. 약탕기를 다룰 때에도 세심한 주의가 필요하다. 초기 감기나 피부 질환 같은 외부 감염이 생긴 경우에는 전탕 시간이 2시간 30분을 넘기지 않아야 한다. 소화기능이 약한 사람들의 약도 마찬가지인데, 오래 달이면 약효 성분의 추출이 잘되지만 불필요한 섬유질이나 불용성 성분도 함께 나와 소화 장애를 일으킬 수 있다. 병증이 오래되어 병이 깊거나 기력이 쇠해서 보약을 처방할 때에는 전탕 시간을 넉넉히 잡아 오래 끓이는 것이 좋다.

전탕이 다 되어 약을 포장할 때까지는 2~3시간이 걸린다. 약이 잘 달여지면 포장기로 넘겨 포장한다. 포장기에서 하나씩 떨어지는 파우치를 보면서 이현주 원장은 이 약을 먹을 사람이 부디 잘 낫기를 바라는 마음으로 기도한다. 그리고 택배상자에 약을 담을 때에는 복용할 때 주의사항과 피해야 할 음식도 함께 적어 넣는다. 이렇게 포장하고 택배까지 부치고 나면 대략 오전 11시가

다가온다.

그 무렵 예약한 손님이 찾아온다. 이현주 원장은 보통 오전에 한 번, 오후에 한 번 정도 상담하는데, 주말에는 전국 곳곳 멀리서 오는 사람들이나 직장인이 찾아와 손님이 몰리는 편이다. 한방병원과 한의원은 보통 상담과 복약지도, 약 달이는 일, 계산을 하는 카운터 일이 분업되어 있지만, 이현주 원장은 상담부터 약을 달이고 보내는 일까지 모든 일을 직접 한다. 혼자 다 하려면 좀 분주할 수도 있지만 되도록 바쁘지 않게 하려고 일을 조절한다. 마음이 바쁘면 손님의 이야기를 편안하게 들어줄 여유가 없어지기 때문이다.

손님들이 이곳에 들어선 순간부터는 가족이나 바쁜 일은 잊고 오직 자신의 건강만 생각하고, 자신의 얘기를 편안하게 할 수 있도록 분위기를 만들어준다. 좋은 차를 마시면서 하고 싶은 얘기를 충분히 하고 본인에게 맞는 약과 식이요법 식단까지 처방받으면 손님들의 표정이 한결 밝아진다.

식물성 약재로도 충분해

"우리 한약국에서는 동물성 약재를 쓰지 않아요. 멸종위기 야생동물에게 얻은 동물성 약재와 동물부산물, 곤충류 약재도 사용하지 않아요. 약장에도 동물성 약재가 들어있지 않고, 전탕기에도 동물성약재를 전탕한 적이 없어요."

기린한약국은 우리나라에서 유일한 한방채식 한약국으로, 친환경 순식물성 한약재로 처방하고 채식 식이요법으로 체질 개선을 돕는다. 한약국의 이름인 기린(麒麟)은 아프리카에 사는 기린이 아니라 사슴의 몸에 소의 꼬리, 말과 비슷한 발굽을 가진 상상 속의 동물이자 예부터 태평성대의 도래를 알리는 길상의 동물이다.

한약재 중에는 웅담(곰쓸개), 사향(사향노루의 사향낭), 호골(호랑이뼈), 영양각(영양뿔), 서각(물소뿔) 같은 멸종위기 야생동물에서 얻은 동물성 약재가 있고, 녹용(사슴뿔), 백강잠(백강병으로 죽은 누에), 선태(매미 허물), 별갑(자라등판), 귀판(남생이의 배판) 같은 동물 부산물과 곤충류 약재도 있다. 이현주 원장은 이런 동물성 약재를 쓰지 않는다고 해서 못 고치는 병은 없다고 생각한다. 한 가지 증세에 한 가지 처방만 있는 게 아니라 병을 다스리는 방법이 매우 다양하기 때문이다. 지난 11년 동안 한약국을 운영하면서 식물성 약재만으로도 충분히 약효를 낸다는 것을 경험했고, 많은 사람이 건강을 회복하는 모습을 지켜봐 왔다.

인삼, 당귀, 황기, 천궁, 구기자, 산수유, 오미자와 같이 우리에게 익숙한 한약재 대부분은 식물의 잎과 열매, 뿌리를 이용하는 식물성 약재이다. 인류 역사에서 음식과 민간요법으로 오랫동안 활용하여 효과가 증명된 식물성 보약은 동물성 보약보다 결코 효능이 떨어지지 않는다. 그러나 사람들은 막연히 웅담이나 녹용 같은 비싼 동물성 약재의 효과가 좋을 거라고 생각한다.

예전보다 공진단 같은 비싼 약도 쉽게 복용할 수 있게 되면서 동물성 한약재를 찾는 사람들이 부쩍 늘었다. 예전에는 자연에서 건강하게 자란 동물을 약재로 썼는데 사람들이 즐겨 찾으면서 점점 구하기 힘들어지자, 비위생적인 동물농장에서 사육하거나 밀렵꾼이 몰래 잡은 동물을 불법으로 거래하는 일도 부쩍 늘었다. 중국이나 동남아시아의 열악한 동물농장에서 키운 동물도 밀거래되고 있다. 이현주 원장은 이렇게 건강하지 않은 방법으로 얻은 약재가 늘어난 것도 큰 문제라고 생각한다.

"예전에는 못 먹어서 병이 생겼지만 지금은 너무 많이 먹어서 생긴 병이 많아요. 영양 과잉의 문제를 해결하려면 먹는 양을 줄이고 채식을 하는 것이 좋습니다."

이현주 원장은 뭔가 새로운 것을 먹어서 치료하려는 사람들에게 좀 더 비우고 가볍게 살 것을 권한다. 가끔 채식한약국이라는 걸 모르고 방문한 사람이 녹용을 넣어서 보약을 지어달라고 떼를 쓰기도 한다. 대개 이런 사람들은 육체가 허약해서라기보다 스트레스와 과로로 독소가 쌓여 건강이 나빠진 경우가 많다. 지나치게 많이 먹고 잘 움직이지 않고 스트레스를 많이 받는 현대인에게는

식물성 한약재로 약을 달이고 다양한 식물로 차를 우려서, 심신을 편안하게 하고 몸의 독소를 빼낸다. 웅담이나 녹용 같은 동물성 약재를 쓰지 않고 신선한 식물성 약재만으로도 모든 병을 다스릴 수 있다.

비싸고 과한 보약보다 몸의 균형을 바로잡을 수 있는 처방과 바른 식단이 더 필요하다.

이현주 원장은 이렇게 왜곡된 한방문화와 보신문화 대신 채식 위주의 건강한 방법으로 병을 다스릴 수 있게 돕고 있다. 과식 식습관과 생활습관부터 바꾸고, 한방채식과 식이요법을 통해서 통합적 관점으로 몸과 병증을 다스릴 수 있게 해준다.

"비싸도 우리 한약국은 최고 품질의 약재만 받아요."

기린한약국에 있는 식물성 한약재는 전문 약업사를 통해서 들어온다. 모든 한약국과 한의원에서는 전문 약업사를 통해서 구한, 엄격한 품질검사를 통과하고 식약청 인증마크를 받은 약재만을 사용할 수 있다. 집에서 농사짓거나 다른 방법으로 구해서 쓰면 불법이 된다. 이현주 원장은 날마다 약업사에서 받은 약재를 하나하나 확인하고, 약장에는 신선한 약재를 넣어두고서 약의 효능이 가장 좋을 때 빨리 쓰려고 한다.

그래서일까, 한약국을 홍보하는 데 특별한 노력을 하지 않았는데도 찾아오는 손님 수는 늘 꾸준하다. 기린한약국은 인천시 부평구 산곡동에 자리 잡고 있는데, 손님 중에서 동네나 인천에 사는 사람은 30% 정도이고, 나머지는 서울과 제주도를 비롯한 전국에서 찾아오는 손님들이다.

30대에 다시 공부를 시작하다

"20대 대학생 시절에는 정치적으로 혼란스러워서 차마 개인의 삶을 꿈꿀 수 없었어요. 졸업 후에야 정말 내가 원하는 것을 찾아 이것저것 해보고 돌아다니면서 20년 동안이나 방황했어요."

고등학생 이현주는 여러 곳을 다니면서 사람들을 인터뷰하는 게 좋아보여서 대학 진학 때 신문방송학과를 선택했다. 그런데 대학교에서 만난 세상은 캠퍼스의 낭만과 여유를 누릴 틈이 없었다. 대학교 1학년 때 우리나라 현대사의 격동기인 1987년 6월 항쟁이 일어났다. 학생들은 강의실을 벗어나 거리에서, 광장에서 민주주의를 외쳤다. 서울 시내는 종종 격렬한 시위장으로 변했고 친구들과 선배들은 감옥에 갇히고 수배를 받아 쫓겨 다니는 일이 허다했다.

그 시절은 나만 잘 먹고 잘 사는 게 부끄러운 때였고, 시대에 대한 변화와 민주주의에 대한 열망으로 가득 차 있었다. 하지만, 시위현장에 참여하여 전경들과 대치하며 돌과 화염병을 던지고 두들겨 맞고 다치는 폭력적인 일은 대학생 이현주에게는 너무나 힘들고 감당하기 버거웠다. 내 길은 과연 어떤 길일까 고민하다가 가출하여 여러 날을 길에서 방황하기도 했다.

함께 학생운동을 했던 친구와 선배 중에는 공장에 위장 취업해서 노동운동에 뛰어들거나 대기업에 취업하는 사람도 있었지만,

이현주는 다시 폭력적인 일을 경험하는 것도, 치열한 경쟁을 해야하는 일도 내 길이 아니라는 생각이 들었다. 그래서 가장 비폭력적이고 평화로운 곳을 찾은 것이 농촌이었다. 이현주는 학교를 졸업하자마자 시골 마을로 귀농했다. 하지만 준비되지 않은 귀농은 힘들었다.

전북 장수의 작은 시골집에 거처를 마련했는데, 늘 친구들과 후배들이 찾아와 북적대는 통에 본의 아니게 공동체 생활이 되었다. 농사지으며 땀 흘려 살기보다는 철학과 정치 토론만 할 뿐, 마을 어르신들에게 농사법을 배우지도 않고 어울릴 줄도 몰라서 귀농 생활은 그리 오래가지 못했다. 패배자가 되어 다시 도시로 돌아왔다. 더 이상 뜬구름 같은 이상만을 추구하지 않고 현실에 발딛고 땀 흘려 일하는 직업, 나와 가족의 생활을 책임질 수 있는 전문직 일을 해야겠다고 다짐했다.

긴 고민 끝에 30대에 한약학과를 입학했다. 몸과 마음의 치유에 늘 관심이 있어서 약하거나 아픈 사람들을 도와주고 싶었고, 특히 식물을 다루는 일이 좋아서였다. 20대를 방황하면서 보내느라 살림살이는 넉넉지 않았고, 더구나 아이까지 키우면서 학교를 다녀야 했다. 하지만 늦었다고 생각했기 때문에 더욱 학과 공부에 집중했고, 그 덕분에 한약사 국가고시에도 무난히 합격했다.

유레카! 채식한약국을 열자

졸업을 앞둔 무렵, 이현주는 새로운 고민에 빠졌다. 약국을 운영하려면 자격증뿐 아니라 경영자의 능력과 자질을 갖추어야 하기 때문이었다. 어떻게 한약국을 열고 운영해야 돈을 벌까, 걱정이 태산 같았다. 불안하고 두렵고 초조하고……. 이런 고민이 계속 이어지자 절박한 심정이 되어갔다. 이때 알고 지내던 선배가 마음을 안정시키는 데 도움이 될 거라며 채식을 해보라고 권했다.

막상 눈앞에 차려진 채식 밥상을 보니 입맛이 당기진 않았지만, 일단 한번 해보자 싶어 권유받은 그날부터 채식을 시작했다. 며칠이 지나자 이현주의 내면 깊숙한 곳에서 평안함이 느껴졌다. 채식 관련 책을 읽으며 공부하다 보니 이것은 누가 강요하지 않고 스스로 실천하는 비폭력적인 방법이고, 동물 권리와 기후변화, 기아 문제, 영적인 측면까지 두루 해결할 수 있는 매우 폭넓은 운동이라는 것을 알게 되었다.

채식을 시작한 지 100일쯤 지났을 때 이현주의 머릿속에서 반짝 섬광이 스쳤다.

'채식한약국을 해보면 어떨까? 비폭력과 평화 같은 내가 지향하는 가치를 실천하며 일할 수 있고, 많은 것을 살리는 생명운동도 할 수 있겠어.'

채식한약국을 열어야겠다고 생각한 순간 '바로 이거야!'라는

©오기봉

생각이 들었다. 이현주는 방 한가득 채식에 관한 책을 펼쳐놓고, 한약국에 차를 마시는 공간을 꾸미고 음악회를 열고 채식운동도 하는 등 온갖 상상력을 동원하여 채식한약국의 그림을 그렸다. 새로운 아이디어가 떠오를 때마다 스티커 메모지에 적어 벽을 도배하기 시작했다. 한약국의 상징과 같은 한약장을 제작할 때에는 식물성 약재 이름만 적어달라고 했고, 약업사에도 식물성 한약재만 거래하겠다고 얘기했다.

채식을 중심에 놓고 생각하자 일을 벌이는 것이 너무나 재미있고, 그동안 웅크리고 있던 에너지가 한꺼번에 폭발한 듯 가속도가 붙었다. 귀농해서 농사를 짓고, 가부좌를 틀고 앉아 명상도 하면서 내면의 평화를 찾기 위해 방황했는데, 이제야 내 길을 찾았다는 생각이 들었다. 절박함이 적극성으로 바뀌자 더 큰 에너지가 솟아났고, 그것은 마치 스스로 알을 깨고 세상 밖으로 나오는 것과 같았다. 한약국은 고향인 인천에서 개업하고 싶었고, 근처에 숲이 있으면 마음에 안정을 찾을 수 있을 것 같아서 산기슭 가까이에 있는 건물을 찾았다.

'병 치료는 단숨에 되지 않으니 시간에 쫓기기보다 마음의 여유를 갖고 치료해야지.'

'되도록 손님들이 한방채식과 건강한 식이요법을 할 수 있도록 도와야지.'

'생활할 수 있을 정도로만 벌면 더 바랄 게 없겠어.'

한약국을 개업하면서 이현주는 이렇게 생각했다. 다행히 꾸준히 찾는 손님들이 있어서 10년이 넘도록 처음 그 자리에서 한약국을 운영하고 있다. 또, 전국에서 유일한 채식한약국이라는 소문이 나자 채식한약사를 꿈꾸는 현직 한약사나 한약대 학생 들도 찾아오곤 한다.

고기 없는 월요일

"오늘 저녁 이 한 끼의 식사를 통해 자연과 교감하고 우주에너지와 연결되는 통로로 들어가게 됩니다. 우리는 이 연결 속에서 가장 비폭력적이고 생태적인 방식으로 지구를 도울 수 있습니다. 오늘 하루 당신이 선택한 채식 식단을 통해 뜨거워지던 지구를 잠시 식힐 수 있습니다. 이 행복하고 달콤한 마술을 날마다 당신의 식탁 위에서 실현하고 싶지 않나요?"

2010년 10월, 인천에서 열린 이클레이(ICLEI, 지속가능성을 위한 세계지방정부) 세계환경회의에서 이현주 원장은 만찬 강연자로 무대에 올라 채식의 의미를 강조한 멋진 연설을 했다. 이클레이는 세계 84개국의 환경 도시 1000여 곳이 회원으로 활동하고 있는 국제단체이다. 이현주 원장은 사흘 동안 열리는 국제회의 중 하루를 '채식의 날'로 정하자고 제안했다. 여기에 그치지 않고 음양오행을 통해 오장에 이로운 오색, 오미를 고려하고 생태영양학을 결합시

2014년 '고기 없는 월요일' 뉴욕 글로벌 워크숍 때 세계 여러 나라에서 활동하는 친구들과 함께한 이현주 원장. 일주일에 하루만이라도 채식을 하면 이산화탄소 배출을 줄이고, 건강에도 도움이 된다.

킨 식단을 짜서 행사 담당 주방장과 함께 멋진 요리를 선보였다. 이날 건강하고 맛있는 채식 요리를 맛본 세계 환경도시 대표들은 가장 환경행사다운 만찬이었다며 기뻐했다.

　이현주 원장이 한약국 운영만큼이나 열심히 활동하고 있는 것은 '고기 없는 월요일(Meat Free Monday)' 운동이다. 이 채식 캠페인은 2009년 벨기에 유엔기후변화협약 토론회에서 비틀스의 멤버였던 폴 매카트니가 기후변화의 대안으로 일주일에 하루는 채식을

　방황해도 괜찮아, 천천히 걸어가도 괜찮아

하자는 캠페인을 제안하면서 시작되었다. 이 무렵 채식운동을 하던 이현주 원장은 '이런 채식 캠페인도 있구나' 하고 신선함을 느껴 한국에서 처음 시작했고, 지금은 전 세계에서 '고기 없는 월요일' 운동을 하는 53개국의 사람들과도 활발하게 교류하고 있다.

이현주 원장은 2010년 멕시코 칸쿤에서 열린 유엔기후변화협약 당사국총회에도 참여하여 '고기 없는 월요일' 캠페인을 벌였고, 2014년 미국 뉴욕에서 열린 기후주간 행사에서도 13개국 친구들과 글로벌 워크숍을 열고 기후행진에도 참여했다. 또, 대학과 환경단체, 여러 모임 등에서 공장식 축산 문제와 건강한 채식 식단 작성법 등에 대해 강의하고, 틈틈이 글을 써서 한방채식에 대한 책도 여러 권 출간했다. 혼자 사는 어르신들의 건강을 돌봐드리는 자원봉사도 꾸준히 하고 있는데, 이런 활동을 하다가 인천의 시민단체와 지역활동가들을 알게 되어서 작은 음악회인 저녁마실과 오감테라피 힐링캠프, 한방채식테라피 등 즐거운 치유 프로그램도 함께 열고 있다.

"불임부부가 한방채식으로 치료받고 아기가 생겨서 고맙다고 찾아오면 정말 기뻐요. 아토피 환자가 1, 2년 뒤에 말끔하게 치료되었다고 찾아올 때에도 정말 반갑죠."

한약사는 사람들을 치유하고 생명을 살리는 일이라 보람이 매우 큰 직업이다. 고등학생 때 이현주 원장의 또 다른 꿈은 사람들의 마음을 치유하는 정신과 의사가 되는 것이었다. 신문방송학과

채식한약사 이현주

를 지원하면서 의사의 꿈은 멀어졌지만, 요즘 손님들과 상담하면서 정신과 의사와 비슷한 일을 하고 있다는 생각이 든다. 만약 의대를 가서 20대부터 정신과 의사를 했더라면 경험이 부족하고 마음의 준비도 되지 않아서 잘할 수 없었을 거라고 생각한다. 20대에 질풍노도의 방황을 하고 30대에 다시 공부해서 40대에 한약사가 된 이현주 원장은 긴 방황의 시간이 있어서 지금의 내가 있다고 생각한다. 졸업을 앞두고 있거나 구직활동을 하는 청년들에게 이현주 원장은 이렇게 말하곤 한다.

"너무 급하게 마음먹지 말고, 서두르지 마세요."

직업 선택의 기로에 선 청년들이 너무 조급해하지 말되, 내 삶의 방향성과 직업을 통해서 세상에 어떤 긍정적인 영향을 미칠 것인지를 생각했으면 좋겠다. 그리고 자기주도적인 삶을 선택하라고 권한다. 부모의 기대에 따르거나 남들과 비교하면서 진로를 선택하지 말고, 또는 이미 내린 선택을 바꾸지 못해 전전긍긍하지 말고, 자신에게 충분히 시간을 주고 과감하게 스스로 선택하라고 말해주고 싶다.

"방황해도 괜찮아. 실패해도 괜찮아. 내가 진정 원하는 것을 찾는 것이 더 중요해."

방황해도 괜찮아, 천천히 걸어가도 괜찮아

한약사가 되려면
어떤 공부를 해야 할까요?

대학교 한약학과를 졸업해서 국가고시 면허증을 취득해야 한다. 시험에 합격해도 바로 한약사로 일하기는 어렵기 때문에 한약국이나 한의원에서 짧게는 6개월, 길게는 몇 년가량 임상 실습을 한다. 한약사는 대학교에서 배우는 것보다 본인이 스스로 공부하고 익혀야 할 게 많다. 한약학과에서는 원서로 공부하기 때문에 한문과 영어 공부도 열심히 해야 한다.

한약학과를 졸업하면 면허증을 취득해 한약국을 내거나 한방병원에서 일할 수 있고, 보건복지부와 식품의약품안전처 같은 국가기관, 제약회사, 화장품회사, 식품회사, 한약학 관련 연구기관, 바이오, 벤처기업, 농업계 등 다양한 분야에서 활동할 수 있다.

한약사는 사람을 가리지 않고 편안하게 맞이해야 한다. 누가 오더라도 포용하고 얘기를 잘 들어줄 수 있는 마음이 있어야 한다. 무엇보다도 사람을 치유하는 일에 대한 본능적인 성향이 맞아야 한다. 아픈 사람을 보면 측은하거나 도와주고 싶은 마음도 갖춰야 한다. 생약을 다루는 일도 좋아해야 한다. 한약재는 정제된 의약처럼 규격화되어 있지 않아 직접 약을 만지면서 냄새를 맡고 사람의 체질과 증상에 따라서 조제하고 전탕해야 하는데, 이런 과정을 좋아해야 한다.

채식한약사 이현주

Q '고기 없는 월요일' 운동은 어떻게 시작되었나요?

A 1차 세계대전 때 미국 식품관리국은 '식량이 전쟁을 이기게 한다'는 목표로 '고기 없는 월요일(Meatless Monday)', '밀 없는 수요일(Wheatless Wednesday)' 운동을 벌였다. 당시 신문과 잡지, 요리 책자 등에 광고하면서 적극적인 홍보를 벌여 많은 호텔과 가정에서 참여했는데, 뉴욕시 호텔에서는 일주일 동안 고기를 약 116톤가량이나 줄였다고 한다. 2차 세계대전 이후 미국 대통령 루스벨트와 트루먼은 이 캠페인을 되살려, 아낀 식량을 전쟁으로 파괴된 유럽에 구호품으로 보내기도 했다. 그 후 2003년, 존스홉킨스 블룸버그 공중보건대학원에서는 포화지방을 줄여 질병을 예방하기 위한 대중건강 교육 프로그램으로 '고기 없는 월요일(Meatless Monday)' 캠페인을 벌여 20여 개 학교가 참여했다.

2009년에는 유엔기후변화협약 당사국총회 준비를 위한 벨기에 토론회에서 폴 매카트니가 입주인에 하루 채식을 하자는 '고기 없는 월요일(Meat Free Monday)' 캠페인을 제안했다. 이후 전 세계에 채식운동이 환경캠페인으로 퍼져서 53개국에서 활발하게 이루어지고 있다.

전북교육청은 2011년부터 채식 급식의 날을 시행하고 있고, 서울시는 2015년부터 171개 급식소에서 매주 하루 채식식단을 차리고 있다. 국내에서 '고기 없는 월요일' 운동은 인천녹색연합과 함께하고 있다.

방황해도 괜찮아, 천천히 걸어가도 괜찮아

마음을 움직이는 책을 쓰자!

환경작가 박경화

"내 미래를 치밀하게 준비한 것은 아니지만,
좋아하는 일에 집중하다 보니 새로운 길이 열리고
기회가 찾아왔어요. 그때는 기회라는 걸 눈치채지
못한 채 그 기회를 꽉 움켜쥐었을 뿐이에요.
목표는 유명한 책을 쓰는 것이 아니라 누구나
고개를 끄덕이면서 공감할 수 있는 환경운동을
하는 것이에요. 책을 읽은 사람들이 환경지식을
아는 것에 그치지 않고, 함께 행동하여 지구 환경에
긍정적인 영향을 미칠 수 있으면 좋겠어요."

박경화

우리 생활에 밀접한 환경 이야기를 쓰는 환경작가이다. 환경단체 활동가로 전국을 누빈 경험을
바탕으로 단행본 책을 쓰게 되었고, 학교와 도서관, 다양한 모임에서 환경강의를 하고 있다.
집필의 목적은 우울하고 공포감을 주는 환경교육이 아니라 유쾌하고 즐거운 환경운동의 대안을
찾는 것이다.

블로그 blog.naver.com/parkkyunghwa
지은 책 《고릴라는 핸드폰을 미워해》 《여우와 토종 씨의 행방불명》 《그 숲, 그 산에 어떻게 오시렵니까》
《지구인의 도시 사용법》

"저는 단행본 편집 일을 했고요, 사보 제작 일도 해봐서 교정교열에 자신 있습니다."

"출판 경험이 많군요. 아주 좋네요."

사무총장은 아주 흡족한 웃음을 지었다. 녹색연합 취재기자 채용을 위한 면접 자리, 제일 오른쪽에 앉은 지원자부터 질문이 시작되었다. 첫 번째 지원자는 사무총장의 질문에 자신감에 찬 또랑또랑한 목소리로 자신의 경력을 강조했다. 그런데…….

'단행본, 사보, 교정교열, 출판……. 아, 낯설다. 나는 누구? 여기는 어디?'

내 차례가 가까워질수록 손에 땀이 찼다. 전문용어가 등장하자 잘못 왔다는 생각이 슬그머니 들기 시작했다.

"그래, 자네는 뭘 하다가 왔는가?"

드디어 내 차례가 왔고 어김없이 같은 질문이 이어졌다.

"저는 고추밭에서 고추 따고 콩 널다가 왔습……."

"푸하하하하!"

내 말이 채 끝나기도 전에 모두가 폭소를 터뜨렸다. 그 덕분에 면접장 분위기는 화기애애해졌지만 나는 속이 탔다.

'잘못 온 게 확실하구나.'

질문에 대답만 하지 말고 우리 단체에 대해 궁금한 것을 과감하게 물어보라며 사무총장은 부드러운 대화를 유도했지만, 자포자기 심정이 된 나는 그 이후에 어떤 질문과 대답이 오갔는지 기억조차 나질 않았다.

　허탈한 마음을 달래며 경북 예천 고향 집으로 돌아왔다. 다시 마당에 고추와 콩을 말리고 저녁이면 거둬들이는 일을 되풀이했다. 가을에는 부지깽이도 춤춘다고 할 만큼 농촌은 눈코 뜰 새 없이 바쁘다. 그렇게 서울 일을 까맣게 잊고 있던 어느 날, 면접 합격했으니 다음 주부터 출근할 수 있겠냐는 전화가 왔다. 세상에 이런 일이, 내가 합격자라고?

　얼떨떨한 기분으로 서울 종로구에 있는 녹색연합 사무실로 출근했다. 활동가들은 스스럼없이 다가와 자기 소개를 하면서 인사했고, 분위기는 자유롭고 활기찼다. 같이 입사한 신입 직원들과 함께 여러 부서를 다니면서 인사를 하며 오전 시간이 흘러갔다. 아무래도 궁금증이 사라지지 않았다. 사무총장께 왜 나를 채용했냐고 조심스럽게 물어보았다. 예전에는 유명 대학을 졸업하고 쟁쟁한 실력을 갖춘 경력자를 채용했는데, 다들 일은 많고 급여는 적은 환경단체에서 견디질 못하고 얼마 지나지 않아 그만두더란다. 실력자들은 언제나 갈 곳이 있기 마련이니까. 나처럼 시골 출신에, 경력도 아예 없는 사람이 묵묵하게 오래 견디기 때문에 채용했단다. 시골 출신이라서 합격이라니, 이럴 수가……

　월급에다 보너스까지 꼬박꼬박 나오던 첫 직장은 매일 출근하자마자 거래처에서 물건 값을 달라는 전화가 빗발쳤고, 사무실로 찾아와 협박을 하고 가기도 했다. 이건 내 길이 아니야, 돈을 버는

　　　　　　　　　　　　　마음을 움직이는 책을 쓰자!

것만이 전부는 아니야, 그러고는 미련 없이 두 번째 직장을 선택했
는데 이번에는 일이 적성에 맞지 않아 스트레스가 심했다. 학습지
교사 일은 돈을 많이 벌려면 실적을 올려야 했고 그 실적이 늘 목
을 졸랐다. 아이들의 집을 방문하여 가르치면서 아이와 엄마의 눈
치를 살피느라 내가 교사인지 영업사원인지 헷갈릴 지경이었다.
그 무렵 대학을 졸업한 친구들은 월급을 받기 시작하면서 할부로
자동차를 사서 뽐냈고, 집을 사는 것이 꿈이자 목표라고 했다. 돈
을 많이 벌고 성공해서 떵떵거리면서 살아야 한다고들 했다. 그런
말을 들을 때마다 나는 숨이 찼다.

지치고 힘들어 터덜터덜 길을 걸어가는데, 문득 이런 생각이
들었다. 세상에는 꼭 필요한 직업이 많을 텐데 왜 나는 적성에도
맞지 않고 보람도 없는 일을 하면서 불만에 가득 찬 시절을 보내
고 있을까? 누구에게나 당당하게 말할 수 있고 사람들도 좋아하
는 직업, 세상을 이롭게 하는 직업, 그런 직업을 찾아보자. 이런 생
각을 골똘히 하고 있을 무렵, 구독하고 있던 월간지《작은 것이 아
름답다》의 구인 광고가 눈에 들어왔다.

"긴 설명은 하지 않겠습니다. 우리 책을 가장 잘 아는 분을 찾
습니다."

우리 책을 가장 잘 아는 분? 정기구독자? 그럼, 나? 3년 동안
잡지를 정기구독하면서 관심이 많았고, 문득 환경운동을 하면 참
좋겠다는 생각이 들었다. 내 방식대로 이력서와 자기소개서를 써

서 우편으로 보냈다. 출판 관련 경력자 우대라든가 자격증 소지자, 이런 건 생각도 하지 못한 채 면접을 봤다. 나중에 안 사실이지만, 합격한 진짜 이유는 자기소개서의 문장을 보고 취재기자를 할 수 있겠다고 판단했고, 삶의 지향점도 잡지와 잘 맞아서였다. 그런데 합격한 뒤가 더 문제였다. 무경력 생짜 초보가 당장 월간지를 만들어야 했으니 말이다. 세상에 이런 암담한 일이……

취재하면서 글쓰기를 배운 신입 기자

우리나라의 대표적인 환경단체인 녹색연합에는 여러 전문기구가 있는데, 그중 하나가 《작은 것이 아름답다》라는 월간 잡지를 만드는 출판사이다. 국내외 환경 정보와 소박하게 사는 사람들의 이야기를 담은 환경 잡지를 펴내는데, 나는 이곳의 취재기자로 입사했다. 편집실에서는 이번 달 잡지의 방향을 잡는 기획회의와 현장 취재, 기사 작성, 디자인, 교정교열, 발송 작업, 그리고 구독자 관리까지 모든 일을 5~6명이 나눠서 하느라 모두가 일당백의 마음으로 뛰었다.

월간지의 시계는 매우 빠듯하게 돌아갔다. 이번 달 책을 펴내고 발송 작업을 하고 뒤돌아서면 순식간에 다음 원고 마감일이 다가왔다. 편집실 식구들이 모여 편집회의를 하면서 이번 호 주제를 정하고 각자 할 일을 분담하고 나면 내가 취재해야 할 글의 분량이 정해졌다. 그런데 나는 글쓰기 훈련이 되어 있지 않아서 취재 방법부터 새로 배워야 했다. 출판 관련 용어도 익숙지 않아 알아듣지 못하거나 실수투성이였다.

가까운 취재지인 서울과 수도권부터 두메산골 귀농자의 집, 수해를 입은 지리산 마을, 울진 왕피천, 제주도 작은 분교와 용암동굴 등 전국 곳곳을 찾아 다녔다. 대중교통을 타고 장거리 취재를 다니다 보니 길에서 많은 시간을 보내야 했고, 당시에는 휴대전화나 내비게이션, 인터넷 지도가 없어 취재지를 코앞에 두고도 빙빙 돌면서 찾지 못하는 일이 허다했다. 또, 농사짓는 귀농자를 인터뷰하려면 밭에서 같이 일하고 아궁이에 군불을 지피는 현장 적응력과 임기응변도 필요했다. 식당도 여관도 없는 시골 마을이라 인터뷰하러 간 댁에서 먹고 자고 농산물 선물까지 받아오면서 신세 지는 일도 허다했다.

취재가 끝나면 서울로 돌아와 밤늦도록 글을 쓰고, 그래도 마치지 못한 날은 사무실에서 새벽을 맞기도 했다. 이렇게 글을 쓰고 나면 편집장이 글을 읽어본 뒤 이번 호에 실을 글을 결정했다. 부지런히 취재해서 글을 써도 간혹 탈락되는 경우가 있었는데, 이럴 때에는 인터뷰에 응해주고 자료를 보내준 분에게 뭐라고 설명할지 난감하기만 했다. 간신히 합격한 글도 대폭 수정을 하거나 교정지가 나오면 취재기자들이 함께 수정 작업을 했다.

여러 사람이 돌아가면서 글을 읽고 고치고 나면 서로 다른 펜

색깔 때문에 교정지는 얼룩덜룩해졌다. 우리는 이것을 '폭격 맞았다'고 했는데, 그럴 정도로 고칠 부분이 수두룩했다. 내 글쓰기 훈련은 이렇게 폭격을 맞으면서 시작되었다. 월간지에는 취재기자의 글뿐 아니라 이름이 널리 알려진 유명 필자의 글도 싣는데, 감수성과 표현력이 뛰어난 필자들의 문장을 따라서 흉내내보고, 마음에 드는 글은 외울 듯이 반복해서 읽곤 했다. 취재와 글쓰기가 호락호락하지 않았지만 일 년이 어떻게 지나갔는지 모를 정도로 즐거웠고 배울거리도 많았다.

한편, 녹색연합은 해마다 봄이면 활동가들와 회원들이 함께 환경현장을 찾아 열흘 동안 걷는 녹색순례를 떠난다. 강원도의 송전탑 피해 지역과 새만금 갯벌, 미군기지, 비무장지대, 백두대간, 낙동강, 4대강 사업 예정지 등 뜨거운 환경문제로 떠오른 곳들을 두 발로 걸으면서 생생하게 보고 느낀 것을 세상에 알렸다. 효과적으로 알리기 위해 녹색순례단이 걸어가는 현장 사진을 찍고, 날마다 글을 써서 인터넷 신문과 녹색연합 홈페이지에 바로바로 중계했다. 사진 촬영하는 사람, 글 쓰는 사람, 총괄하는 선배 활동가 등으로 4~5명을 모아 홍보팀을 꾸렸는데, 나는 기자로서 홍보팀 합류 제안을 종종 받곤 했다.

녹색순례단은 낮에는 열심히 걷고 밤이 되면 마을회관과 절, 폐가 같은 건물을 빌려 밥을 지어 먹고 하룻밤을 묵었다. 또 개발현장에서 시위와 퍼포먼스를 하고, 지역 주민들의 이야기와 전문

가 강의를 듣기도 했다. 이 일정만으로도 몹시 피곤하고 온몸이 쑤셨다. 발에는 물집이 잡히고 햇볕에 그을린 얼굴은 빨갛게 달아올랐다. 그런데 홍보팀은 그뿐만이 아니라 순례단보다 앞서 달려가서 사진 찍고, 수첩에 기록하고, 수십 명이 먹고 자고 씻느라 와글와글한 숙소 한 켠에서 노트북을 커놓고 글을 쓰고 사진을 골랐다. 고도의 집중력이 필요하고 강철 체력이어야만 가능한 일이었다.

더구나 이 글은 우리 단체의 이름으로 유명 인터넷 사이트에 올리는 글이라 대충 쓸 수도 없었다. 순식간에 조회수가 올라가고 댓글이 달릴 테니 말이다. 피곤해서 얼른 드러눕고 싶지만 글을 마치지 못하면 잠을 잘 수 없었다. 그런데 홍보팀 활동은 묘한 쾌감이 있었다. 보전가치가 높은 야생화 군락지와 드넓은 습지, 봉우리가 통째로 깎여버린 산 능선, 버려진 광산, 오염된 미군기지……, 바라보는 것만으로 울컥해지는 현장에서 보고 느낀 것을 생생하게 알릴 수 있었다. 또, 지역 활동가나 주민들의 이야기는 그 자체가 살아 펄떡이는 현장의 기록이었다.

조용한 곳에서 집중해서 쓰는 글보다는 글이 거칠었지만 선후배 활동가가 같이 읽으며 고쳐줬고, 하루 동안 촬영한 수백 장 사진을 보면서 구도가 좋거나 순간포착을 잘한 사진을 함께 골랐다.

해마다 봄이면 녹색연합의 활동가들과 회원들은 녹색순례를 떠나 환경현장의 생생한 소식을 전한다.

마음을 움직이는 책을 쓰자!

이렇게 굵은 땀 뚝뚝 흘리면서 현장에서 만들어낸 글과 사진의 반응은 뜨거웠고, 응원하는 사람도 많았다. 글쓰기 실력을 키우는 데 이보다 더 치열하고 혹독한 방법이 또 있을까 싶었다.

책 한 권이 세상에 나오기까지

그렇게 몇 해가 지나 기자 생활도 익숙해졌을 무렵, 단행본 책을 만드는 출판사 편집자가 환경 책 기획을 도와달라고 우리 편집실로 전화를 했다. 꼭 나를 찾은 건 아니었지만, 단행본 경험이 없어서 괜한 호기심이 생겼다. 가벼운 의견을 주는 정도로 만났는데, 만남이 몇 번 이어지자 편집자는 내게 책을 써보라고 권했다. 월간지 일도 아무 대책 없이 시작한 것처럼 단행본 작업 역시 얼마나 인내심과 끈기가 필요한 일인지 알지 못한 채 덥석 하겠다고 했다. 그렇게 느닷없이 책의 저자가 되는 기회가 찾아왔다.

책 집필은 자료를 모으는 것에서부터 시작된다. 우선 신문이나 잡지, 환경 책 등 평소에 환경에 관한 자료를 기록하고 꾸준히 모아둔다. 10여 년 전 첫 단행본을 쓸 무렵에는 공책 한 권에 틈나는 대로 기록하는 방식으로 정리했는데, 인터넷에서 자료 찾는 일이 많은 요즘에는 컴퓨터에 폴더를 만들어놓고 좋은 자료가 눈에 띌 때마다 모아둔다.

자료를 모으는 다른 방법은 포럼이나 세미나, 컨퍼런스와 같이 환경 전문가들이 모이는 행사에 참석하여 자료를 얻고 발표를 듣는 것이다. 대개 이런 행사는 환경단체나 학회가 주최하는 경우가 많기 때문에 몇몇 단체의 홈페이지를 꾸준히 들어가면 정보를 알수 있고, 최근에는 SNS가 발달하면서 정보를 얻기 매우 쉬워졌다. SNS에서 환경 전문가나 활동가와 친구를 맺으면 실시간 알짜 정보를 얻을 수 있다.

생생한 글을 쓰려면 자료뿐 아니라 현장을 직접 가보는 것이 중요하다. 그래서 환경단체의 답사나 전문가가 동행하는 현장 답사를 많이 따라간다. 특히 그 지역에서 활동하는 활동가를 만나면 더욱 생생한 이야기를 들을 수 있다. 답사 때에는 카메라와 녹음기, 취재수첩을 챙겨가서 현장의 이야기를 녹음하고 촬영하는데, 설악산이나 지리산 같은 높은 산, 남해의 섬, 무인도, 깊은 두메산골, 외국 등 답사 지역은 무척 다양하다. 이런 현장 취재에서 기대했던 성과를 얻으려면 출발하기 전에 미리 그 지역에 관련된 책이나 자료, 홈페이지 게시물, 인터뷰 자료 등을 충분히 읽는 것이 중요하다. 아는 만큼 보인다는 속담이 현장에서는 너무나 절절하게 다가온다.

환경 자료가 한곳에 모여 있지 않으니 생생한 정보를 얻으려면 발로 뛰는 수밖에 없고, 환경 분야는 물, 공기, 에너지, 쓰레기, 살림, 건강 등 매우 폭넓은 주제와 맞닿아 있어서 버거울 정도로 공부할 거리가 많다. 그러나 달리 생각해보면 폭넓기 때문에 더욱

마음을 움직이는 책을 쓰자!

다양한 이야기를 담을 수 있다.

이렇게 모은 방대한 자료를 바탕으로 원고 기획안을 쓴다. 책의 주제와 목차를 정리해서 이 책을 통해 내가 하고 싶은 이야기가 무엇인지 방향을 잡는다. 그리고 샘플 원고를 2~3개가량 써서 출판사의 편집자와 의논하고 출판계약을 맺는다. 계약서를 쓰고 나면 이제 본격적인 집필이 시작된다. 글을 쓰는 몇 달 동안은 밥 먹고 잠자는 시간 외에는 컴퓨터 앞에 앉아서 시간을 보낸다. 출판 전문가들 사이에서는 '엉덩이로 글을 쓴다'는 말이 있다. 엉덩이를 바닥에 딱 붙이고 앉아 집중해서 글을 써야 책이 나온다는 뜻이다.

글을 쓸 때 가장 고민하는 것은 어린이나 청소년, 성인 등 어느 독자층을 대상으로 할 것인가이다. 그리고 그 독자가 고개를 끄덕이면서 공감할 내용을 쉽게 이해할 수 있는 문장으로 표현하려고 애쓴다. 또, 근거가 있는 타당한 내용을 담아야 하기 때문에 보편적인 상식이라 하더라도 다시 한 번 의심하면서 근거나 출처, 신뢰할 만한 통계자료를 찾아본다.

몇 달에 걸친 집필이 끝나면 출판사 편집자와 의논해서 원고를 수정하거나 보충 작업을 한다. 그리고 사진이나 일러스트를 넣어 디자인하고 인쇄를 하면 대장정의 끝, 드디어 책이 출간된다.

"질문 있습니다. 환경오염이 이렇게 심한데, 그럼 지구가 멸망할까요?"

강의 도중 한 학생이 손을 번쩍 들고 질문을 했다. 다른 아이들

책을 출간하면 학교와 도서관, 여러 모임에서 강의할 기회가 생기고, 많은 사람과 직접 만날 수 있다.

도 근심 가득한 표정으로 모두 나를 바라보았다. 첫 환경 책 출간 후부터 강의를 통해서 독자와 직접 만나는 기회가 생겼다.

"사람은 이성을 가진 존재예요. 문제가 생기면 지혜를 모아 해결하려고 노력하죠. 환경문제를 깨달은 우리가 함께 노력하면 지구가 멸망하는 일은 생기지 않을 거예요."

그러니 환경문제에 더 관심을 갖고 함께 활동을 하면서 노력하자고 당부했다. 그제야 아이들의 표정이 밝아졌다. 2시간에 걸친

마음을 움직이는 책을 쓰자!

환경 강의가 끝났다. 현장 사진을 보여주면서 나와 환경문제가 어떻게 연관되어 있는지를 강의하고, 아이들이 참여할 수 있는 간단한 토론과 질의응답 시간도 마련해서 스스로 생각하고 참여할 수 있게 진행했다.

강의를 마치면 목이 잠기고 몸은 녹초가 되지만 생기발랄한 아이들의 눈빛을 보면 오길 잘했다는 생각이 든다. 때로는 책을 읽은 아이가 손편지를 주거나 메일을 보내오기도 한다. 오늘부터 자신이 아는 것을 하나하나 행동해보기로 했다는 기특한 다짐을 읽을 때마다 이 맛에 책을 쓴다는 말이 절로 나오곤 한다.

책의 움직임은 참 놀랍다. 단행본이 출간되면 출판사는 전국의 서점에 책을 진열하고, 보도자료를 언론사와 잡지, 인터넷 서점에 보내고, 교사나 학부모 등 관련된 사람들이 보는 매체에 홍보한다. 또, 공공 도서관과 학교 도서관에도 책을 비치하는데, 책을 본 학교나 도서관, 환경단체, 생활협동조합 등 환경에 관심 있는 모임이나 단체, 기관에서 강의를 요청해온다. 학교 수업에서 책을 활용하기도 하고, 라디오 같은 방송에도 나오고, 중학교 교과서와 학습지에 인용되기도 하고, 중국 베이징에 있는 출판사에서 번역 출간하기도 했다. 중국의 독자들도 내 책을 보고 있을 거라고 생각하니 기분이 묘했다. 저자도 출판사도 미처 다 알 수 없을 만큼 책은 다양한 곳에서 활약했다.

자신이 좋아하는 일에 집중하라!

돌이켜보면 학교 다닐 때 미술 시간이 좋았고 미술에 재능이 있다는 말은 종종 들었지만, 글짓기에 소질이 있다는 얘기는 들어본 적이 없다. 글 쓰는 일을 직업으로 갖게 될 줄은 꿈에도 생각하지 못했다. 그런데 신기하게도 지금 나는 글 쓰는 일을 하고 있다.

학교를 졸업할 무렵, 내 꿈은 집에서 걸어다닐 거리에 있는 면 소재지 작은 우체국에서 일하는 것이었다. 가끔 찾아오는 손님의 우편물을 처리하면서 한가롭게 일하다가 주말에는 농사일을 하면 참 행복할 것 같았다. 작은 사무실에서 소소한 일을 처리하면서 텔레비전 뉴스에 나오는 세상 소식과는 상관없다는 듯 조용하고 미미하게 살고 싶었다. 하지만 이런 일을 찾으려고 애를 써도 소소한 행복의 길은 좀처럼 열리질 않았다.

그런데 우연히 시작한 일, 대책 없이 용감하게 시작한 일에 흥미가 생겨 계속하다 보니 어느새 직업이 되어 있었다. 내 미래를 치밀하게 준비한 것은 아니지만 좋아하는 일에 집중하다 보니 새로운 길이 열리고 새로운 기회가 찾아왔다. 그때는 기회라는 걸 눈치채지 못한 채 그저 그 기회를 꽉 움켜쥐었을 뿐이다.

내 목표는 유명한 책을 쓰는 것이 아니라 누구나 고개를 끄덕이면서 공감할 수 있는 환경운동을 하는 것이다. 또, 환경운동의 궁극적 목표는 지구촌 사람들이 함께 행동하여 지금보다 나은 세상을 만드는 것이다. 환경운동은 현장 고발, 대안 제시, 정책 개발, 소비자운동 등 여러 분야에서 활발하게 이루어지는데, 그중 내가 하는 일은 책을 통해서 많은 사람과 소통하는 것이다. 책을 읽은 사람들이 환경지식을 알고 이해하는 것에 그치지 않고 함께 행동하고, 이런 움직임이 지구 환경에 긍정적인 영향을 미칠 수 있으면 좋겠다. 운동이란 한곳에 머물지 않고 더 나은 곳을 향해서 계속해 움직이는 것이니 말이다. 또, 아름드리나무를 잘라서 만드는 책이니만큼 책을 읽은 사람들이 세상 곳곳에 긍정의 기운을 퍼뜨리는 좋은 씨앗이 되면 좋겠다.

환경작가 박경화

Q 글쓰기 연습은
어떻게 하면 좋을까요?

A 국문학과나 문예창작학과에서 우리말을 공부해도 좋지만, 자신의 전문 분야가 무엇이고 어떤 이야기를 글에 담고 싶은 가가 더 중요하다. 책을 통해서 세상에 하고 싶은 말, 기존에 나온 책들과 차별되는 내용을 어떻게 담을 것인가를 찾아야 한다.

글을 쓰려면 다양한 책을 폭넓게 읽어야 한다. 다양한 사례와 표현법을 배우고 익혀도 좋다. 그러나 단기간에 많이 읽으려고 욕심부리기보다 꾸준히 곱씹어 읽어서 내 것, 내 자료로 만드는 것이 더 중요하다. 나는 학생 때에는 다양하게 읽고, 환경단체 활동을 하면서부터는 환경 관련된 책을 집중적으로 읽었다. 신문이나 잡지에 있는 좋은 정보를 오려서 스크랩하고, 취재할 때에는 안내서와 자료집 같은 모든 인쇄물을 챙기는데 이렇게 모은 자료가 글을 쓸 때 많은 도움이 되었다.

글은 내가 경험한 특별한 기억을 표현하여, 경험하지 않은 다른 이에게 이해시키는 수단이다. 그래서 머릿속에 파노라마가 펼쳐지듯이, 마치 그림을 그리듯이 자세하게 묘사하려고 한다. 작가만이 아니라 직장인들도 글 쓰는 일이 많다. 사업계획서나 보고서 등 모든 문서는 글쓰기가 기본이고, 홍보를 하거나 SNS를 이용할 때에도 글쓰기가 필요하다. 자신이 하고 싶은 말과 핵심주제를 정리하고, 나만의 개성 있는 표현법을 찾아보라.

마음을 움직이는 책을 쓰자!

Q 환경작가는 취재를 어떻게 하나요?

A 소설을 쓰는 문학작가는 앉아서 글을 쓰는 시간이 길지만 환경작가는 현장을 취재하는 기회가 많다. 특히 유명관광지가 아닌 생태적으로 보전가치가 높은 곳을 가볼 기회가 많다. 오래된 숲이나 습지, 갯벌, 무인도 등 미처 몰랐던 곳의 가치를 깨닫고 새로운 눈을 뜨는 순간이 참 좋다. 이곳에서 새와 야생동물, 야생화 같은 자연의 생명들을 만나면 생태감수성이 충만해지는 기분이 든다. 이곳을 지키기 위해 고군분투하는 분들의 열정에 대한 이야기를 듣는 것도 좋다.

이행이 곧 취재이고, 취재가 곧 여행이다. 어딜 가더라도 카메라와 수첩, 녹음기를 챙겨가서 인상 깊은 내용을 찍고 기록해둔다. 이런 기록이 모여 나만의 자료가 되니 말이다. 길이 없는 아슬아슬한 곳을 기어오르려면 체력과 담력이 좋아야 하고, 취재하러 갔다가 예기치 못한 일 때문에 마냥 기다리거나 허탕 치는 일도 있고, 열악한 현장에서도 불평 없이 잘 견디고 극복할 줄 알아야 한다.

책 한 권을 쓰려면 끈기와 인내심, 자구력이 총동원되어야 한다. 글을 쓰고 수정하고 보완하는 작업이 오랫동안 계속되고, 그 사이 새로운 정보가 나올 때마다 보완도 해야 한다. 또, 환경 분야는 환경오염과 개발, 에너지, 쓰레기, 물, 소비, 생태계까지 매우 폭넓기 때문에 공부해야 할 주제도 많다. 이 중에서 자신의 전문 분야를 정해 꾸준히 공부해야 한다. 책의 저자는 학력 보다는 경력이나 전문성이 더 중요하다. 그래서 환경 책의 저자 중에는 교사 나 환경기자, 환경운동가 등 환경 관련된 일을 하면서 자신의 경험과 전문성 을 바탕으로 글을 쓰는 사람이 많다.

마음을 움직이는 책을 쓰자!

3

녹색 미래를
디자인하다

오래된 물건을
작품으로 만드는
업사이클
디자인

에코디자이너 김태은

"멋지고 화려한 새 제품을 만드는 것도
디자이너에게는 의미 있는 일이지만, 쓰레기로
버려지는 물건을 재창조하는 것도 무척 매력
있어요. 이 길을 가야겠다, 더 공부를 해야겠다고
결심했지요.
환경 실천은 뭔가를 줄이고 참아야 하는
번거로운 일이라는 선입견이 있지만, 업사이클
제품은 이런 생각을 단번에 날려버릴 수 있어요.
두고두고 오랫동안 쓸 수 있는 아주 괜찮은
제품이거든요."

김태은

아름다운가게의 업사이클 브랜드인 에코파티메아리의 대표 디자이너였다. 에코파티메아리는
우리나라 업사이클 디자인 브랜드 가운데 선두주자인데, 디자인 작업뿐 아니라 전시와 환경 행사
등 다양한 환경 관련 활동도 벌이면서 환경 실천의 대안을 제시하고 있다. 2016년부터는 '대지를
위한 바느질'에서 에코웨딩 관련 제품과 생활용품을 개발하고 있다.

에코파티메아리 www.mearry.com
아름다운가게 www.beautifulstore.org

"새 가죽이 들어왔어요. 소파 공장에서 기증한 가죽이에요."

새로운 가죽이 입고되었다는 소식에 김태은 디자이너는 하던 일을 모두 제쳐두고 4층 사무실에서 지하공방까지 후다닥 뛰어 내려갔다. 가죽의 상태는 어떤지, 어떤 제품으로 만들어야 할지 벌써부터 가슴이 설레고 두근거렸다. 지하 공방 입구에는 트럭에 싣고 온 가죽을 옮기는 작업이 한창이다. 롤처럼 둥글게 말린 대형 가죽과 넓게 펴놓은 가죽 조각까지, 다양한 빛깔을 가진 가죽이 차곡차곡 쌓였다.

"와아, 좋은 가죽이네요. 빛깔과 무늬가 고급스러워서 어떤 제품을 만들어도 인기 좋겠어요!"

김태은 디자이너는 호기심 어린 눈빛으로 가죽을 만져보고 뒤집어 보면서 꼼꼼하게 살폈다. 머릿속에서는 벌써 어떤 제품을 만들까 여러 가지 디자인이 파노라마처럼 그려졌다. 이 가죽은 공장에서 소파를 천갈이 한 뒤 남은 가죽이다. 오래 사용해서 낡고 색이 바래긴 했지만, 여전히 튼튼해서 가죽 필통이나 작은 지갑을 만들면 썩 괜찮은 제품으로 변신할 것이다. 자세히 살펴보면 가죽에는 얼룩이 묻어 있고, 흠집이 난 곳도 있고, 글씨가 적혀 있기도 하는데 이런 흔적은 마치 가죽의 역사를 보여주는 것 같아 오히려 흥미롭다. 다양한 색깔과 질감을 가진 가죽은 저마다 다른 이야기와 느낌을 가지고 있는데, 이것으로 제품을 만들면 세상에서 단 하나뿐인 디자인이라는 재미있는 결과물을 얻을 수 있다.

대개 디자이너는 자신만의 디자인을 먼저 개발하고 그 디자인에 맞는 재료와 장식품, 부속품 등을 선택하는데, 김태은 디자이너의 작업 공정은 순서가 바뀌었다. 일단 기증받은 재료를 살펴본 뒤 가방을 만들까, 파우치를 만들까 디자인을 고민한다. 김태은 디자이너는 에코디자이너이기 때문이다.

아름다운가게 본부의 에코파티메아리팀, 김태은 디자이너의 책상 위에는 새로 디자인한 샘플과 그림 도면이 잔뜩 놓여 있다. 신제품 출시를 앞둔 디자이너의 고민이 고스란히 느껴진다.

아름다운가게는 집에서 입던 옷이나 가방, 신발, 그릇 같은 생활용품을 기증받고, 가게나 공장에서 판매하고 남은 재고 물품도 기증받아 새로운 주인을 찾아주는 재활용가게이다. 오래 사용해서 좀 낡았지만 여전히 튼튼해서 충분히 사용할 수 있는 물건을 기증할 수도 있고, 내게 쓸모 있는 물건을 싼값에 살 수도 있다. 버려지는 쓰레기를 줄이고 자원도 절약하여 지구에 부담을 덜어주는, 이름 그대로 참 아름다운 가게이다.

이렇게 기증받은 물건이 남김없이 새 주인을 찾아가면 좋겠지만 판매가 잘 안 되는 제품도 있다. 기증받은 물품 중에는 옷이 가장 많은데, 괜찮은 옷은 분류하여 아름다운가게에서 판매하고, 판매가 잘 안 되거나 폐기 직전인 옷은 따로 모은다. 청바지는 사람들마다 한두 벌씩 가지고 있고 기증도 많이 되는 제품이지만 유행에 민감해서 잘 팔리지 않는 편이다. 그러나 청바지 천은 매우 질

기고 튼튼해서 다른 제품으로 활용하기에 아주 좋은 소재이다. 이럴 때 필요한 것이 바로 업사이클 디자인이다.

물건을 다시 사용하고 재활용하는 것을 리사이클(recycle)이라고 하는데, 리사이클에 새로운 디자인을 접목하여 전혀 새로운 물건으로 재탄생시키고 제품의 가치도 더 높이는 작업을 업사이클(upcycle)이라고 한다. 에코파티메아리는 업사이클 디자인 제품의 브랜드 이름이자, 디자인팀 이름이기도 하다. 김태은 디자이너는 바로 이 업사이클 디자인을 하고 있다.

디자이너의 상상력을 자극하는 법

"새 디자인을 구상할 때 굉장히 엉뚱한 방법을 써요. 1980년대 그림이나 사진, 잡지 같은 걸 보고, 최근에 나온 화려한 패션 잡지나 가구 잡지를 보기도 해요. 우리가 만드는 제품과 전혀 다른 분야의 디자인에서 영감을 얻고 상상의 소재를 찾기도 하죠."

에코파티메아리에서 만든 제품은 주로 가방과 지갑, 필통, 카드 케이스, 인형 같은 생활소품이 대다수이다. 이런 제품은 기증된 옷이나 가죽을 활용하여 업사이클 디자인을 접목하기에 좋고, 소

업사이클 디자인의 제작 과정. 수거해온 가죽이나 옷가지 따위를 선별하고, 재료들의 특성에 맞춰서 제품 디자인을 개발하여 새로운 작품으로 탄생시킨다. ⓒ에코파티메아리

비자들도 부담없이 살 수 있다. 이런 생활소품을 디자인하는데 왜 오래된 1980년대 자료를 볼까? 에코파티메아리의 제품은 매우 단순하고 실용적인 디자인인데, 1980년대 디자인은 오랫동안 사용되면서 우리에게 익숙해졌고 사용하기에도 편리한 디자인이라 사람들에게 더욱 친근하게 다가갈 수 있기 때문이다.

새로운 영감을 얻기 위해 김태은 디자이너는 여러 가지 책과 잡지를 읽고 영화를 보고, 전시회나 행사장에 새로 출시된 아주 비싼 제품도 구경하고, 시장이나 소품 가게에 있는 아주 싼 제품도 둘러본다. 여행이나 출장을 가서도 습관처럼 디자인을 살피곤 한다. 가끔 외국에 가면 어김없이 마트나 시장을 들르는데, 다양한 물건이 잔뜩 쌓여 복잡하고 어수선해도 그 나라의 문화를 한자리에서 볼 수 있기 때문이다. 디자이너의 상상력을 자극하기에 딱 좋은 곳이다.

"새 디자인을 개발했는데 작업하기 까다롭지 않은지 한번 살펴봐 주세요."

"디자인은 신선한데 박음질하기가 쉽지 않을 것 같네요. 모양이 더 단순하면 좋지 않겠어요?"

김태은 디자이너는 요즘 필통과 지갑 신제품을 출시하기 위해 디자인을 구상 중이다. 신제품의 샘플을 만들어 가장 먼저 작업장 장인에게 보여드리고 의논한다. 김태은 디자이너가 디자인을 개발하면 옷감이나 가죽을 잘라서 박음질을 하고 단추와 장식품을 다는 것은 작업장 기술자들이 담당하는데, 이 작업이 순조롭게 이루어질 것인가를 고려하는 것은 매우 중요하다. 그래서 옷감에 그림을 그리고 잘라 만들어서 의논하고, 재봉틀로 샘플을 만들어서 또 의논하고, 이런 작업을 여러 번 반복해서 실현 가능한 디자인을 만들어낸다.

대개 신제품을 출시할 때에는 여러 가지 디자인을 개발하여 그중 하나를 최종 선택하는데, 최종 완성된 디자인을 다시 살피면서 얼마나 두꺼운 실을 사용할지, 제품의 테두리와 마무리는 곡선으로 할지 직선으로 할지 등 일반 소비자의 눈으로는 구별하기 어려운 부분도 세심하게 수정해서 상품의 완성도를 높여나간다. 힘들고 번거롭더라도 이렇게 반복해서 디자인을 수정하고 보완해야 소비자가 사용하기 편리하고 튼튼한 제품을 만들 수 있다. 급한 마음에 이 정도면 되겠지 생각하고 적당히 만들면 언젠가는 소비자에게 문제 제기가 들어온다.

에코파티메아리에서 만든 제품은 넥타이 가죽 숄더백, 데님 에코백, 크로스백, 마름모백 같은 가방과, 지갑, 필통, 카드케이스, 여권케이스, 배꼽파우치, 인형 등 30가지가 넘는다. 이 제품들은 우리나라 최초의 업사이클 디자인으로 만들어져, 인터넷 쇼핑몰과 아름다운가게 매장, 위탁 매장에서 판매되고 있다. 이 가운데 제일 인기가 좋은 것은 교통카드 케이스와 목걸이 가죽 카드케이스이다. 멸종위기종을 알리기 위해 낡은 티셔츠로 만든 고릴라 인형인

릴라씨도 오랫동안 인기 있는 스테디셀러 상품이다.

이 중 와이셔츠 천으로 만든 젓가락집과 스테인리스 젓가락으로 구성된 에코촙촙은 탄생 과정이 재미있다. 아름다운가게에서 일하는 동료들은 도시락을 싸와서 점심을 함께 먹는데, 식사 때 일회용 젓가락을 사용하는 경우가 가끔 있었다. 이것을 지켜보던 김태은 디자이너는 미싱을 돌려서 천으로 예쁜 젓가락집을 만들어 하나씩 나눠 주면서 일회용 젓가락 사용을 줄이자는 사내 캠페인을 벌였다. 이 캠페인은 반응이 무척 좋아서 이왕이면 상품으로 만들어 보자고 이구동성 입을 모았다. 그래서 스테인리스 젓가락과 젓가락집을 한 세트로 에코촙촙이라는 신제품을 출시한 것이다.

새로운 디자인을 개발하기 위해 김태은 디자이너는 다양한 사람에게 의견을 물어본다. 아름다운가게 매장을 찾은 손님 중에서 에코파티메아리의 가방을 멘 사람을 만나면 가방을 편리하게 사용하고 있는지를 물어보고, 제품 홍보를 위해 찾은 행사장에서도 업사이클 디자인의 좋은 점과 개선해야 할 점에 대해 사람들의 의견을 들어본다. 가족에게도 물건을 사용하면서 느낀 점을 물어보는데, 특히 여동생은 언니의 디자인이라고 절대 봐주지 않고 깐깐하게 지적해준다. 판매를 담당하는 매장매니저들의 의견도 듣고 에코파티메아리팀의 의견을 모으기도 한다. 이 모든 의견이 새로운 디자인을 개발할 때 좋은 참고가 된다.

에코디자이너 김태은

업사이클 디자인을 처음 만난 날

"방이 왜 이렇게 지저분하니? 이런 고물을 왜 맨날 다 쌓아둬?"

"버리면 안돼요, 엄마! 다 쓸 거란 말이에요."

　어머니는 방에 들어올 때마다 잔소리를 했다. 그도 그럴 것이 김태은 디자이너의 방은 마치 고물상처럼 어지럽고 지저분하다. 어머니의 눈에는 방구석에 수북이 쌓아둔 종이상자와 천, 일회용품이 얼른 버려야 할 고물이나 폐품처럼 보이겠지만, 디자이너의 눈에는 뭔가를 만들 수 있는 좋은 재료이자 놀잇감이다. 쓸 만한 물건을 버리지 않고 어떻게 활용해볼까 하고 궁리하는 습관은 초등학생 때나 성인이 된 지금이나 마찬가지이고, 여전히 방은 지저분하고, 어머니에게 혼나는 것도 여전하다. 에코디자이너의 씨앗은 어릴 적 이 어수선한 방에서 이미 싹트고 있었던 것일까?

　폐품을 이용해서 뚝딱뚝딱 뭔가 만들기를 좋아하고 그림 그리기도 좋아했던 김태은은 대학교의 산업디자인학과에 입학했다. 산업디자인을 공부하면 주로 자동차나 전자제품 디자인 일을 하는데, 대학생 김태은은 제품 디자인을 전공해서 리빙 디자인이나 가구 디자인을 하고 싶었다. 그러던 중 3학년 때 외부 강사가 진행한 디자인 수업에서 바구니와 파리채로 조명을 만드는 작업을 공부했다. 물건의 본래 쓰임새와는 전혀 다른 새로운 물건을 만들어내는 디자인을 보고 신선한 충격을 받았다.

'이런 게 있었구나! 이런 것도 디자인 장르가 될 수 있구나.'

이것이 업사이클 디자인과 첫 만남이었다. 이런 작업을 통해서 쓰레기를 줄이고 지금까지 본 적 없는 새로운 물건을 만들 수 있겠다는 생각이 들었다. 멋지고 화려한 새 제품을 만드는 것도 디자이너에게는 의미 있는 일이지만, 쓰레기로 버려지는 물건을 재창조하는 것도 무척 매력 있게 다가왔다. 이 길을 가야겠다, 더 공부를 해야겠다고 결심했다. 그래서 대학 졸업 후 곧바로 영국으로 유학을 떠났다.

영국은 지속가능한 제품 디자인이 발달되어 있는데, 업사이클 디자인은 이 중 한 부류에 속한다. 즉, 업사이클을 넘어 더 큰 개념인 지속가능한 디자인을 생활 전반에 널리 적용하고 있었다. 대학원에서 김태은은 자연과 인간을 이어주는 작업, 쓰레기를 만들지 않는 디자인에 대해 공부했다. 그리고 방학을 맞아 서울에 돌아와 인사동의 여러 가게를 둘러보고 있었다. 발길 닿는 대로 걷다가 어느 가게에서 깜짝 놀라 걸음을 멈췄다.

"앗, 내가 하고 싶은 일을 이분들이 먼저하고 있었네."

바로 에코파티메아리 매장이었다. 김태은은 유학을 마치고 돌아오면 업사이클 디자인 제품을 판매하는 가게를 열고 싶었는데,

에코파티메아리 매장에 진열된 업사이클 제품들. 오래된 소파 가죽이 지갑과 가방이 되고(위), 낡은 옷은 멸종위기 고릴라를 생각하는 릴라씨로 변신했다(아래).

ECO PARTY MEARRY

ECO PARTY MEARRY

누군가 벌써 시작한 것을 보고 선수를 빼앗긴 기분이 들었다. 하지만 내친 김에 제품을 더욱 꼼꼼하게 눈여겨보았다. 그리고 유학을 마치고 돌아온 뒤 다른 곳에 곁눈질 하지 않고 곧바로 에코파티메아리에 지원했다.

재활용한 것 같지 않은 재활용 디자인

"이제는 '아껴 쓰세요, 쓰레기를 줄이세요!'라는 말에 사람들이 노이로제에 걸려 있는 것 같아요. 이런 접근보다는 새로운 제품을 만들어서 '봐라, 버리지 않아도 새로운 것을 만들 수 있어', 이렇게 직접 보여주는 캠페인을 하는 것이 효과가 높다고 생각해요."

김태은 디자이너는 말로 권하는 환경 실천보다는 직접 만들어 보여주는 것이 더 좋은 대안이라고 생각한다. 환경 실천은 뭔가를 줄이고 참아야 하는 번거로운 일이라는 선입견이 있지만, 업사이클 제품을 보여주면 이런 생각을 단번에 날려버릴 수 있다. 더구나 업사이클 제품은 두고두고 오랫동안 쓸 수 있는 아주 괜찮은 제품이다.

디자인을 개발할 때 김태은 디자이너가 가장 중점을 두는 것은 공장에서 만들어낸 새것 같은 제품, 기꺼이 지갑을 열 만한 신선한 디자인, 그리고 오랫동안 쓸 수 있는 질 좋은 제품을 만드는 것이다. 그래야 소비자의 마음을 얻고 환경에 대한 이해도 높아지기 때문이다. 집에서 가볍게 리폼해서 만들 수 있는 것, 두어 번 쓰다가 쉽게 버려도 아쉽지 않을 물건, 재활용한 표가 나는 제품은 소비자들이 사지 않기 때문에 일반 가게에서 판매하는 제품과 견주어도 손색없는 세련된 디자인을 하는 것이 목표이다.

에코파티메아리는 제품의 개발과 판매뿐 아니라 업사이클을 주제로 한 전시와 행사에도 참여하여 의미 있는 시도를 하고 있다. '광고는 공해다'라는 공동 전시회와 '지구를 위한 착한 디자인' 전도 열었고, 2009년 뉴욕 현대미술관에 업사이클 제품을 납품하기도 했다. 다양한 박람회와 전시회, 기업 바자회에도 참여하여 업사이클 제품의 가치와 환경 메시지를 알리는 일도 적극 하고 있다.

과감하고 실험적인 디자인에 도전하기도 했다. 어느 자동차 회사에서 판매하던 자동차 모델이 단종되어, 폐기처분 직전인 안전벨트를 기증받았다. 차량의 모델이 달라지면 안전벨트의 디자인도 달라지기 때문에 다른 자동차에는 활용할 수 없어서 아름다운가게에 기증한 것이었다. 안전벨트의 양은 꽤 많았다. 이것을 어떻게 할 것인가, 즐거운 고민이 시작되었다. 에코파티메아리 팀원들은 함께 여러 날을 고민한 끝에 이 안전벨트를 가방의 손잡이와 어깨끈, 가방 장식 등으로 새롭게 변신시켜 제2의 생을 시작하게 해주었다. 안전벨트 가방은 매우 독특하고 튼튼해서 매장에서도 인기가 높았다. 디자이너의 눈에는 세상 모든 물건이 디자인 재료이고, 상상력을 자극시키는 소재가 된다.

제품을 판매하고 얻은 수익은 아름다운가게의 판매 수익과 합쳐져서 어려움을 겪고 있는 사람들을 돕는 데 쓰인다. 형편이 어려운 청소년의 방학 급식을 지원하고, 보육시설을 퇴소하는 아이들, 장애를 가진 아이들, 거동이 어려운 저소득층 어르신을 돕는다. 또 방글라데시 갠지스 강 유역에 사는 사람들이 재난에 대비할 수 있도록, 베트남 소수민족 아이들이 학교를 갈 수 있도록 지원하는 일에도 의미 있게 쓰인다. 버려지는 물건을 되살려 튼튼한 물건으로 탄생시키고, 그 수익은 도움을 필요로 하는 사람들을 위해 쓰이니 꿩 먹고 알 먹고, 누이 좋고 매부 좋은 일석이조이다.

김태은 디자이너는 복잡한 지하철에서 에코파티메아리 제품을 메거나 들고 있는 사람을 보면 유심히 살펴본다. 어떤 차림을 한 사람이 가방을 어떻게 멨는지 보고, 그 사람이 입은 옷차림과 잘 어울리는지 관찰한다. 어떤 사람은 물건을 대충 구겨 넣어서 가방이 못생겨 보이는 일도 있었다. 그래서 부끄럽기도 하고 더욱 잘 만들어야겠다, 아무렇게나 만들면 안 되겠구나라고 다짐하기도 한다.

디자인 작업을 하면서 김태은 디자이너가 목표로 정한 것은 나무와 같은 디자인을 하는 것이다. 아낌없이 주는 나무, 쓰레기를 만들지 않는 나무처럼 지속가능한 제품을 만드는 것이다. 그래서 제품의 생명이 다할 때까지 남김없이 알뜰하게 써서 최대한 쓰레기를 만들지 않는 것이다. 이것이 에코디자이너로서 해야 할 과제라고 생각한다. 그리고 무궁무진한 상상력과 아이디어로 똘똘 뭉친 후배 에코디자이너들과 신나고 즐거운 공동 디자인 작업도 벌여보고 싶다. 업사이클 디자인과 에코디자인이라는 이름이 더 이상 낯설지 않고 우리 생활 곳곳에 보편적인 디자인으로 널리 쓰일 수 있도록 말이다.

Q 에코디자이너가 되려면
어떤 준비와 노력을 해야
할까요?

A 이 세상에 있는 모든 재료가 디자인의 소재가 된다. 그래서 에코디자이너가 되려면 관찰력이 뛰어나고 상상력도 풍부해야 한다. 소재를 보는 관심이 색다르고, 기존과 다른 쓰임새를 찾아내는 창의력을 가져야 한다.

대학교에서는 디자인 관련학과나 회화 공부를 한 후 자신만의 독창적인 디자인 작업을 할 때 에코디자인을 접목시킬 수 있다. 산업디자인이나 시각디자인, 가구디자인 같은 전공 분야를 공부하고, 일상이름에 대한 관심이나 의미를 담은 디자인 작업으로 발전시키기도 좋다.

의상디자인, 문구디자인, 제품디자인 등 이 세상에 존재하는 모든 디자인에 친환경, 재활용, 자연주의 같은 개념을 접목시키면 새로운 에코디자인이 탄생한다. 그러려면 물건의 생산이나 유통, 자원 문제, 쓰레기 문제 등 환경문제에 대한 이해와 관심도 높아야 한다. 디자인 감각을 키우는 공부뿐 아니라 환경에 대한 공부도 폭넓게 해서 건강하게 생산된 원료를 선택하는 법, 제품을 생산하는 과정에서 발생하는 에너지와 쓰레기를 줄이는 법, 수명을 다한 후 재활용될 때에도 환경에 영향을 미치지 않거나 덜 미치는 방법 등에 대해 끊임없이 고민해야 한다.

에코디자이너 김태은

Q 업사이클 디자인의 전망은 어떨까요?

A 우리나라에는 한국업사이클디자인협회(kud.kr)가 활동하고 있는데, 에코파티메아리를 포함하여 터치포굿, 리블랭크, 젠니클로젯, 래코드 같은 업사이클 브랜드가 기발한 상상력으로 업사이클 제품을 열심히 만들고 있다.

아직 우리나라에서 업사이클 디자인 작업이 많은 편은 아니지만, 관심을 가지는 사람들이 훨씬 많아졌고 앞으로 다양하게 발달할 것이다. 에코디자이너가 활동할 수 있는 입터도 늘어날 것이다.

환경을 생각하고 쇼핑과 소비에 대한 인식을 바꾸고 싶다면, 업사이클에 한정짓지 않고 지속가능한 디자인 같은 더 큰 그림과 비전을 가지고 공부를 하면 좋겠다. 페트병으로 원사를 만들거나 유리병을 활용해서 벽돌을 만드는 기술 등 과학과 연결되어야 진짜 쓰레기를 남기지 않는 완결된 소비 구조를 만들 수 있다. 이것은 공장 설비를 갖춘 회사에서 가능한 일인데, 산업으로 발전해야 시장에 자리 잡을 수 있고 소비자도 안정적으로 이용할 수 있다. 이렇게 생산과 소비에 대한 큰 개념과 환경철학을 가지고 에코디자이너의 길로 접어들면 더 큰 일을 할 수 있을 것이다.

오래된 물건을 작품으로 만드는 업사이클 디자인

우리 고유의
맛을
지켜라!

슬로푸드 운동가 윤유경

"꾸준하게 오래한 일이 인정받는 분야는 뭘까
생각했어요. 그것은 바로 오래전부터 좋아해서
틈틈이 배웠던 한국음식이었어요.
슬로푸드 운동의 폭은 굉장히 넓어요. 꼭 지켜야
하는 토종 종자, 그 지역만의 독특한 맛이 담긴 장과
발효음식, 이것을 만드는 방법이나 기술, 먹을거리에
관한 경지에 오른 사람들, 이것을 지키려는
사람들까지 모두 포함하고 있어요.
즐겁지 않으면 슬로푸드 운동을 제대로 하는 것이
아니에요. 개념을 알려주는 운동이 아니라 맛을
보고 즐기는 신나는 일이거든요."

윤유경

국제슬로푸드한국협회 사무국장으로, 사라져가는 슬로푸드의 소중한 가치를 찾아내어 널리
알리는 일을 하고 있다. 음식에 대한 인문학적 이해가 높을 뿐 아니라 좋은 음식을 먹는 미식에도
관심이 깊고, 농부와 요리사 등 음식 관련된 일을 하는 다양한 사람들과 교류하면서 소중한 우리
것을 지키기 위해 노력하고 있다.

국제슬로푸드한국협회 www.slowfood.or.kr

"와아, 감자 빛깔이 정말 고와요."

"보통 감자보다 달아요. 입자도 곱고 부드러워 그냥 쪄 먹어도 맛있네요."

국제슬로푸드한국협회 윤유경 사무국장이 솥뚜껑을 열자 뜨거운 김이 몽글몽글 피어올랐다. 솥에서 막 쪄낸 감자를 집어 올리자, 이 순간을 기다려온 일행 모두가 군침을 꼴깍 삼켰다. "앗 뜨거!"를 연발하고 입으로 호호 불면서 다들 감자를 한 입씩 베어 물었다. 겉은 붉고 속살은 샛노란 이 감자의 자태에 어찌 매혹되지 않을 수 있을까? 얼핏 보면 고구마를 닮았지만 이 감자의 이름은 홍감자, 일반 감자보다 달고 팍신하고 부드럽고, 포만감이 있어서 두어 개만 먹어도 배가 든든하다.

여기는 육지에서 배를 타고 3시간 넘게 울렁울렁 달려야 도착하는 섬 울릉도! 섬에서 유일하게 평지를 이루는 나리분지 한가운데에 30년째 홍감자를 재배하고 있는 한귀숙 씨네 감자밭이 있다. 홍감자 수확기에 맞춰 울릉도에 있는 슬로푸드 회원들과 서울에서 찾아간 국제슬로푸드한국협회 식구들이 한귀숙 씨 집에 모였다. 홍감자 이야기를 듣고 맛있는 요리도 해 먹는 팜파티(farm party)를 벌이기 위해서이다. 우리 먹을거리에 대한 자부심으로 울릉도의 토종 먹거리를 지키는 데 적극 앞장서고 있는 한귀숙 씨는 국제슬로푸드한국협회의 회원으로 열심히 활동하고 있다.

키 큰 옥수수밭 사이에 무성하게 자라난 감자 줄기를 뽑아내고 조심스럽게 땅을 파자, 선명하게 붉은 알감자가 귀한 보석처럼 자태를 드러냈다. 자줏빛 꽃이 피는 이 감자는 곡식이 귀한 울릉도 사람들의 끼니를 해결해준 일등공신인데, 쌀과 밀가루를 대신하여 감자로 송편이나 인절미 등을 만들어 먹었다고 한다. 나리분지에서 감자 농사를 지으며 식당도 운영하고 있는 한귀숙 씨는 홍감자의 종자를 수집하고 보존하면서 지역 주민들에게 종자를 나눠주기도 하는 등 우리 토종 종자를 지키기 위해 애쓰고 있다.

한귀숙 씨네의 홍감자 재배법은 매우 독특하다. 바로 손자 감자를 키워서 다시 종자로 심는 것이다. 봄에 홍감자를 심어서 7월에 수확하면 큰 감자는 식용으로 먹고, 뿌리 끝에 알알이 매달린 아주 작은 감자는 다시 심어 10월 말이나 11월 초에 또 한 번 수확한다. 7월에 캔 감자를 아들 감자, 작은 아들 감자를 심어서 11월에 캔 감자를 손자 감자라고 한다. 이 손자 감자를 창고에 잘 보관해두었다가 이듬해 봄에 심으면 다시 알이 굵은 홍감자를 얻을 수 있다.

홍감자는 1880년대 초반 울릉도 개척기부터 재배해왔는데, 긴 장마나 모진 가뭄, 작물을 죽이는 병해에도 꿋꿋하게 울릉도의 환경을 견디며 살아왔다. 그런데 육지에서 외래종 종자가 들어오고 수익성 높은 상업작물이 재배되면서, 홍감자를 재배하는 사람이 드물어졌고 울릉도식 전통 감자요리도 몇몇 집에서만 겨우 명맥을 유지하고 있을 뿐이다. 위기를 맞은 것은 홍감자만이 아니다.

섬말나리는 뿌리를 찌면 달달한 맛이 나는 전분이 나오는데, 1883년 고종 때 처음 울릉도에 정착한 사람들은 나리분지에 마을을 이루고 살면서 섬말나리 뿌리로 배고픔을 달랬다. 울릉도 지천에서 자랐던 섬말나리는 희귀한 꽃을 찾는 사람들이 남획하여 몰래 반출하고, 군락지를 농경지로 개간하면서 이제는 성인봉 근처에만 겨우 남아 있다.

몸에 얼룩무늬가 있는 칡소는 고구려 벽화에 등장할 정도로 오래된 우리 한우이지만 황우를 육성해온 정부 정책 때문에 거의 사라지고 울릉도를 비롯한 전국의 몇 곳에만 겨우 남아 있다. 울릉도에서 흔한 부지깽이나 독활 같은 약초를 먹고 자라서 '약소'라고 부르기도 하는데, 그만큼 고기 맛이 뛰어나고 풍미도 좋다. 이 밖에도 사람의 손으로 잡아 올리는 울릉도 손꽁치의 어업 방식도 점점 사라지고, 육지에서 쌀과 소주가 들어오면서 토종 옥수수와 옥수수엿청주도 점점 사라져갔다.

국제슬로푸드한국협회의 윤유경 국장은 이렇게 위기에 처한 전통음식과 요리법, 식재료, 그리고 보관법과 고기잡이 같은 전통 기술이 사라지지 않도록 애쓰고 있다. 섬을 비롯한 전국의 농가를 찾아다니며 이야기를 듣고 기록하고, 느린농부장터와 슬로푸드국제페스티벌 등 다양한 행사를 열어 이 소중한 먹을거리의 가치를 알리고 있다. 또, 방송이나 잡지 같은 언론에도 이것을 소개하고, 도시 회원들과 함께하는 지역 탐방 프로그램을 종종 열어 새로운 판로를 열어주는 일도 한다. 무엇보다 중요한 것은 많은 사람들이 즐겨 찾아서, 생산자들이 계속 농사지으며 예전부터 이어온 우리 먹을거리와 기술을 이어갈 수 있게 만드는 것이다.

맛의 방주에 승선하라!

"슬로푸드 운동의 폭은 굉장히 넓어요. 꼭 지켜야 하는 토종 종자, 그 지역만의 독특한 맛이 담긴 장과 발효음식, 이것을 만드는 방법이나 기술, 먹을거리에 관한 경지에 오른 사람들, 이것을 지키려는 사람들까지 모두 포함하고 있어요."

슬로푸드는 옛 방식대로 자연에 순응하며 자란 무공해 먹거리를 말하는데, 조상들이 오랜 시간 묵혀서 먹던 고추장, 된장, 젓갈, 김치, 엿, 발효과정을 거친 술 등이 대표적인 슬로푸드이다. 넓은 의미로는 우리 종자를 지키는 일과 전통방식의 재배법, 기술, 지역 문화까지 포괄하는 폭넓은 운동을 지향한다.

슬로푸드 운동 중 가장 대표적인 것은 바로 '맛의 방주'이다. 맛의 방주는 대홍수를 만난 노아의 방주처럼, 그 지역만의 독특한 문화와 지역 공동체와 밀접하게 연결된 소중한 먹을거리이지만 멸종의 위기에 놓여 겨우 명맥만 이어가는 먹을거리를 지키자는 운동이다. 세계 사람들이 함께 소규모 생산자의 생산활동을 도와서 소중한 먹을거리를 지키자는 음식보호제도이다.

전세계 전통음식 2630개(2015년 9월 기준)가 맛의 방주에 기록되어 있는데, 울릉도에서는 홍감자를 비롯하여 섬말나리, 칡소, 옥수수엿청주, 손꽁치 등이 올라 있고, 제주 푸른콩장·댕유지·꿩엿·강술, 장흥 돈차, 예산 삭힌김치 등 우리나라 전통음식 48개 품목이 승선해 있다. 맛의 방주 등재목록에는 울릉도 음식 5가지와 제주도 음식 14가지 등 유독 섬의 음식이 많은데, 섬은 고립된 지역이라서 비교적 전통문화와 먹을거리가 옛 모습 그대로 남아 있기 때문이다. 또 우리 자원에 대한 열정을 가진 분들이 울릉도와 제주도에서 토종 종자를 계속 재배하면서 이를 널리 알리려고 노력한 덕분이기도 하다.

윤유경 국장은 우리나라의 전통음식이 맛의 방주에 등재될 수 있도록 다양한 노력을 기울이고 있다. 맛의 방주가 알려지자 지역에서 먹을거리를 생산하는 농민이나 고향의 음식에 관심 많은 사람, 관공서의 전통식품 담당 직원 등 다양한 사람들이 국제슬로푸드한국협회로 신청서를 보내온다. 신청서가 도착하면 윤유경 국장과 국제슬로푸드한국협회 식구들이 생산지를 찾아가서 직접 보고, 지역 전문가와 식품 전문가의 조언도 추가하고 관련 서류도 확인한다. 이렇게 맛의 방주 후보를 우리나라에서 1차 심사 하고, 영어로 번역해서 국제슬로푸드협회 본부에 보내면 다시 담당자 검토

맛의 방주에 등록된 울릉도의 전통 먹을거리. 섬말나리, 토종 옥수수와 옥수수엿청주, 칡소, 홍감자.
ⓒ김은정

를 거친 뒤에 맛의 방주에 등록하게 된다.

맛의 방주에 오르면 홍보 효과가 높다. 울릉도 홍감자가 맛의 방주에 등록되자 울릉도 내에서 홍감자를 재배하려는 사람이 늘었고, 서울의 유명 백화점에서도 판매 요청이 이어졌다. 울릉군청에서도 홍감자를 맛볼 수 있는 행사를 정기적으로 열고 있다. 진주의 한 농부는 앉은뱅이 밀을 농사짓고 직접 제분도 하면서 겨우 명맥을 이어가고 있었는데, 맛의 방주에 등록되어 알려지자 앉은뱅이 밀로 빵을 만드는 빵집이 생기고 씨앗을 얻어서 농사짓고 싶다는 농민들도 찾아와 생산량이 예전보다 많이 늘었다.

맛의 방주에 오른 먹을거리를 다룬 텔레비전 다큐멘터리 제작도 늘었고, 유명 요리 프로그램인 〈한식대첩〉에서 요리 미션 주제로 선택되기도 했다. 유명 잡지사에서는 전문 요리사가 직접 농장에 가서 맛의 방주 재료를 이용한 독특한 요리법을 소개하는 글을 연재하기도 했다. 윤유경 국장은 이처럼 맛의 방주에 등재된 전통음식을 널리 알릴 수 있도록 여러 매체에 농장을 연결해주고, 소비자들이 직접 농장을 찾아가는 프로그램도 기획한다. 또, 맛의 방주에 오른 품목을 지키는 소농들을 지원하기 위한 '맛지킴이두레(Presidia)' 사업도 벌이고 있는데, 제주 푸른콩장 지킴이두레, 연산 오계 지킴이두레, 울릉 산채 지킴이두레, 장흥 돈차 지킴이두레 등 생산 공동체를 연결하는 활동도 하고, 로컬푸드 직거래 장터도 지원하고 있다.

꾸준히 오래한 일이 인정받는 분야

"늘 음식을 좋아하고 요리도 좋아했는데, 대학을 선택할 때에는 요리를 전공으로 선택할 수 있다는 생각을 못했어요. 제가 고를 수 있는 선택지 안에는 그게 없었던 것 같아요."

윤유경은 어릴 적부터 요리를 좋아했지만 그것을 직업이나 학과로 선택할 수 있다는 생각을 하진 못했다. 고등학생 윤유경의 관심사는 건축학과나 컴퓨터공학과 같은 공대계열이었고, 결국 전자공학과를 선택해서 입학했다. 졸업 후에는 삼성SDS에서 8년 동안 근무했다. 맡은 일은 고객사의 구매 담당자나 영업 담당자 들이 사용하는 컴퓨터 프로그램을 업무 특성에 맞게 개발하는 일이었다. 소속은 삼성SDS인데, 삼성전기에 파견 나가서 그 회사에서 필요한 일을 했다. 가끔 여유가 생기면 요리학원에서 요리를 배우고 틈틈이 요리잡지를 보면서 대리만족을 하곤 했다.

"IT 관련 분야는 기술이 빨리 바뀌기 때문에 앞선 기술을 빨리 습득해야 해야 해요. 꾸준하게 오랫동안 일해온 사람보다는 최신 기술을 가진 사람이 더 필요하죠. 일은 언제나 숨이 찼고, 과연 얼마나 더 일할 수 있을까 하는 생각이 들었어요."

직장인 윤유경은 새로운 기술을 배우느라 숨이 찼고, 또 한편으론 8년 동안 같은 일을 반복하니 새로운 것이 없는 일상이 답답하기도 했다. 지금은 이 일을 익숙하게 처리할 수 있지만 더 나이

들어서 회사에서 필요 없는 사람이 되었을 때 내가 할 수 있는 일은 뭘까, 걱정도 되었다. 고민 끝에 30대 초반인 지금 그만두고 새로운 시작을 준비하자고 결정하고, 꾸준하게 오래한 일이 인정받는 분야는 뭘까를 생각했다. 윤유경이 내린 결론은 바로 오래전부터 좋아해서 틈틈이 배웠던 음식, 특히 한국음식이었다.

윤유경은 회사를 다니던 8년 동안 혼자 살면서 가공식품을 즐겨 먹었다. 그런데 면역력이 약한 사람들에게 생긴다고 생각했던 알레르기가 건강한 자신에게 생겨 깜짝 놀랐다. 병원에서도 원인을 모른다고 하여 여러 방법을 찾다가, 회사에서 나오는 밥과 즐겨 먹던 가공식품을 끊고 집밥과 김치를 먹었더니 알레르기가 나았다. 음식이 우리 몸에 중요하다는 걸 이렇게 몸으로 직접 깨달았다.

퇴사 후 곧바로 숙명여대의 푸드스타일리스트 과정을 공부했는데, 좀 더 본격적으로 음식을 공부해야겠다는 생각이 들어 전통식생활문화 전공도 지원했다. 대학원 과정인 이 수업은 이론 교육뿐 아니라 한식과 향토음식 만들기, 전통술 담그기 같은 실습이 많아서 마음에 들었다. 여기에 그치지 않고 짬을 내어 일본음식과 사찰음식도 배우고, 음식 관련 책도 다양하게 읽었다.

"어머, 한국에도 슬로푸드 운동이 있었어요?"

사찰음식 첫 강의 시간에 선재스님이 사찰음식을 설명하면서 책에서 읽었던 슬로푸드 철학과 똑같은 이야기를 해주었다. 윤유경은 우리의 맛과 전통을 지키면서 생명 관점으로 음식을 대하는 사찰음식의 매력에 빠져들었다. 그러던 어느 날 선재스님을 방문한 어떤 분의 소개로 남양주시 팔당에 있는 체험관에 따라갔다. 작은 사무실에는 '슬로푸드문화원'이라고 적혀 있었는데, 강의실과 조리실도 있고, 지난해에는 슬로푸드대회도 열었다고 담당자가 설명해주었다.

집으로 돌아와 인터넷 검색을 해보니 슬로푸드 행사 소식과 함께 슬로푸드가 처음 시작된 이탈리아를 다녀온 이야기도 있었다. 얼마 후 슬로푸드 매니저 과정을 교육한다는 소식이 올라와서 윤유경은 한달음에 남양주로 달려갔다. 사찰음식을 공부하면서 음식 공부에 대한 방향을 잡을 수 있었다면, 슬로푸드 공부는 생산자와 현장에 대한 이해를 넓힐 수 있었다.

그 후 슬로푸드문화원에서 자원봉사를 하고, 프랑스에서 열린 슬로푸드 행사에도 동행하고, 남양주 세계유기농대회에서도 자원봉사를 했다. 열심히 뛰어다니는 것을 눈여겨본 슬로푸드문화원 식구들은 윤유경에게 함께 일을 하자고 제안했다. 시민단체에서 일을 시작하기에 30대 중반이 적은 나이는 아니었지만, 회사 다닐 때에도 사회공헌활동에 관심이 있었고 시민운동을 꿈꾼 적도 있었기에 어렵지 않게 결정했다. 좋아하는 일을 열심히 하다 보니 새로운 길이 열린 것이다.

"예전에 회사 다닐 때보다 활기차게 일하고 있고, 좋은 사람들도 만날 수 있어서 재미있어요. 회사에서는 하루 종일 컴퓨터를 바라보면서 말을 거의 하지 않아도 되었고, 마치 큰 기계의 부품처럼 일하면서도 이 기계가 무슨 일을 하는지, 누가 쓰는지도 잘 모르고 주어진 일만 열심히 했거든요. 내가 하는 일이 어떤 가치를 가지는지, 내가 어떤 역할을 하는지 느끼기 쉽지 않았어요."

지금은 급여나 복지 혜택 같은 물질적인 것은 예전 직장보다는 적고, 그에 비해 일의 양은 만만치 않지만 좋은 사람들 속에서 가슴 뿌듯해지는 배움과 성취감이 있어서 좋다. 소중한 종자를 지키기 위해 땀 흘려 농사짓는 분들의 이야기를 들으면서 가슴 뭉클해지는 그 순간이 참 좋다. 다만 아쉬운 점은 요즘엔 일이 바빠서 그동안 열심히 배웠던 요리를 할 여유가 없다는 것. 요리를 하지 않으니 자신감도 없어지는 것 같아 못내 아쉽다.

맛있는 슬로푸드 운동!

"즐겁지 않으면 슬로푸드 운동을 제대로 하는 것이 아니에요. 개념을 알려주는 운동이 아니라 맛을 보고 즐기는 신나는 일이거든요. 또, 슬로푸드 운동은 글로벌 운동이면서도 가장 한국적인 우리 전통을 살리는 일, 지역의 특성을 살리는 일이에요."

우리나라 곳곳에 슬로푸드를 지키기 위해 애쓰는 사람들이 있

슬로푸드를 널리 알리기 위해 슬로푸드 국제페스티벌과 느린농부장터 등 맛있고 즐거운 행사를 연다.

는데, 이들이 한자리에 모이는 행사도 종종 열고 있다. 윤유경 국장과 국제슬로푸드한국협회 식구들은 '멋진 농부와 진짜 맛'이라는 주제로 2015년 11월에 '슬로푸드 국제페스티벌'을 열었다. 이 행사는 농업과 농부, 우리 식탁과 지구를 지키기 위해 2년에 한 번 여는 국제 음식문화축제인데, 아시아·태평양 지역에서 슬로푸드 운동을 하고 있는 사람들이 한자리에 모였다. 지역에서 슬로푸드를 재배한 농부들과 가공품을 만드는 회사와 이것을 판매하는 사람들, 요리사들, 그리고 슬로푸드 운동가들이 한자리에 모여 떠들썩한 잔치를 벌였다.

행사장에는 전남 증도 태평염전에서 온 천일염으로 쌓은 소금산, 종가의 장독대를 그대로 옮겨온 듯 펼쳐진 항아리 수십 개, 켜켜이 쌓은 누렇게 잘 익은 메주 등이 슬로푸드의 위용을 떨쳤다. 행사 부스마다 생산자들은 땀 흘려 가꾼 먹을거리를 소개하느라 여념이 없고, 젊은 요리사들은 슬로푸드 재료로 만든 요리를 손님들에게 선보이느라 분주했다. 40여 개국에서 온 슬로푸드 생산자와 요리사, 음식문화 전문가 180여 명이 모인 국제컨퍼런스와 맛배움터, 맛의 방주 특별전, 올해의 슬로푸드 농가로 선정된 농부들의 이야기 등 볼거리가 가득했다.

대규모 국제행사를 준비하느라 윤유경 국장과 국제슬로푸드한국협회 실무자들은 행사장 꾸미기부터 부스 설치, 생산자 초대, 부대행사 준비, 홍보, 후원사 선정, 해외 손님 의전 등 몇 달 동안 눈

코 뜰 새 없이 바쁜 나날을 보냈다. 행사 규모가 큰 만큼 챙겨야
할 일도 태산 같지만 이런 행사를 통해 슬로푸드 운동에 대한 자
부심을 느끼고, 서로 만나고 교류하면서 친해지고 정보도 나누고,
슬로푸드를 이해하는 사람들도 늘어나는 좋은 기회가 되었다.

홀수년도에는 우리나라에서, 짝수년도는 이탈리아에서 국제행
사를 여는데, 국제행사를 열지 않는 짝수년도에도 우리나라에서
슬로푸드 운동을 하는 사람들이 한자리에*모이는 슬로푸드 위크
(Slow Food Week) 행사를 열기 때문에 이래저래 윤유경 국장은 한
가할 겨를이 없다.

이렇게 세계 곳곳에서 저마다 재미있는 방식으로 진행하는 슬
로푸드 운동은 국제슬로푸드협회 본부 홈페이지(slowfood.com)에서
한눈에 볼 수 있고 누구나 제안도 할 수 있다. 2009년, 슬로푸드
아일랜드협회 회장은 '할머니의 날'을 제안했다. 요즘엔 할머니 할
아버지 세대의 삶에 대한 지혜와 살림 기술, 경험 같은 소중한 유
산이 손자손녀 세대에 전해지지 않기 때문에 이것을 함께 배우자
는 것이었다. 이 제안을 본 윤유경 국장은 한국식 할머니의 날을
구상했다.

슬로푸드 행사에서 중고등학생을 대상으로 UCC 공모대회를 열
었는데, 이때 주제를 '할머니의 음식'으로 정했다. 할머니에게 음식
을 배워서 그 음식의 요리법을 적어 내고, UCC를 만들고, 현장에
서 요리도 하는 방식으로 진행했다. 슬로푸드 운동은 음식과 종자

의 다양성만이 아니라 민족과 문화, 언어의 다양성도 중요하게 생각한다. 그래서 언어의 다양성을 살리기 위해 할머니의 요리법을 할머니의 말투 그대로 적으라고 했다. 학생들이 전라도, 경상도 할 것 없이 온갖 사투리로 적어 낸 요리법은 어떻게 읽어야 할지 고개를 갸우뚱거릴 정도로 재미있었다.

대학생들이 참여하는 지역 탐방 프로그램에도 이런 콘텐츠가 더해졌다. 할머니의 요리를 배우고 짚신 꼬는 것도 배우고 옛 이야기도 들으면서 할머니와 손자손녀 세대들이 만나는 정겹고도 훈훈한 자리가 만들어졌다.

윤유경 국장은 울릉도와 제주도의 슬로푸드 생산자들이 서로 교류할 수 있도록 연결하고, 두 슬로아일랜드를 천천히 여행하면서 슬로푸드를 함께 즐기는 관광 프로그램도 구상하고 있다. 또, 외국의 슬로푸드 사업 사례처럼 우리나라 청년들도 슬로푸드 비즈니스로 성공할 수 있도록 아이디어를 주고 농부를 연결해주는 일도 돕고 싶다. 슬로푸드와 맛의 방주에 관심 갖는 사람들이 더욱 늘어나서 식품 산업으로 발전하고 새로운 일자리가 만들어지면 좋겠다.

"갯벌에서 조개 줍고 지역의 손맛을 살려서 맛깔난 젓갈을 담그는 할머니들도 우리에게는 매우 중요해요. 지금까지 누구도 관심 갖지 않던 어른들의 삶에 주목하고 이분들이 만든 음식과 일의 가치에 대해서도 함께 이야기하죠. 도시 사람들은 맛있는 걸 먹는 행사인가 보다 하고 가볍게 찾아왔다가 웃고 즐기고 맛보는 가운데 깊은 감동을 받아요. 그러면서 자기도 모르게 슬로푸드 운동에 발을 담그게 되지요. 이것이 바로 우리가 좋은 사람들을 포섭하는 방식이에요. 하하하."

사라져가는 소중한 가치를 살리고 우리의 맛을 널리 알리려는 윤유경 국장의 곁에서는 늘 고소하고 맛있는 향이 풍긴다. 이 군침 도는 향기에 이끌려 온 좋은 사람들과 함께 만들어내는 긍정의 기운이 세상을 아름답고 가치 있게 만들고 있다.

Q 슬로푸드 운동은 어떻게 시작되었나요?

A 1986년, 이탈리아 로마에 있는 오래된 스페인 광장에 패스트푸드의 상징인 맥도날드 매장이 들어서자, 음식운동가 카를로 페트리니와 그의 친구들은 문화적 충격을 받았다. 패스트푸드는 음식의 맛을 표준화하고 인공 조미료 맛으로 우리의 미각을 바꾸고 전통음식을 빠르게 소멸시킨다. 이런 패스트푸드에 대항하면서 전통음식을 지키고 즐겨 먹자는 뜻에서 이들은 슬로푸드 운동을 시작했다.

이렇게 시작된 슬로푸드 운동은 먹을거리를 안전하게 생산하는 농사법, 생물다양성 보호, 지구생태계 보전, 느리게 살기 운동을 포함하는 넓은 의미로 점점 확대되었고, 우리 삶을 더욱 풍요롭게 만들어야 한다는 철학으로 발전했다. 또 슬로푸드 먹기와 느리게 살기를 연결하는 슬로시티(slow city) 운동으로 이어지기도 했다.

슬로푸드는 3가지를 지향한다. 첫째는 '좋음'. 맛있고 풍미가 있으며 신선하고 감각을 자극하여 만족시키는 음식이다. 둘째는 '깨끗함'. 지구의 자원을 고갈시키지 않고, 생태계와 환경을 해치지 않으며 인간의 건강을 위협하지 않도록 생산된 음식을 말한다. 셋째는 '공정함'. 사회의 정의를 지키는 음식으로, 생산과 상품화, 소비의 모든 단계에서 공정한 임금과 조건에 맞춘 음식을

슬로푸드 운동가 윤유경

뜻한다. 슬로푸드 운동은 건강하고 지속가능한 음식과 식재료를 지키고, 경작법과 가공법을 보존하고 가축과 야생동물의 생물종 다양성도 보호한다.

우리나라에서는 2007년, 남양주시 팔당리에서 유기농 농사를 짓고 농민운동을 하는 사람들이 모여 슬로푸드문화원이라는 이름으로 활동을 시작했다. 2011년에 이탈리아 출장을 갔다가 국제슬로푸드협회를 알고 지부로 등록한 후 '사단법인 국제슬로푸드한국협회' 자격으로 더욱 활발하게 활동하고 있다.

제주의
진짜 모습을
보여드립니다

생태여행 기획자 윤순희

"문화관광해설사 양성 과정을 치열하게 공부하고
보니, 지금까지 알던 내 고향 제주가 아니었어요.
어떻게 하면 이 아름다운 제주도를 지킬 수 있을까
하는 생각이 불끈 솟아오르더군요. 여행자들도
감동할 수 있도록 제주를 잘 소개해야겠다는
사명감이 생겼어요.
제주생태관광은 여행 경비를 투명하게 공개하고,
여행자들이 제주를 좀 더 새로운 눈으로 바라볼
수 있게 도와줘요. 또, 널리 알려진 관광지보다는
제주의 아름다운 마을과 연계해서 지역사회에
공헌하려고 노력해요."

윤순희

제주도의 숨은 비경을 생태관광 프로그램으로 안내하는 (주)제주생태관광의 대표이다. 제주의
역사와 문화, 생태, 지질, 민속 등 다양한 분야를 넘나들면서 막힘없이 해설을 하는데, 이 해설을
들은 어느 꼬마 여행자가 '말하는 선생님'이라는 이름을 붙여주기도 했다. 여행자들이 유명
관광지보다는 제주의 새로운 얼굴을 만나 마음의 위안을 얻고, 이들의 소비가 지역 사람들의
삶에 보탬이 될 수 있도록 다양한 방법을 찾고 있다.

제주생태관광 www.storyjeju.com

"모두 오름에 누워보세요. 고요히 눈을 감고 바람 소리와 들꽃 향기, 땅의 기운을 온몸으로 느껴보세요. 오감으로 제주도를 느껴보세요."

제주생태관광 윤순희 대표의 안내를 따라 여행자들은 여기저기로 흩어져 오름 위에 조용히 누웠다. 여기는 제주시 구좌읍 송당리에 있는 아부오름, 제주도 북동쪽 오름들이 무리를 이루고 있는 곳 가운데 우뚝 솟은 오름이다. 화채그릇 모양을 닮은 이 오름에는 화산 폭발 때 생긴 거대한 분화구 원형이 그대로 남아 있다.

"자, 이제 일어나 분화구를 둥글게 한 바퀴 걸어보세요. 처음 아부오름을 올랐을 때의 느낌과 분화를 한 바퀴 돌고 난 뒤의 느낌은 어떻게 다른지 생각해보세요."

여행자들은 삼삼오오 무리를 지어 천천히 분화구를 걸었다. 둥글게 돌 때마다 다른 표정을 지으며 다가오는 제주의 풍경이 신선하다. 저 멀리에는 우뚝 솟은 한라산이 흐릿하게 보이고 반대편에는 성산일출봉과 제주 바다도 아련하게 펼쳐져 있다.

"가슴이 탁 트여요. 이렇게 좋은 오름이 있었네요."

"마치 제주도를 한 바퀴 걸어서 돌아본 기분이에요."

분화구의 출발점으로 다시 돌아온 여행자들은 윤순희 대표를 에워싸고 저마다 오름의 느낌을 이야기했다. 한껏 들뜬 여행자들은 다시 버스를 타고 다음 여행지로 향했다.

"여기는 가뭄에도 마르지 않는 맑은 습지인 먼물깍이에요. 마을에서 멀리 있다는 뜻을 가진 먼물깍은 말과 소 같은 짐승들이 물을 마시던 곳이고, 마을 사람들은 건너편 수풀이 우거진 작은 습지에서 물을 길어 마셨지요."

윤순희 대표가 안내한 다음 여행지는 싱그러운 상록활엽수들이 숲 터널을 이루는 동백동산이다. 동백나무가 많아서 이름 붙여진 제주시 조천읍 선흘리 동백동산은 상록활엽수뿐 아니라 가뭄에도 마르지 않고 사계절 맑은 물을 담고 있는 먼물깍 습지, 4·3항쟁 때 마을 사람들이 숨어들었던 도틀굴, 그리고 이 숲을 지키는 사람들의 이야기도 품고 있다.

"쉿! 목소리를 낮추고 숲의 소리를 들어보세요. 새들이 짝짓기를 하려고 지저귀고 있어요. 발아래에서는 새순이 한창 돋아나고 있는데, 이 싹을 밟으면 나무의 미래를 망치겠지요?"

윤순희 대표는 숲에서 우리가 알아야 할 행동까지도 놓치지 않는다. 즐거운 새소리를 듣고 곶자왈에서 자라는 구불구불한 나무와 새순을 살피며 동백동산을 한가롭게 걸었다. 나무들이 뿜어내는 피톤치드를 한껏 마시고 나니 어느새 배가 출출하다.

"제주 식당에서 맛있는 걸 먹으려면 주인을 부를 때 '삼춘'이라고 부르세요. '삼춘'은 아버지의 남동생인 '삼촌'이 아니라, 여자와 남자를 가리지 않고 부르는 중성 호칭이에요. 제주에서는 남녀가 평등하기 때문에 호칭도 중성으로 같이 써요."

윤순희 대표는 적재적소마다 제주도만의 재미를 깨알같이 짚

제주의 진짜 모습을 보여드립니다

어주었다. 본래 제주의 맛은 자극적이지 않고 심심하다. 고춧가루와 마늘, 생강 같은 강한 양념은 관광객들의 입맛에 맞춰 육지에서 들어온 음식으로, 제주 고유의 맛은 아니다. 물질하기 바빴던 제주 해녀들은 조림, 곰탕과 같이 오랜 시간과 정성이 드는 음식을 만들 시간이 없었다. 갈칫국, 성게미역국처럼 싱싱한 생선과 해산물, 채소를 넣고 소금과 간장으로 간만 맞춰서 재빠르게 끓인 심심하고 담백한 맛을 즐겼다. 그래서 제주 토속음식을 먹으면 속이 편안하다.

윤순희 대표는 많은 식당 가운데 되도록 제주 고유의 맛을 간직한 곳, 제주에서 키운 농산물로 요리하는 곳, 규모가 크지 않고 마을에 숨어 있는 곳을 찾아간다. 지역 사람들이 운영하는 식당과 숙소, 가게를 여행자들이 이용하면 그 이익이 외지 거대자본이 아니라 제주를 지키며 살아온 사람들에게 돌아가기 때문이다. 이런 여행이야말로 지역을 지키고 살릴 수 있는 지속가능한 방법이다.

공정여행사를 운영하는 법

"여행안내자의 즐거움은 전국에 사는 사람과 좋은 친구가 될 수 있다는 거예요. 나와 비슷한 생각을 가진 사람들과 여행하면서 신

아부오름에 편안하게 누워 오감으로 제주도를 느끼는 여행자들(위). 동물과 마을 사람들의 생명수가 되었던 동백동산 먼물깍 습지(아래).

생태여행 기획자 윤순희

나게 얘기할 걸 생각하면 벌써 가슴이 두근거려요."

아침 7시, 집을 나선 윤순희 대표는 제주공항으로 향했다. 김포공항을 출발해서 제주공항에 도착하는 여행자들을 맞이하러 가는 길이다. 공항으로 가는 동안, 혼자 조용히 오늘의 여행 일정을 떠올리면서 여행자들의 나이와 직업에 맞는 해설을 하기 위한 준비 시간을 갖는다. 집을 나서는 순간, 이미 여행안내자의 하루 일과가 시작된 것이다.

오전 8시, 제주공항의 문이 열리자 한 무리의 여행자들이 배낭을 메고 여행가방을 끌고 나타났다. 윤순희 대표는 팔을 번쩍 들어 여행자들을 반가이 맞이했다. 지난 계절에 여행 왔던 여행자가 단체손님을 모시고 다시 찾아온 것이다. 윤순희 대표는 전국에서 여행 오는 좋은 친구가 생긴다는 것이 여행안내자의 가장 큰 매력이라고 생각한다. 이렇게 한번 인연을 맺은 좋은 친구들은 제주생태관광을 꾸준히 찾아온다.

반가운 인사와 함께 여행자들이 공항에서 부친 짐을 잘 찾았는지, 일행이 모두 모였는지를 확인하고 대절버스가 있는 주차장으로 안내했다. 일행이 모두 버스에 오른 것을 확인한 윤순희 대표는 버스 안의 마이크를 잡았다.

"제주에 오신 것을 환영합니다. 혼저옵서예(어서 오세요)."

윤순희 대표는 유명 관광지보다는 오름과 습지, 하천, 오래된 마을 등 제주의 숨은 비경으로 안내한다.

제주의 진짜 모습을 보여드립니다

오늘 여정에 대한 전체적인 설명과 주의할 점을 여행자들에게 안내하고, 제주생태관광이 어떤 회사인지도 소개했다.

"우리 회사의 원칙은 '노 옵션(no option), 노 수수료'예요. 대신 '여행 경비의 10%를 회사 이익금으로 챙겨주세요'라고 투명하게 밝혀요. 이렇게 하니 여행자들도 만족하고 우리가 하는 말을 신뢰해요."

제주생태관광은 분명한 원칙을 가진 여행사이다. 무리한 옵션을 요구하거나 여행자의 쇼핑을 통해서 이득을 챙기지 않고 여행 경비를 투명하게 공개한다. 그리고 해설을 많이 해서 여행자에게 제주에 대한 다양한 정보를 주고, 제주를 좀 더 새로운 눈으로 바라볼 수 있게 도와준다. 또, 널리 알려진 관광지보다는 아름다운 마을과 연계해서 지역사회에 공헌하고자 한다. 이런 원칙을 처음부터 지금까지 굳건하게 지키고 있다. 회사 운영 방식도 매우 독특하다. 회사 대표를 3년마다 돌아가면서 맡는다. 윤순희 대표는 4대 대표인데, 다음 대표 역시 지금까지 그래왔듯 제주생태관광의 직원이 맡게 될 것이다.

창밖으로 검은 돌담과 야자수가 보이고 푸른 바다가 드러나자 여행자들이 환호성을 질렀다. 사람들이 제주 풍경에 빠져들 무렵, 윤순희 대표는 여행자들이 찾아갈 여행지의 안내소와 식사를 하게 될 식당, 저녁에 묵을 숙소에 전화해서 예약 상황을 다시 한 번 꼼꼼하게 확인했다.

생태여행 기획자 윤순희

제주를 찾아오는 여행자의 목적과 요구는 무척 다양하다. 삼삼오오 여행을 오는 경우도 있고, 회사나 모임에서 수십 명이 참여하는 워크숍과 세미나, 제주의 선진 사례를 공부하러 오는 공공기관 직원들, 작은 학교나 대안학교의 수학여행 등이 있는데, 이 중 80%는 풍경이 아름답고 조용한 곳에서 푹 쉬고 싶다고 말한다. 그럼 윤순희 대표는 '이런 주제는 어떨까요?'라고 여행자의 취향에 맞는 맞춤형 여행지를 제안한다.

제주도에는 한라산과 오름, 동굴과 지질, 숲길과 바닷길, 섬, 박물관, 올레길, 전통시장 등 볼거리와 즐길거리가 무궁무진하기 때문에 여행자의 취향과 요구에 맞는 다양한 여행 디자인이 가능하다. 더구나 윤순희 대표는 서귀포가 고향이라 누구보다도 제주도를 구석구석 잘 알고 있고, 이 섬에 대한 자부심으로 똘똘 뭉쳐 있다. 자신이 가장 잘 아는 아름다운 제주를 눈으로, 입으로, 오감으로 충분히 만끽할 수 있도록 여행자들에게 안내하는 이 일이 천직이라고 생각한다.

내 고향 제주를 해설하라!

윤순희는 고등학생 무렵 2년 동안 잠깐 서울에서 머무른 것 외에는 계속 고향인 제주도에서 살았다. 멀고 낯선 서울까지 올라간 것은 순전히 호된 사춘기 때문이었다. 윤순희는 전액 장학생으로 고등학교에 입학했지만, 입학하자마자 공부가 하기 싫고 선생님의 수업 방식도 싫고 성적으로 반을 정하는 바람에 친한 친구들이 다른 반에 있는 것도 싫었다. 이유 없이 싫은 것투성이였고 이런 불만이 쌓여 하루에도 여러 번 화산 폭발을 했다.

걱정하는 부모님과도 자주 다퉜다. 유일한 탈출구로 교회를 다녔는데 아버지가 이것을 못마땅해서 또 싸우고, 이를 지켜보던 어머니는 지칠 대로 지쳤다. 결국 고등학교 1학년 때 학교를 그만두고 짐을 싸서 서울 이모네 집으로 갔다. 서울에서 학원을 다니며 검정고시에 합격했다. 그 후 어머니가 구해준 방에서 살면서 낮에는 대학교에서 행정업무를 하는 사환 일을 하고, 밤에는 대입학원에서 공부했다. 월급이 많지는 않지만 생활하기에는 충분했다. 그런데 낯선 곳에서 살려고 애쓰는 게 힘들었던지 윤순희는 몸이 아프기 시작했다.

치료를 받았지만 차도가 없어서 결국 고향 집으로 돌아왔다. 몸이 회복되면 다시 서울 가서 대학 입학하려고 대학등록금도 모아두었다. 그런데, 어머니가 해주는 따뜻한 밥을 먹으니 기운이 나고 살 것 같았다. 윤순희는 서울 가지 말고 그냥 돈을 벌어야겠다고 마음먹고, 지역 은행의 공개채용에 지원해 합격했다. 다른 직장보다 월급은 꽤 괜찮았지만 직장 생활은 만만치 않았다. 컴퓨터 전산화가 되지 않던 시절이라 모두 수기로 정리해야 했기 때문에 시간이 오래 걸려서, 오전 9시에 출근해서 날마다 밤 12시까지 일해야 했고 휴일도 거의 쉬지 못했다.

일 년 만에 미련없이 그만두고 작은 회사의 사업장을 총괄하는 경리직으로 자리를 옮겨, 낮에는 근무하고 저녁에는 학원에서 중국어를 공부했다. 1992년 무렵에 우리나라와 중국이 수교를 맺은 뒤 중국에 대한 관심이 높아져서 중국어 공부 열풍이 몇 년째 불고 있었다. 제주도에는 외국 관광객도 많이 찾기 때문에 중국어를 배우면 제주도를 소개할 수 있고 활용할 일도 많을 것 같았다. 열심히 하는 모습이 인상 깊었던지 학원강사가 제주대 중어중문학과 입학을 권유했다.

그렇게 중문학과 학생이 되어 본격적으로 중국어를 공부하다가 중국 어학연수를 떠날 기회를 얻었다. 1997년 제주도에서는 관광해설사를 양성하기 위해 중국어 무료 강좌를 개설했는데, 이 강좌를 통해 6개월 동안 어학연수 기회가 생긴 것이다. 활자중독이라고 할 만큼 책 읽고 공부하는 것을 좋아하던 윤순희는 늘 그랬듯이 중국에서도 성실하게 공부했다. 그리고 틈나는 대로 기차를 타고 중국 대륙 곳곳을 여행했다. 예약 문화가 없던 시절이라 입석을 9시간 타고, 현지인들과 함께 길거리 아침식사인 콩물을 마시면서 생생한 대륙의 문화를 경험했다.

제주도로 돌아온 윤순희는 중국어 통역 시험에 합격하고, 문화관광해설사 양성 과정도 본격적으로 공부했다. 조금 아는 지식을 나열하는 정도로는 좋은 해설사가 될 수 없다고 생각했기 때문이

제주의 진짜 모습을 보어드립니다

다. 하루 6시간씩 4개월 동안 치열하게 공부하고 보니, 지금까지 알던 내 고향 제주가 아니었다. 제주의 문화유산과 자연유산은 정말 독특하고 너무나 풍부해서, 어떻게 하면 이 아름다운 제주도를 지킬 수 있을까 하는 생각이 불끈 솟아올랐다. 그리고 여행자들도 감동할 수 있도록 제주를 잘 소개해야겠다는 사명감이 생겼다. 목표가 뚜렷해지니 무척 행복해졌다.

여러 분야를 두루 알아야 하는 여행안내자

"나무 공부가 참 어려웠어요. 아무리 봐도 푸른 건 잎사귀이고 붉은 것은 꽃이고……, 생김새가 비슷비슷한 나무 이름 외우기가 너무 어려워서 도망가고 싶었지요."

제주도에서 여행안내자가 되려면 다양한 분야를 두루 공부해야 한다. 설문대 할망부터 시작하는 제주 신화, 오름과 동굴 같은 지질, 독특한 식생을 자랑하는 난대림, 생명이 깃들어 사는 하천과 습지, 음식과 농업, 제주어와 민속 등을 섭렵해야만 막힘없는 해설이 가능해진다. 윤순희는 신화와 민속, 문화에 대해서는 늘 관심이 있고 공부도 꾸준히 해서 자신 있게 해설할 수 있었지만, 나무와 꽃, 풀과 같이 제주도만의 독특한 식생을 자랑하는 식물 생태에 대해서는 잘 알지 못했다. 그래서 제주참여환경연대의 생태문화해설가 모임에서 공부를 했다. 역시나 비슷비슷하게 생긴 나무 이름을 외우고 구별하는 일은 생각보다 만만찮았고, 꽃의 모양과 잎사귀를 구별하는 일은 너무 어려워서 '에라, 모르겠다'며 새 탐조를 따라다니겠다고 우겨보기도 했다.

그러던 중 2004년에 생태문화해설가 공부를 함께한 여섯 사람이 모여 생태관광 모임을 만들었다. 그 무렵 제주도에 여행 오는 사람들은 도시의 소비문화를 그대로 옮겨와, 떠들썩하게 먹고 즐기며 쓰레기를 엄청 남기는 경우가 대부분이라 제주 여행의 새로운 대안이 필요하다는 문제의식이 싹트고 있었다. 생태관광 모임에 참여한 사람들은 독특한 볼거리를 가진 제주의 생태와 환경을 즐기면서 지역의 음식을 맛보고 지역 사람들이 운영하는 숙소를 이용하면서 마을을 이해하는 대안 여행의 모델을 만들어보기로 했다. 토론하고 공감하고 여러 차례 모여 의기투합하여 드디어 '주식회사 제주생태관광'을 만들었다. 윤순희는 이 모임이 만들어진 후 6개월이 지났을 무렵 우연히 소식을 듣고 뜻이 참 좋아보여서 선뜻 참여하게 되었다.

야심차게 시작했지만 몇 년 동안 회사 재정은 늘 적자였다. 환경단체 활동가, 주민자치 활동가, 문화관광해설사 등 본업은 따로 있고 필요할 때에만 모여서 일하는 1인 사업자 개념으로 일하다 보니 열심히 뛰어다녀도 여행사의 살림살이는 늘 빠듯했고 그만큼 고민이 늘어갔다. 여행 프로그램을 다양하게 기획하고 창립 멤버들이 십시일반 기금을 내고 후원금도 받으면서 온갖 노력을 기

　　　　　　　　제주의 진짜 모습을 보여드립니다

울었다.

그러다 생태관광에 대한 관심이 높아지면서 제주생태관광도 전국에 조금씩 알려지기 시작했다. 2010년에는 사회적 기업에 선정되었는데, 사회적 기업의 조건을 갖추려면 운영의 틀을 갖추어야 해서 더 이상 느슨한 형태로는 운영할 수 없었다. 그 무렵 중국어 관광통역사 일을 하면서 여행안내자 일이 천직이라고 생각하던 윤순희는 두 팔 걷고 본격적으로 제주생태관광 일에 뛰어들었다.

제주생태관광은 교육여행과 생태체험여행, 평화여행, 힐링여행 등 다양한 여행 프로그램을 운영하고 있다. 어린이와 청소년, 성인 등 여행자들이 기호에 맞게 제주를 즐길 수 있도록 개성 있는 프로그램을 열고, 휠체어를 타거나 다리가 불편한 사람들을 위해 평탄한 숲을 걷는 '발편한 여행'도 안내하고 있다.

또, 장애를 가진 아이들이 한 달에 한 번, 열 달 동안 숲 해설가들과 함께 숲에서 머무는 숲 치유 프로그램도 있다. 산책을 원하는 아이는 걷게 하고, 졸린 아이는 재우고, 꽃과 풀을 이용하여 그림을 그리고 신나는 자연 놀이도 하면서 숲에서 무려 6시간 동안 충분히 자연을 즐기게 한다. 자연에서 아이들의 마음이 열릴 수 있게 돕고, 그동안 쌓인 스트레스도 풀리게 해준다. 장애아를 키우느라 여행은커녕 야외 활동도 제대로 하지 못한 엄마들은 아이가 숲에서 노는 동안 바닷가에서 푹 쉬게 해주고, 저녁에는 치유 프로그램을 열어 엄마들의 마음도 보듬어준다.

제주생태관광은 20대를 위한 여행을 기획하고 있고, 제주에서 나는 감귤과 양파, 마늘 등 농산물을 수확하고 여행도 즐기는 워킹홀리데이 프로그램도 준비하고 있다.

주말이나 휴일에 윤순희 대표는 혼자 오름에 오르거나 오래된 숲을 찾아가서 여행자들에게 안내할 좋은 곳을 찬찬히 둘러본다. 오가는 길에는 제주의 맛을 간직한 새로운 식당을 찾아 다닌다. 식당에 들어서면 먼저 주인과 대화를 나누면서 어떤 마음으로 음식을 만드는지 들어본다. 윤순희 대표는 음식에 대한 자기 철학을 가진 곳을 좋아하는데, 가끔은 제주의 맛은 아니지만 주인의 철학이 마음에 들어서 여행자들에게 안내하기도 한다. 이렇게 여행지와 식당, 숙소 정보가 풍부해야 여행자에게 맞는 적절한 곳을 잘 안내할 수 있다.

마을과 생태여행이 만났을 때

"리장의 생각이 분명한 마을을 찾아가요. 마을에 가서 어려운 이야기, 불편한 이야기를 열심히 듣고 마을의 미래에 대해서도 이야기를 많이 나눠요."

제주도에는 생명들이 모여 사는 습지와 하천, 봉긋 솟은 오름과 같이 아름다운 자연을 품은 오래된 마을들이 있다. 이런 마을의 자원을 생태관광으로 연결하면 식당과 숙박, 농산물 구입 같은 여

마을 주민과 이야기를 나누는 윤순희 대표

행자의 소비가 곧바로 주민들의 소득으로 이어져, 앞으로도 계속 마을과 자연을 지킬 수 있는 기반이 될 수 있다. 그래서 윤순희 대표는 생태관광을 통해 마을과 여행자를 이어주려고 애쓴다. 이 일을 시작할 때에는 마을 이장의 생각과 리더십이 매우 중요하기 때문에 보전에 대한 이장의 생각이 확고하고 주민들의 의지가 있는 마을을 찾아간다.

서귀포시 남원읍 한남리는 한라산만큼이나 다양한 식생을 품고 있는 마을 숲과 맑은 물이 흐르는 서중천을 끼고 있다. 화산 폭

생태여행 기획자 윤순희

발 후 용암이 식으면서 새끼줄을 꼰 모양으로 형성된 새끼줄용암과, 점성이 강한 용암이 굳으면서 길고 커다란 제방을 형성한 용암제방, 4·3 항쟁 때 많은 사람이 피해를 당한 바위동굴인 제한이곱지궤까지 모두 서중천에 자리잡고 있다. 오병윤 이장과 마을 사람들은 울창한 숲과 하천 같은 자연자원을 중심으로 마을을 발전시키는 방법이 무엇일까를 고민했다. 오랜 노력 끝에 서중천을 따라 마을 사람들이 오가던 옛길을 '한남리 내창 생태문화 탐방로'로 개척하고, 피톤치드가 가득한 머체왓숲 산책길도 개발했다.

이런 한남리 사람들의 노력에 아이디어를 보탰던 윤순희 대표는 여행자들을 한남리로 안내했다. 여행자들은 서중천 주변과 머체왓숲길을 걸으면서 유명 관광지와는 다른 제주의 숨은 비경을 즐기고, 마을에서 위탁 운영하는 식당에서 꿀맛 같은 식사를 하고, 감귤과 한라봉, 천혜향 같은 농산물을 산다. 한남리 주민들은 이런 관광객들의 방문에 힘입어 여행자 숙소를 리모델링하고 건강 차실도 만들어 여행자들이 조용히 머물면서 제주의 오래된 마을을 충분히 즐길 수 있게 했다.

요즘 윤순희 대표는 감귤이 맛있기로 소문난 서귀포시 남원읍 하례리를 자주 찾고 있다. 유네스코 생물권보전지역으로 지정된 효돈천이 흐르는 하례리는 거대한 남내소와 긴소, 쇠소깍 같은 입이 떡 벌어지는 비경을 품고 있다. 윤순희 대표는 마을 이장, 청년 회장 등 마을 리더들과 많이 토론하고, 주민 교육을 하고 마을 행

제주의 진짜 모습을 보여드립니다

사도 열면서 마을과 생태여행을 접목시킬 수 있는 방법을 열심히 찾고 있다.

하례리를 찾은 여행자들은 감귤 따기 체험과 감귤향이 나는 감귤 버거를 맛보고, 막걸리로 발효시킨 제주 상외떡 만드는 체험도 하면서 제주 사람들의 삶을 이해하는 기회를 갖는다. 감귤 따는 법과 떡 만드는 법을 알려주는 어르신과 부녀회 회원들은 신기해하고 감동하는 여행자들을 보면서 오랫동안 마을을 지키며 살아온 자부심과 자존감을 높인다.

여행 안내는 늘 즐겁지만 여행자들이 한꺼번에 몰려오는 매우 바쁜 계절에는 가끔 지치기도 한다. 여행자들이 저녁식사를 마치고 숙소까지 안전하게 돌아가야 윤순희 대표의 하루 일과가 끝나는데, 그 후 집에 돌아오면 저녁 9시나 10시가 되기 일쑤이다. 여행 안내가 없는 날에는 제주생태관광 사무실에서 직원들과 여행사 관련 업무를 처리해야 한다. 그리고 제주도에서 추진하는 생태관광사업 자문회의에 참석하고, 생태민속학 박사과정 공부도 하고 있다.

"너는 이 일을 왜 하니, 언제까지 하려고? 너를 찾아오는 여행자는 어떻기를 바라?"

쉬는 날이 없을 정도로 바쁘게 활동하다가 몸과 마음이 힘들면, 윤순희 대표는 스스로에게 여행안내자 일을 왜 하는지에 대한 질문을 던진다. 그러면 언제나 이 일이 가장 잘할 수 있는 일이고 행복한 일이라는 결론에 이르렀다. 한때는, 일상을 탈출해 제주에

온 여행자들에게 마음으로 소통하고 위안을 주는 안내자가 되었으면, 제주생태관광이 좋은 쉼터가 될 수 있으면 좋겠다고 생각했다. 그런데 요즘 들어 생각이 조금 달라졌다.

"여행자들이 '여행을 가보니 내가 잘 살고 있더라, 난 여기서 이렇게 열심히 살면 되겠어'라고 생각할 수 있으면 좋겠어요."

제주도에서 머무는 시간이 여행자들에게 자신을 돌아보는 계기가 되고 위로가 되었으면 좋겠다. 이런 시간을 충분히 즐긴 뒤 다시 힘을 얻고 자기 자리로 돌아가 열심히 살 수 있도록 윤순희 대표는 즐겁게 돕고 싶다.

Q 생태여행을 할 때 알아야 할 것은 무엇인가요?

A   생태여행은 숲과 바다, 섬, 습지, 갯벌 등 보전가치가 높은 곳을 여행하면서 충분히 즐기되, 이곳에 있는 나무와 야생화, 야생동물, 지역 사람들, 그들이 사는 서식지에 영향을 미치지 않게 배려하는 여행이다. 또, 여행자가 이용하는 식당과 숙소, 교통, 기념품 구입에 쓰이는 비용이 지역 사람들에게 돌아가서 그들이 계속 고향을 지킬 수 있도록 돕는 여행을 말한다. 비슷한 의미로 공정여행, 책임여행, 윤리여행, 지속가능한 여행 등이 있다.

섬은 육지보다 조심해야 할 것이 많다. 쓰레기를 함부로 버리면 곧바로 바람을 타고 바다로 흘러간다. 그래서 종이컵과 플라스틱 컵, 스티로폼 같은 일회용을 줄이고, 자기 쓰레기는 배낭에 다시 담아 간다. 제주도에는 아름다운 풍경과 독특한 식생 등을 지키기 위한 보전지역이 많은데, 이곳에서는 덤불로를 벗어나 샛길을 만든다거나 농작물을 해치고 훼손하지 않아야 한다.

먼저 외국어 같은 독특한 제주어와 돌하르방, 눈덩, 해녀 등 육지에서 볼 수 없는 것도 많은데, 마을해설사나 지역 사람들이 운영하는 여행 프로그램을 이용하면 더욱 생생한 제주 이야기를 들을 수 있다. 제주 사람이 손끝으로 만든 토속음식을 먹고, 집과 숙소에서 묵으면서 골목에서 만나는 마을 사

생태여행 기획자 윤순희

람들에게도 먼저 인사한다. 밭에서 자라는 농작물을 따지 말고 마을에서 판매하는 농산물과 기념품을 구입하자. 남의 집에 함부로 들어가 기웃거리지 않고 사진을 찍을 때에는 허락을 받는다. 자동차로 마을에 접어든 경우에는 속도를 줄이고 지정된 곳에 주차한다. 여행자가 지역에 미치는 영향은 매우 크다. 여행자가 지역을 살릴 수도 있고 파괴할 수도 있고 변화시킬 수도 있다.

제주의 진짜 모습을 보여드립니다

공정무역으로 만든 고귀한 옷을 입으세요

공정무역 사업가 이미영

"호락호락하지 않은 공정무역을 계속하게 된 것은
아시아 여성들의 변화를 직접 보고 느꼈기 때문이에요.
공정무역 일을 하면서 점차 생활의 안정을 찾아가는
여인들의 삶이 제 마음을 흔들어 놓았지요.
직업을 구할 때에는 자신의 성향을 잘 알아야 해요.
자신의 관심사와 재능을 살펴보고, 어떤 일을 할 때
내 가슴이 뛰는지, 내 머릿속이 명료해지는지를
분명히 알고 그것을 따라가면 틀림없어요."

이미영

우리나라에서 유일한 공정무역 패션 브랜드인 '페어트레이드코리아 그루'의 대표이다. 아시아의
여성 생산자들이 전통 수공예 방식으로 정성껏 만든 옷과 생활소품을 우리나라 소비자에게
소개하고, 그들이 자립할 수 있도록 힘껏 지원하는 일을 하고 있다. 공정무역을 널리 알리기 위한
행사와 강의, 생산자 초대, 세계 공정무역 단체와 교류 등 다양한 활동도 벌이고 있다.

페어트레이드코리아 그루 www.fairtradegru.com
그루 블로그 blog.naver.com/ecofairtrade

"여기 스웨터의 코가 하나 빠졌어요. 꼼꼼하게 점검해주세요."

"이 옷감은 빛깔이 고르지가 않네요. 천연염색을 더 선명한 빛깔로 만들 순 없을까요?"

페어트레이드코리아 그루(Fair trade Korea g:ru)의 이미영 대표는 옷의 흠을 하나라도 놓칠세라 꼼꼼하게 살펴보는 중이다. 여기는 히말라야 기운이 감도는 네팔 수도 카트만두의 봉제공방, 우리나라 최초의 공정무역 패션업체를 운영하고 있는 이미영 대표는 한 달 동안 여기에 머물면서 옷의 제작 과정을 확인하고 있다. 너른 책상 위에 다음 계절에 출시할 수십 가지 옷을 펼쳐놓고 옷감 상태와 바느질 상태, 염색 정도, 단추의 위치, 장식품까지 꼼꼼하게 확인했다.

"이 부분은 왜 디자인 패턴과 다르게 나온 걸까요? 그럼 이렇게 바꿔보면 어때요?"

옷을 만들고 있는 네팔 생산자들에게 이미영 대표는 디자인 수정을 제안했다. 제품 샘플도 다시 만들어보면서 수정 작업을 반복한다. 이런 장기 출장은 꽤 번거로운 일이지만 원단의 두께, 색감, 단춧구멍의 위치와 같은 작은 차이가 완전히 다른 결과물을 만들수 있기 때문에 일 년에 한 번씩 생산 현장을 직접 찾는다. 네팔 출장은 이미영 대표와 디자이너, 생산관리 실무자가 동행하는데, 새 계절에 출시할 수십 가지 옷과 소품을 모두 확인하고 수정하려면 할 일이 산더미 같아 잠도 제대로 못 잔다.

그루의 옷은 거대한 봉제공장의 기계로 만들지 않고 처음부터 마무리까지 한 땀 한 땀 네팔 노동자들의 수작업으로 만들어진다. 큰 가마솥에 장작불로 물을 끓여서 염료를 넣고, 인도산 면화로 만든 실을 넣어 염색한다. 이 실타래를 잘 말린 뒤에 물레를 돌려서 실을 감고 베틀로 옷감을 짠다. 그리고 다림질하고 디자인 패턴에 따라 잘라서 박음질을 하고, 자수를 놓거나 단추와 장식품을 달면 옷이 완성된다. 이렇게 생산자들이 정성 들여 만든 제품을 카트만두 사무실로 가져오면 불량 검사를 하고, 이동과정에서 오염되거나 젖지 않도록 포장하고, 제품 개수를 세어서 박스 포장을 한 뒤, 비행기나 배로 우리나라에 보낸다.

이 과정에서 미처 생각지 못한 일이 일어나기도 한다. 베틀 작업과 염색, 봉제, 자수 놓기 등 여러 과정을 거치는 동안 솜씨 좋은 사람이 만들었느냐 아니냐에 따라서 제품의 질에 차이가 난다. 이런 문제를 방지하기 위해 제품 생산 단계에서 제품의 상태를 확인하려고 바쁜 일정 중에도 네팔 출장을 잡은 것이다. 하지만 마음에 들지 않는다고 생산자들에게 무리하게 요구를 해서는 안 된다. 생산자들과 많은 대화를 하면서 소통하는 것이 중요하고, 생산자의 작업환경과 기술숙련도 같은 생산여건도 고려해야 한다. 생산현장에 대한 이해도가 높지 않으면 해결책을 찾을 수 없기 때문이다.

"이크, 길이 끊어졌네. 쉽지 않겠는걸."

봉제공방의 일을 마치고 이미영 대표는 생산자 마을을 찾았다.

공정무역으로 만든 건강한 옷을 입으세요

저만치 떨어진 도로 위에서 사람들이 삽을 들고 흙과 돌을 치우느라 여념이 없다. 네팔에서는 주로 가을과 겨울에 판매되는 두꺼운 소재나 울 소재 제품을 만들기 때문에 6~7월에 찾아가서 제품의 중간 또는 마지막 단계를 점검하곤 하는데, 이때는 마침 우기라서 빗물을 따라 흙이 흘러내리거나 산사태가 나서 길이 끊어지는 일이 종종 있다.

옷을 만드는 봉제공방은 주로 카트만두 시내에 있어 방문하기가 쉽지만 식물 원료를 재배하거나 베틀을 짜는 여인들은 히말라야 계곡 곳곳에 흩어져 살고 있다. 차로 5~6시간 달려야 하고 이틀을 꼬박 걸어야 닿을 수 있는 곳도 있다. 비행기로 접근 가능한 도시까지 이동해서 차를 타고 이동해서 다시 낭떠러지 같이 비좁고 까마득한 길을 2~3시간 걸어가야 하는 마을도 있다.

이렇게 힘들게 생산자 마을에 도착하지만 생산지 사람들과 소통하는 것도 호락호락하지 않다. 간단한 네팔어 인사 정도는 할 수 있지만 제품 문제를 깊이 있게 논의하기는 어렵다. 이때 이미영 대표 같은 구매상과 네팔 생산자를 연결해주는 지원조직(umbrella organisation)이 있는데, 이 지원조직의 중간매니저에게 이미영 대표가 영어로 말하면 생산지 사람들에게 네팔어로 통역해준다. 생산자들과 직접 이야기하고 싶을 때에는 우리나라에서 일한 적이 있어서 한국말을 잘하는 사람과 동행하기도 한다.

공정무역 사업가 이미영

중요한 것은 여성들의 자립!

"손뜨개와 자수, 베틀 짜기 같은 수공예 기술을 살려 네팔 여인들이 안정된 일자리를 얻게 되었어요. 일이 생기고 수입이 생기자 가족들이 끼니를 굶지 않게 되었고, 아이에게는 좀 더 영양가 있는 음식을 먹일 수 있게 되었어요. 아이를 학교에 보낼 수 있고 생활도 점차 안정되었다고 해요."

공정무역 패션 일이 무엇 하나 호락호락하지는 않지만, 이미영 대표가 사명감을 가지고 이 일을 계속하게 된 것은 아시아 여성들의 변화를 직접 보고 느꼈기 때문이다. 공정무역 일을 하면서 점차 생활의 안정을 찾아가는 여인들의 삶이 이미영 대표의 마음을 흔들어놓았다. 네팔에는 조혼 풍습이 있어서 여자들은 대개 10대에 결혼한다. 결혼 후에도 변변한 일자리가 없어 생계가 막막한 남편들은 돈을 벌기 위해 외국으로 떠나는 경우가 많다. 그러면 아내는 시부모와 자식들과 살기 위해 돈 되는 일이라면 농사든 노동이든 무엇이든 억척스럽게 해낸다. 잘살아보려고 애를 써도 가난은 계속 대물림 될 뿐이다. 이미영 대표는 이런 네팔 여성들의 삶에 관심을 가지고 이들이 자립할 수 있는 길은 무엇일까를 고민했다. 그러다가 주목한 것이 바로 이 여성들의 손기술이었다.

네팔 여인들은 베틀짜기와 전통 자수 같은 손기술을 대를 이어 전수받는다. 이런 특별한 수공예 기술로 일을 하면 열심히 일한 만

큰 이익이 돌아가고, 일하는 시간도 조정할 수 있어서 농사짓고 아이를 키우면서도 짬짬이 일할 수 있다. 또, 자수나 베틀 원단의 문양을 통해서 네팔의 문화와 풍습뿐 아니라 여성들의 삶의 이야기가 표현되기도 한다. 나아가 베틀짜기와 봉제기술을 배우면 공방에 취직하거나 재택근무를 하면서 돈을 벌 수도 있다.

공정무역 패션은 생산지 사람들이 가진 지혜와 전통기술을 살려서 물건을 생산하고 이것을 공정한 가격으로 거래하여, 소비자는 예쁘고 건강한 옷을 입고 생산자는 빈곤문제를 해결하는 일석이조 효과가 있다. 또, 천연소재와 친환경 염료를 사용하여 환경오염을 줄이고, 아동노동과 강제노동 같은 불평등한 생산과정을 없애며 노동자들의 결사의 자유도 보장한다.

"질문하지 말고 그냥 쫓아다니라고 하더군요. 어차피 네팔어를 알아듣지도 못하니 아침부터 저녁까지 열심히 따라다녔어요. 보름 동안 힘들게 따라다니면서 많은 것을 느꼈고 네팔과 거래를 할 수 있다는 자신감도 얻었어요."

창업 초기, 이미영 대표는 먼저 사업을 시작한 일본의 공정무역 회사인 '네팔리 바자로'의 도움을 받았다. 한국에서 공정무역 패션을 시작하고 싶다고 하자 일본 사람들은 세심하게 도와주었다. 자

네팔 생산지를 찾은 이미영 대표. 네팔 여인들은 대를 이어 전수받은 특별한 수공예 기술로 '어디에서도 본 적 없는' 아름다운 제품을 만들어낸다. ⓒ그루

신들과 거래하는 네팔 생산지에 이미영 대표를 데리고 가서 생산자와 소통하는 방법, 생산관리를 하는 법, 생산자 지원 프로젝트 진행 방법 등을 세세하게 알려주었다. 사업에 필요한 자료도 공개해주었고, 어려움에 부딪혔을 때에도 정성스럽게 도와주었다.

네팔의 생산자는 도시에서 생산 라인을 잘 갖춘 곳과 마을 사람들이 삼삼오오 모여서 일을 하는 곳, 히말라야 기슭 곳곳에 흩어져 있는 작은 규모의 생산자 등 다양한 형태로 일을 하고 있다. 이들을 지원하는 일은 마누시, 마하구티, 사나하스타카라 같은 우산조직이 맡고 있는데, 이들은 생산자에게 일감을 주고 마케팅을 돕고, 상품을 외국에 수출하는 일을 대행하면서 마치 우산처럼 생산지 사람들을 도와주는 역할을 한다.

이미영 대표가 공정무역 제품을 생산하고 싶다고 제안하자 이 우산조직들은 적합한 생산자를 소개해주었다. 거래를 시작하기 전, 이미영 대표는 네팔 생산지를 직접 찾아가 생산자의 임금이 어떻게 지불되는지, 풀타임 고용인지 파트타임인지 재택근무인지 등을 확인하고 궁금한 것을 꼼꼼하게 물어보았다. 근무방식도 확인하고, 보너스, 건강보험 등 임금을 산출하는 기준과 제품 원가를 계산하는 방법도 확인했다. 비슷한 제품을 만드는 다른 회사와 차이에 대해서도 알아보았다.

공정무역 패션 사업가 탄생

"여성과 환경문제에 깊은 관심이 생긴 건 1995년 세계여성대회에 참여하면서였어요. 전 세계 3만여 명의 여성들이 중국 베이징에 모여 지구촌 여성이 겪고 있는 수많은 주제에 대해 열린 토론을 벌이는 자리였는데, 여성 관련 이슈가 이렇게 많고 다양하다는 걸 처음 깨달았어요."

대학교에서 지리교육학을 공부한 이미영은 전공 공부보다는 사회문제에 관심이 많아 민주화운동, 노동운동 등 다양한 사회활동을 했다. 대학교를 졸업할 무렵, 경제정의실천시민연합 환경개발센터와 인연이 닿아 환경운동을 시작하게 되었다. 당시 환경개발센터는 환경문제에 대한 합리적 대안을 제시하려고 노력했는데, 여기서 열심히 활동하다 보니 환경문제뿐 아니라 생활 환경에서 여성들이 겪는 문제, 여성 차별 문제에 대한 관심이 부쩍 높아졌다.

그러던 중 1995년에 유엔에서 주최하는 세계여성대회가 중국 베이징에서 열렸는데, 우리나라에서만 여성단체와 환경단체 활동가, 연구자, 공무원 등 100여 명이 참여할 만큼 열기가 무척 뜨거웠다. 여기서 이미영은 '여성과 환경' 분과 실무를 맡아서 진행하면서 세계 여성들이 겪고 있는 문제를 폭넓게 접할 수 있었다.

행사에 참여한 우리나라 사람들은 이대로 흩어지는 건 너무 아쉽고, 여성단체에서 환경에 관심 있는 활동가와 환경단체에서 일하는 여성 활동가 사이에 교류가 필요하다고 입을 모았다. 귀국 후에도 여성과 환경 문제에 관한 워크숍을 열고, 공동으로 책도 쓰고 공부도 꾸준히 했다. 이런 생각이 무르익어 1999년에 여성의 관점에서 생태적 대안을 찾는 시민단체인 '여성환경연대'를 창립하기로 뜻을 모았고, 이미영은 사무처장으로 활동했다. 다양한 환경사업을 벌이던 중 아시아 국가의 빈곤문제에 관심을 갖게 되었고, 특히 여성들의 빈곤문제가 심각하다는 것을 알게 되었다.

아시아 여성들은 일터에서 뼈 빠지게 일해도 불리한 대우를 받고, 월급이 남편 통장으로 입금되어 힘들게 번 돈을 빼앗기고 폭력에도 시달렸다. 이 여성들에게 실제 도움이 되는 일은 뭘까를 고민하던 중 이미영은 공정무역 사업에 매료되었고, 여성 활동가들이 모여 '공정무역 공부 모임'을 해보기로 했다. 여성환경연대 안에 '희망무역준비위원회'를 만들어, 공정무역 패션쇼를 열고 아시아 공정무역 여성 포럼을 열어 공정무역을 알리는 일도 맡았다. 공정무역 일이 점점 커지면서 일이 늘어나자, 조직에서 분리하여 본격적인 사업을 벌이는 것이 좋겠다고 활동가들이 입을 모았다.

2007년 5월 12일, '세계 공정무역의 날'을 기념하여 시민주식회사인 '페어트레이드코리아 그루'의 역사적인 창립총회를 열었다. 시민주식회사는 발기인 47명과 함께 소액주주 모금 방식으로 자본금을 만들어 사무실을 마련하고 디자이너와 매장 매니저 등 직원을 채용했다. 이어서 '그루'라는 패션 브랜드를 만들어 서울 종로

공정무역으로 만든 건강한 옷을 입으세요

구 안국동에 1호점 매장을 열고 온라인 쇼핑몰도 열었다. '그루'는 한 그루, 두 그루 나무를 세는 단위인데, 나무가 자라 숲을 이루듯 이 사람들의 손길이 모여 숲을 이루기를 소망한다는 뜻이다.

"처음엔 이렇게 엄청난 일이라고 생각지 못했어요. 비즈니스 공부를 해도 알 수 없는 너무나 많은 일들이 벌어졌지요. 처음부터 알았다면 지레 겁을 먹고 도망갔을 거예요. 이건 자선단체가 할 일이지 내가 할 일이 아니라고 말이에요."

일본 네팔리 바자로의 도움을 받아 생산지를 여러 번 가보고 샘플을 직접 만들어보고, 확인하고 또 확인하면서 이 정도면 충분할 줄 알았다. 그러나 실제 사업은 만만치 않았다. 디자이너가 멋진 디자인을 해서 주문했는데 디자인과 좀 다른 옷이 도착하거나, 손뜨개로 만든 니트 옷에는 바늘 코가 군데군데 빠져 있기도 했다. 봉제공방 재봉틀의 상태와 생산자의 숙련도에 따라서 박음질 상태가 고르지 않은 제품도 있었다. 생산지의 사정을 배려하여 선불금을 옷 제작 주문을 하면서 미리 지급하는데, 제작은 빨라도 6~7개월이 걸렸고 일 년이 지나서야 제품이 도착하는 경우도 있었다. 현지 사정을 잘 알지 못해서 계속 비용만 치르는 난감한 상황도 종종 발생했다.

한편, 시민운동가에서 사업가가 된 이미영 대표는 마케팅과 홍보, 회계까지 사업에 필요한 모든 것을 처음부터 다시 공부했고, 경영 수업도 듣고 패션 분야 전문가들도 부지런히 만났다. 공정무

서울 종로구 안국동에 위치한 그루 매장

역이 우리나라에 아직 잘 알려지지 않아서 기존 상식을 뛰어넘는 과감성과 개척자 정신이 필요했고, 일반 패션 시장과 치열한 경쟁도 벌여야 했다. 그러면서도 생산자와 소비자가 함께 행복해지는 공정무역 정신을 지켜야 했다.

어디에서도 본 적 없는 디자인을 개발하라!

"디자인이 참 독특하네요. 생활한복 같기도 하고, 동남아시아 소

공정무역으로 만든 건강한 옷을 입으세요

수민족의 전통의상을 닮은 것 같기도 해요. 어때요, 잘 어울려요?”

그루 매장을 찾은 손님들은 여러 가지 옷을 갈아입고 거울을 보면서 자신에게 어울리는 옷을 고르느라 한껏 들떠 있다. 이미영 대표는 저고리와 치마, 머플러까지 그루의 옷을 멋스럽게 잘 차려입은 분들을 보면 뭐라 말할 수 없을 만큼 뿌듯하다.

그루의 옷은 어디에서도 본 적 없는 '독창적인 디자인'을 목표로 하는데, 이미영 대표는 새로운 디자인을 개발하기 위해 여러 가지 노력을 기울이고 있다. 해마다 공정무역 생산자들이 개발한 천연섬유 원단을 다양하게 모은다. 때로는 그루 디자인실에서 필요한 원단을 개발해서 주문하기도 한다. 디자이너는 이 원단으로 새로운 샘플 옷 수십 벌을 만든다. 네팔과 인도의 전통 옷과 전통 문양, 아시아 지역의 전통 의상 디자인을 연구하여 이것을 현대화된 기법으로 살리고, 다른 나라의 공정무역 패션도 참고하면서 우리나라 정서와 유행에 맞춰 적용해보기도 한다.

옷 샘플이 완성되면 우수 고객과 가게 매니저, 직원, 이미영 대표까지 모두 한자리에 모인 가운데 품평회를 연다. 옷을 입은 모델이 걸어 나오면 제품을 개발한 디자이너가 이 옷의 특징에 대해 설명한다.

“앞으로 가보세요. 뒤돌아보세요.”

“좀 이상한 것 같은데…‥. 옷의 옆자락도 보여주세요.”

모델이 참석자들의 주문대로 자세를 잡고 옷의 맵시를 보여주면, 참석자들은 옷매무새와 특징, 장단점을 꼼꼼하게 살피고, 궁금한 점에 대해 예리하게 질문을 던진다. 그리고 옷마다 점수를 매기고 자신의 의견도 서류에 적는다. 이렇게 품평회에서 모은 자료를 모두 취합하여 샘플 옷마다 점수를 종합하고, 참가자의 의견을 반영하여 디자인을 수정한다. 이미영 대표는 다음 시즌에 필요한 옷의 종류와 생산량을 최종 결정하고, 아시아의 여러 생산자 조직에 옷 제작을 주문한다.

품평회는 계절에 맞춰 일 년에 네 번 여는데, 새로 개발한 많은 옷 중에서 절반을 과감하게 탈락시킬 만큼 치열하게 한다. 어디에서도 볼 수 없는 그루만의 독특한 디자인은 이런 노력 끝에 탄생한다. 그루에서 판매하는 제품은 블라우스와 치마, 바지, 원피스, 가디건 같은 여성 옷부터 가방, 스카프, 액세서리, 화장품까지 약 600여 종으로 늘어났다. 생산지는 네팔을 넘어 인도, 방글라데시, 베트남, 미국 등 5개 국가 24개 생산자 조직으로 늘어났는데, 생산자의 70%가 여성이고 이들 대부분은 가장이다.

관심과 고민이 무르익었을 때

이미영 대표는 그루의 운영뿐 아니라 공정무역 홍보에도 애를 쓰고 있다. 5월에 열리는 '세계 공정무역의 날' 행사에는 공정무역으로 제품을 거래하는 다양한 조직들이 한자리에 모여 즐거운 잔치

공정무역으로 만든 건강한 옷을 입으세요

를 연다. 공정무역 생산자들을 초대하여 우리나라 소비자와 직접 만나는 자리를 만들고, 커피와 초콜릿, 설탕, 바나나, 수공예품, 축구공 등 다양한 공정무역 제품을 소비자들에게 알리고 들썩들썩 즐거운 공연도 연다. 또, 건강한 방식으로 옷을 만드는 윤리적 패션 네크워크 활동도 하고, 2015년 4월에 네팔 대지진이 일어나자 네팔 생산지 사람들의 안부를 확인하고 이들이 어려움에서 빨리 일어설 수 있도록 돕는 모금 운동도 벌였다. 네팔 여성들에게 디자인을 가르치는 씨센터(SEA Center, 사회적기업지원센터) 디자인 아카데미도 열어 여성들이 자신의 기술로 일자리를 구하고 자립할 수 있도록 돕고 있다.

"직업을 구할 때에는 자신의 성향을 잘 알아야 해요. 자신의 관심사와 재능을 살펴보고, 어떤 일을 할 때 내 가슴이 뛰는지, 머릿속이 명료해지는지를 분명히 알고 그것을 따라가면 틀림없어요."

이미영 대표는 지금까지 경실련 환경개발센터 활동가와 여성환경연대 사무처장, 페어트레이드코리아 그루 대표까지 다양한 일을 경험했다. 직업을 바꿀 때마다 '어느 날 갑자기'가 아니라 평소의 관심사와 늘 고민했던 질문이 무르익고, 뜻있는 사람들이 함께 모여 공부하고 토론하면서 일이 구체화되었을 때 비로소 새로운 길이 열리고 새로운 직업도 생겼다.

2000년대 초반에 공정무역이 우리나라에 처음 알려진 이후 제품은 다양하게 늘어났고, 공정무역에 대한 관심도 부쩍 높아졌다.

그러다 보니 이미영 대표의 이야기를 듣고 싶어 하는 사람들도 늘어 강의와 인터뷰 요청이 잦다. 이미영 대표는 강연으로 청년들을 종종 만나는데, '너의 가슴이 뛰고 너를 막 흔들어대는 일을 하라'고 권한다. 남들이 하는 일을 따라하는 게 아니라 자신의 경험에서 얻을 것, 어떤 일에 부딪혔을 때 어떻게 해결하면 좋을지를 고민하면서 깨달을 것, 그리고 이 일이 우리 사회에 어떤 영향을 미칠지 고려해야 성공할 수 있다고 조언한다. 이미영 대표는 공정무역 창업을 꿈꾸는 젊은 창업자들에게 멘토 역할도 하고 있다. 그루를 시작할 때 일본 사람들이 도와주었던 것처럼 젊은 창업자들에게 기댈 언덕이 되어주고 싶다.

공정무역 사업가, 사회적 기업가, 윤리적 패션 사업가 등 이미영 대표를 부르는 말은 다양하지만 이 모두를 아우르는 한마디는 '개척자'가 아닐까? 그녀는 따뜻하고 든든한 개척자이다.

Q 공정무역 패션회사는 무엇이 다른가요?

A 무예는 패션 분야에서 경험이 많은 경력자들이 입사하는데, 뛰어난 디자이너도 와서는 당황하고 합니다. 왜냐하면, 패션 분야는 유행에 민감하지만, 무예서는 외국 패션을 모방하거나 유행을 쫓아가지 않고 공정무역 패션만의 독창성을 보여주는 더 차별화된 감각이 필요하기 때문이다.

패틀직조와 100% 천연소재, 손 염색의 고유한 성격을 잘 이해해야 좋은 옷을 만들 수 있는데, 우리나라 디자이너는 기계로 짠 합성섬유만 많이 다룰 뿐, 배틀로 짠 다양한 천연소재로 옷을 만들어본 사람은 드물다. 히말라야에서 자라는 쐐기풀로 만든 알로나 주디(맹로 의 습지에서 자라는 풀, 헴프(대마)와 같이 낯선 소재도 많다. 또, 수공예로 제작하다 보니 생산자에 주문했을 때와 옷의 색감과 원단의 두께가 달라지기도 한다. 이런 얘기서 못한 문제를 적절하게 해결하려면 패션 분야에 대한 전문지식과 경험뿐 아니라 생산자에 대한 이해가 높아야 한다. 공정무역에 대한 깊은 관심을 가지고 꾸준히 공부하고, 현장을 방문하면서 네팔과 인도, 방글라데시 같은 아시아와 국제사회에 대한 이해를 높이려는 노력도 필요하다.

공정무역 사업가 이미영

Q 공정무역에 대해 더 자세히 알고 싶어요.

 전 세계 다양한 지역의 원주민들이 건강한 재료를 가지고 전통기술 방식으로 상품을 만들고, 이를 공정한 가격으로 거래하여 소비자가 이용할 수 있게 하는 것이 공정무역이다.

수익금 일부를 기금으로 모아 생산자 공동체에 소액대출도 해주는데, 생산자들은 소를 사거나 마을의 우물을 파고 마을회관을 짓거나 생산설비를 갖추어 더 나은 생활을 하기 위해 땀 흘린다. 우리가 공정무역 제품을 즐겨 이용하면 지구촌 어딘가에서는 좀 더 나은 삶을 사는 사람들이 늘어나는 것이다.

공정무역 제품은 생활협동조합이나 유기농 매장에서도 구할 수 있는데, 한자리에서 구경하고 싶다면 서울시청 지하 1층에 있는 공정무역 가게인 '지구마을'을 찾아가면 다양하게 만날 수 있다. 전 세계에서 공정무역으로 거래하는 조직과 회사, 단체는 70개 나라의 400곳이 넘고, 우리나라에서는 그룹뿐 아니라 아름다운가게, YMCA 피스커피, 아이쿱생협, 두레생협 에이피넷(APnet), 기아대책 행복한나눔 등 다양한 단체가 활동하고 있다. 공정무역을 널리 알리기 위해 공정무역 회사들과 단체들이 모여 한국공정무역단체협의회(kfto.org)는 만들어 행사와 교육 등 다양한 활동을 하고 있다.

꿈꾸고 상상하라, 그것이 곧 나의 직업이 된다!

서울시장 박원순

"생각을 바꾸면 세상이 달라 보이고,
새로운 상상이 곧 자신의 직업이 될 수도 있어요.
자신에게 주어진 소명이 무엇인가를 생각해보세요.
가장 좋은 직업은 내가 가장 좋아하고 내 인생의
소명이 되는 일, 즐거워서 죽겠는 일이에요.
좋아하는 일을 하면 밤에 잠이 안 옵니다. 세상에
필요한 일이 뭘까를 고민하다 보면 저절로 하고
싶은 일들이 생겨요. 내 손으로 세상을 바꾼다니,
상상만 해도 가슴 설레지 않나요?"

박원순

서울특별시 35, 36대 시장이다. 시민들의 의견을 직접 듣고 정책에 반영하는 정책토론회, 현안의
해법을 찾기 위해 현장을 찾아가는 현장시장실 등 다양한 방법으로 시민들의 참여를 이끌어내.
'소통의 달인'이라 불린다. 시민의 힘을 모아 초록특별시를 가꾸기 위해 노력하고 있다.

서울특별시청 www.seoul.go.kr

지은 책 《세상을 바꾸는 천 개의 직업》 《행복한 진로학교》 《마을, 생태가 답이다》 《희망을 심다》

서울시청에 벌통이 있다는 것 아세요? 도시에 웬 벌통이냐고요? 서울은 인왕산, 북악산, 남산 등 산으로 둘러싸인 도시예요. 봄이 오면 창덕궁, 창경궁 같은 궁궐에도 벚꽃을 비롯한 다양한 꽃이 화사하게 피어나 꿀벌의 좋은 밀원이 될 수 있어요. 이 좋은 환경을 그대로 두고 볼 수 있나요? 2012년 4월, 서울시청 옥상에 벌통 5통을 놓아두었어요. 과연 어떤 일이 일어났을까요?

두 달 만에 벌통에서 아카시아 꿀 40리터를 얻었어요. 서울 한가운데에서 꿀을 생산하다니 정말 놀랍지요? 한편으로는 이 꿀을 안심하고 먹어도 되는지 걱정이 되었어요. 그래서 보건환경연구원에 꿀 안정성 검사를 의뢰했더니 식용 꿀로 안전하다는 적합 판정을 받았어요.

2013년에는 장애인 단체가 운영을 맡아 수확한 꿀을 판매까지 하는 장애인 양봉 사업으로 발전시켰어요. 우면산에 50통, 도봉산 30통, 서울시청 서소문청사에 10통을 놓고 양봉 기술을 배운 장애인들이 정성 들여 관리했어요. 두 달이 지나자, 413리터나 되는 꿀을 얻었지요. 역시 이 꿀도 안심하고 먹을 수 있다는 적합 판정을 받았고, 농산물 직거래장터에서 시식 행사를 열고 나눔장터와 가게에서 판매도 했어요. 여기에 그치지 않고 로열젤리와 프로폴리스 등 다른 상품 개발도 고민하여 장애인들이 자립할 수 있는 방법을 찾고 있어요. 도시 양봉의 장점이 알려지고 확대되어 이제 벌통 수가 300통 넘게 늘어났습니다. 그만큼 서울에 꽃나무가 많아졌고 서울의 자연이 건강해지고 있다고도 볼 수 있겠죠? 도시에서 천연 벌꿀이 만들어지고 장애인을 위한 일자리도 생기고 서울의 자연도 살아나고! 어때요, 생각을 바꾸면 도시에서도 놀라운 일이 일어나지요?

제 꿈은 서울을 어둡고 칙칙한 회색도시가 아니라 파릇파릇한 초록특별시로 가꾸는 것입니다. 시민들이 함께 꿈꾸고 힘과 지혜를 모으면 초록특별시는 꿈에 그치지 않고 현실이 될 수 있어요. 초록도시로 가는 첫 번째 관문이자 가장 큰 고민은 에너지 문제였어요. 세계에서도 손꼽히는 거대도시 서울에는 대형 빌딩과 기업, 많은 가게가 있고, 천만이 넘는 인구가 오밀조밀 모여 살면서 에너지를 많이 소비하고 있어요. 2011년에 서울에서 쓴 전력은 전국 소비량의 10.9%였는데, 자립률은 2.95%에 지나지 않았어요. 다른 지방에 있는 발전소에서 생산한 전기를 끌어와서 열심히 쓰기만 하고 있었던 거죠.

그럼, 서울을 에너지 생산 도시로 전환하는 방법은 뭘까요? 그것은 바로 햇빛 발전이에요. 햇빛은 어디에나 따뜻하고 공평하게 비추고 있으니까요. 그래서 2012년부터 '원전하나줄이기 종합대책'을 세우고 시내 곳곳에 태양광발전소를 세워 햇빛 도시를 만들고 있어요. 햇빛 발전은 누구나 쉽게 에너지를 생산할 수 있고, 화석연료처럼 고갈될 걱정이 없고, 원자력발전처럼 핵 폐기물 걱정 없는 깨끗한 에너지이고, 중앙집중식 전력 공급방식이 가진 대규모

정전의 위험도 덜 수 있어 여러모로 이득이 많아요.

서울시에 있는 공공청사 600곳과 기반시설 26개소, 학교와 일반건물, 주택 등 햇빛이 비추는 어디에나 태양광발전 시설을 설치해서 에너지를 열심히 생산하고 있어요. 요즘엔 건물 옥상이나 주차장에 설치된 태양광패널을 쉽게 볼 수 있고, 아파트 베란다에 패널을 설치한 집도 늘었어요. 서울시에서는 이런 태양광패널을 설치하는 비용을 지원하고 있어요. 이제 우리 집에서도 전기를 생산할 수 있는 시대가 되었고, 태양광발전이 늘어나면서 관련 직업도 늘었어요.

지금 서울에서는 이렇게 들썩들썩 많은 일이 일어나고 있어요. 환경 정책뿐 아니라 복지와 경제, 인권, 주택, 도시계획, 문화 관광, 교통 등 다양한 사업을 활기차게 벌이고 있어요. 이렇게 도시에서 일어나는 여러 가지 문제를 슬기롭게 극복하고 살기 좋은 도시를 만들어가는 총 지휘자가 바로 서울시장이에요. 이 많은 사업을 저와 공무원들이 열심히 뛰면 다 해결할 수 있을까요? 천만 명이 사는 도시를 두루 살피면서 여러 가지 불편을 해결하려면 시민들의 힘과 지혜를 모아야 해요. 현명함은 혼자의 생각에서만 나오는 것이 아니라 여러 사람의 지혜가 모이고 모여 완성되는 것이고, 많은 사람의 생각 속에서 좋은 정책도 나오는 법이지요.

상상하는 모든 것이 직업이 된다

'생각이 에너지다'라는 광고 카피가 있습니다. 생각의 힘, 상상의 힘이 새로운 것을 만들어낼 수 있다는 뜻이죠. 직업도 마찬가지예요. 소위 잘나가는 직업을 선택할 수도 있지만 내 스스로가 새로운 직업을 만들 수도 있어요. 상상하는 모든 것이 직업이 되는 시대가 오고 있으니까요.

좋은 직업이란 무엇일까요? 대기업에 입사한 사람, 고시 합격한 사람이 좋은 직업을 가진 걸까요? 저는 20대에 사법고시에 합격하여 검사를 한 적이 있어요. 사람들은 판사와 검사를 좋은 직업이라고 말하는데, 막상 검사가 되고 보니 저에게는 그렇게 좋은 직업이 아니었어요. 검사는 법을 지키고 정의를 위해 일하지만, 실제하는 일은 사람을 조사하고 잡아 가두는 일이었거든요.

일 년 만에 검사를 그만두고 변호사로 활동했는데, 변호사는 억울하고 부당한 일을 당한 사람들을 변호해요. 달리 표현하면 고민 대행업이랄까요. 힘들고 아프고 분노한 사람들의 이야기를 열심히 듣고 재판에서 이기기 위해 몰입해야 하지요. 사건에 대해 분석하고 기록하고 비교하고, 최선을 다해서 변론 요지서를 썼어요. 이 사람의 진술이 어떻게 변하는지, 다른 사람의 진술과 어떻게 모순되는지도 꼼꼼하게 따지면서 변론을 하고 나면 진이 다 빠지는 느낌이었어요.

꿈꾸고 상상하라, 그것이 곧 나의 직업이 된다!

어릴 적부터 이런 법조인을 꿈꾼 건 아니었어요. 저는 경남 창녕 시골에서 중학교를 다녔는데 왕복 10km 정도를 매일 걸어서 다녔어요. 고개를 넘고 낙동강 개천도 건너면서 열심히 걸었어요. 전기가 안 들어오는 시골이라서 집에 돌아오면 호롱불 아래에서 책을 읽었어요.

고등학교 입시에서 재수를 했는데, 마지막 석 달을 독서실에서 보내면서 제대로 먹지도 않고 잠도 안 자면서 공부만 했어요. 이때 양말을 한 번도 안 벗었는데, 땀이 차고 발바닥이 하얗게 뜨고 나중에는 감각이 없어질 지경이 될 정도로 집중해서 공부했어요. 그렇게 서울에서 고등학교를 다니고 서울대 사회계열에 입학했어요.

입학한 지 채 3개월이 되지 않았을 무렵 단순 시위에 가담했다가 4개월 동안 옥살이를 했어요. 예전엔 그런 엄혹한 시절이었지요. 하지만 저는 이때의 경험에 대해 '인생의 보약'이라고 말하곤 합니다. 교도소에서 생활한 경험이 사회정의를 위해 힘쓰고 약자의 권리를 대변하는 삶으로 저를 이끌었거든요. 그런 마음으로 고시 공부를 시작해서 사법시험에 합격했습니다. 그리고 대구지검 검사로 일하다가 적성에 맞지 않아서 일 년 만에 검사직을 그만두고 변호사가 되었지요. 주로 억울한 일을 당했거나 민주화운동을 열심히 하다가 고문 받은 분들을 변호하는 일을 맡았어요. 그러자 사람들이 저를 인권 변호사라고 불러주더군요.

당시 우리 사회를 인권이 보장되는 사회, 부패 없는 투명한 사회로 만들려면 어떻게 해야 할까를 밤낮없이 고민했는데, 아무래도 혼자 힘으로는 벅찼어요. 자연스럽게 저와 비슷한 생각을 가진 사람들과 모여 많은 이야기를 나눴지요. 새로운 시대의 방향에 대한 문제의식을 가진 사회과학자, 새로운 사회운동의 필요성을 느끼던 운동가, 우리 사회에 대한 비전과 실행을 고민하던 법률가, 이렇게 각자 다른 전문성을 가졌지만 같은 꿈을 꾸던 사람들이 모여 시민단체인 '참여연대'를 창립했어요. 다양한 분야의 전문가들이 모이니 강력한 힘이 생겼고, 이 힘으로 사법개혁 운동, 작은권리찾기 운동, 소액주주 운동, 예산감시정보공개 운동, 국회의원 낙천낙선 운동, 이동통신요금 인하 운동 등 사회의 불합리와 모순, 부패, 권위주의와 싸우면서 놀라운 성과를 만들어갔어요.

그런데, 시민 운동을 하다 보니 늘 재정 문제가 고민이었어요. 어떻게 하면 세상의 변화를 위해 뛰는 사람들을 위해 깨끗한 돈을 모금할까를 생각하다가 '아름다운재단'을 창립했어요. 누구나 쉽게 참여할 수 있는 1퍼센트 나눔 운동을 벌이고, 선한 뜻을 가진 사람들과 연예인, 기업 등 다양한 사람들이 참여하는 기부 문화를 만들었어요.

또, 입지 않는 옷이나 안 쓰는 생활용품을 기증받아서 판매하고 그 수익금으로 어려운 이웃을 돕는 '아름다운가게'도 열었는데, 헌 물건이 새 주인을 만나면 쓰레기를 줄이고 자원을 절약하는 효과가 생깁니다. 지금 아름다운가게는 전국에 지점 100여 곳, 직원

꿈꾸고 상상하라, 그것이 곧 나의 직업이 된다!

400여 명이 일하는 큰 기업으로 성장했어요.

아름다운가게가 자리를 잡은 뒤, 저보다 더 일을 잘하는 사람에게 자리를 넘겨주고 저는 새로운 꿈을 찾아 떠났어요. 지역과 현장을 중심으로 대안을 제시하는 연구소인 '희망제작소'를 만들고, 전국을 돌아다니면서 사회 창안 사업, 농촌 희망 만들기, 커뮤니티 비즈니스와 소기업 일으키기 등 새로운 실험을 계속했어요.

물론 이 일은 저 혼자 이룬 것이 아니라 제 뜻에 흔쾌하게 동참해서 회비를 내주는 수많은 회원과, 재능과 시간을 기부하는 자원봉사자들, 열정으로 똘똘 뭉친 뛰어난 활동가들이 함께 땀 흘린 덕분이었지요. 지금도 함께 일하며 같은 꿈을 꾸었던 많은 동료들이 어려운 여건 속에서도 새로운 희망을 만들어가고 있습니다.

잠 못 이룰 정도로 즐거운 일

시민운동가로 활동할 때 제 직업을 소개할 일이 생기면 '소셜 디자이너(Social Designer)'라고 말했어요. 명함에도 이렇게 적었어요. 소셜 디자이너는 세상을 디자인하는 사람이고, 작은 것을 끊임없이 만들어서 세상을 밝게 바꾸는 사람이며, 어떻게 하면 우리 사회와 세상을 한 단계 더 높은 차원으로 아름답게 만들 수 있을까를 고민하는 사람이에요. 같은 내용과 문제를 바라보더라도 더 많은 사람을 이롭게 하고 우리 사회를 바꿀 수 있는 방법을 찾으려고 노력해요. 소셜 디자이너는 제가 발명한, 세계에서 단 하나뿐인 직업이랍니다.

이렇게 생각을 바꾸면 세상이 달라 보이고 새로운 상상이 곧 자신의 직업이 될 수 있어요. 직업은 내 소중한 일이자 가족과 생활할 수 있는 기반이지요. 직업은 또 다른 의미로 소명이라고도 해요. 소명은 '어떤 일이나 임무를 하도록 부르는 명령'이라는 뜻인데, 인생에서 자신에게 주어진 소명이 무엇인가를 생각해보세요. 단 하나밖에 없는 인생인데 오직 먹고살기 위해서, 남의 눈에 잘 보이기 위해서, 부모님이 원해서 직업을 택하시겠어요?

가장 좋은 직업은 내가 가장 좋아하고 내 인생의 소명이 되는 일, 즐거워서 죽겠는 일이에요. 좋아하는 일을 하면 밤에 잠이 안 옵니다. 세상에 필요한 일이 뭘까를 고민하다 보면 저절로 하고 싶은 일들이 생겨요. 그래서 저는 검사직을 과감하게 내려놓고 변호사가 되었고, 또 우리 사회를 바꾸는 시민운동가를 선택했어요. 내 손으로 세상을 바꾼다? 상상만 해도 가슴 설레지 않나요?

시민운동가로 활동하다 보니 많은 사람이 정치나 행정을 해보라고 권유했어요. 그렇게 2011년에 서울시장이 되었어요. 다 함께 행복한 사회를 행정에서 실현할 수 있는 또 다른 기회를 찾게 된 거죠. 시민운동을 할 때 이미 시장의 자리가 얼마나 일이 많고 무거운 자리인지 잘 알고 있었지만, 시장이 되고 보니 역시나 할 일이 많고 골치 아픈 일도 정말 많습니다.

서로 다투는 것을 조정하고 대안 정책을 제시하려고 밤낮 고민하다 보니 제 머리카락이 하얘지고 점점 더 빠지고 있어요. 시장임기를 마치면 머리카락이 과연 몇 가닥이나 남아 있을까요? 서울시장을 하며 느꼈던 제 심정을 솔직하게 고백하면 아무도 다음 서울시장을 하지 않으려고 할 거예요. 그래도 시민들이 적극 참여하여 도시의 표정이 달라지는 것을 볼 때마다 보람을 느낍니다. 시민들이 더 살기 좋아지고 세상이 점점 밝아진다면 제 머리카락이 없어지는 것쯤은 감수해야겠지요?

소셜 디자이너로 활동하던 시절, 저는 우리나라와 세계 여러도시를 다니면서 다양한 사람들을 만나 그들이 하는 일에 대한 이야기를 들었어요. 세상에는 정말 상상도 못한 새로운 일이 너무나많아요. 기발하고 엉뚱한 일, 누구도 상상하지 못한 일을 직업으로만들어낸 사람들도 있었어요.

이런 직업 이야기를 모아《세상을 바꾸는 천 개의 직업》이라는책도 썼어요. 세상을 바꾸는 별난 직업들, 지금까지 없던 새로운 직업을 소개하는 책이에요. 우리나라, 혹은 전 세계에서 단 하나뿐인직업도 있고, 앞으로 등장할 좋은 직업도 담았어요. 한 직업이 수천개의 직장과 일자리를 만들 수도 있어요. 세상은 끊임없이 변하니까 새로운 직업을 만들 수 있고, 자신만의 길을 찾을 수도 있어요.

그럼, 새롭게 떠오를 직업을 찾는 비법을 몇 가지 알아볼까요?

서울시장 박원순

좋은 직업을 고르는 몇 가지 방법

첫째, 세상의 빈자리를 채우는 블루오션 직업을 선택하세요. 창조적인 눈으로 보면 이 세상에는 빈자리가 많아요. 남들이 모두 가려는 곳에는 경쟁이 치열해요. 하지만 남들이 가지 않는 곳에는 빈틈이 많고 더 큰 가치와 보람을 느끼는 일들이 있어요. 뒤집어보면 다른 길이 되고 합치면 또 다른 길이 되지요. 지금은 융·복합의 시대이니까요.

시골의 오래된 고택에는 종부 할머니가 혼자 남아 힘들게 한옥을 운영하는 곳이 많아요. 청년들이 한옥관리사가 되어 문화상품과 관광상품을 연결해서 품격 있게 진행하면 한옥 체험이 관광 명품으로 탄생할 수 있어요. 또 사람들이 떠나는 농촌이 일자리의 보고가 될 수 있어요. 광화문 광장과 구청에서 농부시장을 열고 있는데, 이처럼 싱싱한 농산물 판매만이 아니라 소비자들이 즐겨 찾을 수 있는 아이템을 개발하고 시장을 디자인하는 파머스마켓(farmers' market) 코디네이터도 필요해요. 옥상 텃밭과 학교 텃밭, 자투리 땅을 일구는 도시 농업이 늘면서 도시농업설계사도 필요하지요.

둘째, 세상의 변화를 이끄는 돌연변이 직업을 선택하세요. 나와 가족을 위한 일도 좋지만 이왕이면 세상의 변화를 이끄는 직업이면 더 신이 나지요. '열린옷장'이라는 사회적 기업은 대학생이나 청년이 면접을 준비하면서 정장이 필요할 때 옷을 빌려주는 곳이에요. 면접을 보려면 깔끔한 정장이 필요한데, 주머니가 가벼운 청년들에게 정장은 굉장히 비싼 옷이죠. 옷장에 묵혀둔 옷을 기증받아 티셔츠 한 벌 가격으로 빌려주면 옷은 새 주인을 만나 제 구실을 하고, 대여자는 필요할 때 좋은 옷을 빌릴 수 있으니 서로에게 이득이 됩니다.

왕가리 마타리라는 사람은 아프리카 곳곳에 나무를 열심히 심어서 노벨평화상을 받았어요. 쓰임이 다하고 버려지는 현수막을 장바구니와 가방으로 재탄생시키는 업사이클 디자이너도 있고, 트럭을 덮는 데 쓰였던 두꺼운 덮개로 가방과 신발을 만드는 스위스의 프라이탁이라는 유명한 회사도 있어요.

셋째, 나를 비우고 현장에서 열심히 뛰는 진짜 직업을 찾아보세요. 막막할 때에는 바닥으로 내려가 보세요. 하늘을 보면 어질어질하지만 바닥으로 내려가면 더 많은 것을 자세하게 볼 수 있어요. 내가 사는 동네를 잘 살펴보고 지역을 둘러보면 많은 일이 일어나고 있어요. 여기서 희망을 찾아보세요.

만약 제가 다시 사회생활을 시작한다면 동네의 반장이나 통장을 맡아보겠어요. 반장이나 통장 일은 봉사를 하는 일인데, 5년만 몸으로 뛰면서 봉사하면 우리 마을에 필요한 일이 눈에 들어올 것이고 하고 싶은 일과 수많은 프로젝트가 보일 거예요. 현장에서 열심히 뛰다 보면 세상이 달라 보이면서 어느새 인생관도 바뀔 겁니다.

넷째, '내 일이 있는 삶, 내 삶의 CEO'가 되어보세요. 서울시청의 제 집무실에는 독특한 책상이 놓여 있어요. 시민들이 쓰다가 버린 역사와 사연이 있는 여러 종류의 목재가구를 모아서 튼튼한 책상으로 만들었어요. 이 책상에 앉아 늘 시민들의 삶을 생각하라고 '문화로놀이짱'이라는 목공회사에서 만들어준 귀한 책상이지요. 버려지는 목재에 멋진 디자인을 입혀 더욱 가치 있는 물건으로 재탄생시키는 직업, 놀랍지 않나요?

못난이 과일가게 사장도 생겨나면 좋겠어요. 우리는 보통 잘 익은 예쁜 과일을 좋아하는데, 과수원에서 보면 벌레가 먹거나 약간 흠이 있는 과일도 참 많아요. 상품 가치가 떨어지는 과일로 잼을 만들거나 주스를 만들면 버려지는 과일을 줄일 수 있어요.

예쁜 셔터 만들기 운동가가 동네 골목에 있는 칙칙한 셔터에 개성을 입히면 골목이 확 바뀌지 않을까요? 멋진 그림이나 마음을 울리는 시를 적어도 좋고, 가게 홍보도 하면서 문 닫힌 셔터를 다양하게 활용할 수 있어요. 고정관념을 깬 역발상의 방법으로 새로운 일을 찾고 내 삶의 CEO가 되는 방법은 무궁무진해요.

다섯째, 미래시장을 주도할 '그린잡'에 주목하세요. 석유를 비롯한 화석연료가 고갈된다는 소식이 전해지자 글로벌 기업들은 대안에너지 산업에 주목하고 있고, 치솟는 난방비가 걱정스러운 사람들은 에너지를 적게 쓰는 패시브 하우스와 그린 빌딩에 주목하고 있어요. 그린 빌딩은 단열 시스템과 태양광발전 시스템을 통해 전기와 도시가스 같은 에너지 사용량을 대폭 줄인 빌딩입니다. 앞으로는 얼마나 친환경적인 건물인가가 건물의 가치를 결정하는 시대가 올 거예요. 선진국에서는 친환경 빌딩에 대한 인증 제도가 생겨나고 관련 산업이 성장하고 있는데, 이때 필요한 직업이 바로 그린빌딩 인증 사업가이죠.

대안에너지는 에너지 절약 차원을 넘어 인류의 생존을 위해 반드시 필요한 분야입니다. 태양열 조리기나 태양광 자동차, 풍력발전 등을 보급하는 대안에너지 사업가의 인기가 높아질 것이고, 대안에너지 전문강사와 교재와 교구를 개발하는 전문가도 등장할 거예요.

직업 선택을 고민할 때 우리는 부모님의 의견을 따르거나 큰 영향을 받곤 합니다. 부모님은 내가 잘되기를 바라고 가장 걱정해주는 분들이지만, 부모님은 그 세대의 눈으로 세상을 보고 있어요. 우리 부모 세대가 청년이었던 시절에는 시민운동가가 직업이 될 줄은 누구도 생각하지 못했어요. 하지만 지금 시민운동은 정부, 기업과 함께 사회를 구성하는 중요한 제3섹터가 되어 있지요. 새로운 눈으로 직업을 바라보고 세상을 바라봐야 합니다.

서울시장 박원순

인생에서 무엇을 할 것인가를 깨닫는 길은 여러 가지가 있는데, 가장 좋은 방법은 책을 많이 읽고 좋은 강의를 듣는 것이에요. 청소년과 청년이 꿈을 키우려면 독서가 매우 중요해요. 다양하고 폭넓게 읽으면 생각의 힘이 생기고, 그 힘은 뿌리를 잘 내린 나무처럼 단단해집니다. 책과 강의를 통해서 인생의 변화를 기쁘게 맞이할 수 있어요. 저도 좋은 책과 스승 덕분에 인생이 많이 달라졌어요.

지금은 너무 어려운 시기라서 좋은 미래를 상상조차 할 수 없다고 사람들은 입을 모아 얘기합니다. 하지만 아무리 어려워도 꿈은 얼마든지 꿀 수 있어요. 가난이 우리의 꿈마저 제약할 수는 없어요. 꿈을 꾸지 않으면 한 발짝도 내디딜 수 없어 아예 이룰 수조차 없고, 지금은 무모해 보이는 꿈도 꾸준히 두드리고 노력하다 보면 언젠가 이룰 수 있어요. 현실은 팍팍하고 시련도 종종 겪겠지만 솟아나는 우리의 용기와 열정, 도전정신까지 막을 수는 없습니다. 큰 용기와 도전정신을 가지고 자신만의 새로운 길을 향해 힘차게 나아가길 바랍니다.

그린잡을 더 알아볼까요?

세상은 넓고 녹색직업은 다양합니다. 이 책에 미처 담지 못한 더욱 넓고 다양한 녹색직업을 소개합니다. 이 중에는 지금 주목받고 있는 녹색직업뿐 아니라 우리나라 또는 세계에서 단 하나뿐인 직업, 앞으로 등장할 직업도 있어요. 여기에서 소개한 직종을 넘어 자신이 새로운 분야를 개척하여 세계에서 유일한 녹색직업을 개척해보는 건 어떨까요? 상상만 해도 멋지지 않나요? 녹색직업이 늘어날수록 지구는 더 살기 좋은 행성이 될 테니까요.

신재생에너지

신재생에너지 연구원 태양광, 풍력, 지열, 조력, 바이오에너지 등 재생에너지 분야는 앞으로 더욱 발달하고 세분화될 것입니다. 화석연료 고갈 시대가 다가오면서 고갈 걱정 없고 깨끗하고 안전한 에너지에 대한 관심이 더욱 높아져서 기업과 연구소, 행정기관, 해외 자원 현장 등 다양한 분야에서 맹활약할 거예요.

태양광발전 사업가 건물 옥상과 베란다, 공공건물, 공공주차장 등 곳곳에 설치한 태양광 패널에서 깨끗한 전기를 생산하면서 태양광발전은 가장 보편적인 신재생에너지로 자리잡고 있습니다. 태양광 패널을 설치하고 관리하는 일자리가 생겨나고, 생산한 전기를 판매하여 수익을 남기는 등 태양광발전 사업의 전망은 눈부신 태양만큼이나 밝아요.

적정기술 연구원 태양열 온수기, 태양열 조리기, 음용수 살균장치, 물병 태양조명 장치, 적정기술 난로 등 적은 양의 에너지로 높은 효율을 내는 기술, 그 지역의 여건에 알맞는 기술이 등장하고 있습니다. 두메산골이나 섬, 사막 등 척박한 외딴곳에서도 적절한 에너지원을 개발하면 편리하게 이용할 수 있지요.
적정기술센터 cafe.naver.com/selfmadecenter.cafe | 마을기술센터 핸즈 www.handz.or.kr

비전력제품 사업가 냉장고, 세탁기, 청소기는 플러그를 꽂고 전기를 연결해야만 작동한다고요? 과학의 원리를 이용해 전기를 쓰지 않는 제품이 속속 등장하고 있습니다. 자원 고갈 시대가 다가올수록 비전력 제품의 인기는 더욱 높아질 거예요.
비전력공방(일본) www.hidenka.net

폐기물에너지화 연구원 음식쓰레기와 목재, 동물이나 사람의 똥, 생활쓰레기, 건축폐기물, 산업 폐기물 등을 활용하여 에너지를 얻어요. 땅속에 묻거나 태워서 처리했던 각종 폐기물에서 연료나 열 등 에너지를 추출하면 쓰레기를 줄이고 에너지는 얻는 일석이조 효과를 얻을 수 있어요.

빗물이용 전문가 빗물을 모으면 마실 물을 얻고 식물을 가꿀 수 있어요. 학교나 축구장 같은 큰 건물에 빗물저장장치를 설치하면 화장실이나 청소용으로 빗물을 이용하여 물을 절약할 수 있어요. 가정과 회사, 공공건물, 제3세계 사람들에게 빗물을 모으는 빗물저금통과 빗물항아리 같은 장치와 기술을 보급하는 일도 합니다.
빗물모아 지구사랑 www.rainforall.org

에너지 국제개발협력 활동가 아시아를 비롯한 개발도상국에서 햇빛과 바람, 빗물, 적정기술 등 어디서나 쉽게 구할 수 있는 자원을 이용하여 주민들이 스스로 에너지를 생산하고 이용할 수 있게 돕는 일을 합니다.
굿네이버스 www.goodneighbors.kr

친환경 산업

친환경 이동수단 연구원 전기 자동차뿐 아니라 자전거 택시, 자전거 버스, 세그웨이, 모비, 트램과 같이 인간동력으로 작동하거나 친환경 연료를 사용한 친환경 이동수단들이 거리를 누비고 있어요. 소금물을 연료로 쓰는 슈퍼카도 탄생했고, 태양광 집열판을 단 비행기는 세계일주를 시도했지요. 앞으로는 또 어떤 친환경 이동수단이 등장할까요?

친환경제품 개발자 건강에 해롭지 않고 환경에 미치는 영향도 적은 제품, 에너지 소비가 적고 재활용도 쉬운 친환경제품을 즐겨 쓰면 환경과 경제를 함께 살릴 수 있습니다. 친환경제품은 기업이나 생활협동조합, 사회적 기업 등 다양한 곳에서 개발하고 있어 친환경제품 개발자의 활동폭은 매우 넓어요. 환경마크 인증과 우수재활용마크 등 친환경제품을 검토하고 인증하는 직업도 있습니다.
한국환경산업기술원 www.keiti.re.kr

공유경제 기업가 필요한 물건을 모두 사서 소유하려다 보니 집이 너무 비좁아졌다고요? 내가 가진 물건을 이웃과 나눠 쓰고, 자동차와 숙소, 공동 공간 등을 여럿이 공유하면 에너지와 비용을 절감할 수 있어요. 물건이나 공간을 대여해주고 합리적인 소비를 돕는 공유경제 기업가는 더욱 다양한 분야로 늘어날 거예요.
공유허브 sharehub.kr

녹색도시 설계자 도시는 원래 복잡하고 지저분하고 어지러운 곳이니 참으라고요? 걸어서 10분 거리 안에 숲과 공원이 있고 새소리를 들으며 맑은 물과 공기를 마실 수 있다면 도시도 살 만해지 겠지요? 사람이 쾌적하게 살 수 있도록 주택과 도로, 하천, 공공시설, 공동 공간 등 도시를 설계합니다.

친환경 건축가 여름에 시원하고 겨울엔 따뜻한 집, 믿을 만한 건축 재료로 튼튼하게 지은 집, 새집증후군과 라돈, 전자파 피해로부터 안전한 집, 층간소음이 없는 쾌적한 집을 짓는 건축가는 언제나 인기 최고!

한국패시브건축협회 www.phiko.kr | 흙처럼아쉬람 www.mudashram.com | 한옥학교 hanokschool.net

공기정화 전문가 황사와 미세먼지, 새집증후군 등 공기오염에 대한 걱정과 불안이 커지고 천식이나 기관지 환자도 늘고 있습니다. 적절한 환기법과 공기정화 식물 재배법, 공기청정기 설치와 관리, 유해물질을 배출하는 물건 정리와 인테리어 등 집과 가게, 학교, 사무실에서 맑은 공기를 마실 수 있게 도와요.

환경보전

기후변화 대응 전문가 지구의 평균 온도가 높아지면서 폭우와 폭설, 극심한 가뭄 등 예측하기 어려운 날씨가 큰 피해를 주고 있습니다. 이런 변덕스러운 날씨를 견딜 수 있는 씨앗 개발과 농사법, 주택 설계와 도시 계획, 에너지 절약, 탄소배출권 거래, 사막화 방지, 국제 사회의 공동 노력 등 기후변화 시대를 대비하고 극복할 수 있는 방법을 제시해주는 전문가의 역할이 점점 커지고 있어요.

기후변화행동연구소 www.climateaction.re.kr | 푸른아시아 www.greenasia.kr

바다쓰레기 정화 운동가 육지에서 함부로 버린 생활쓰레기가 냇물과 강을 타고 바다로 흘러가 바다 곳곳에서 물고기와 물새, 원주민에게 큰 피해를 주고 있습니다. 이런 바다쓰레기의 발생 원인과 바다생태계에 미치는 영향을 연구하고 쓰레기 차단과 어민 교육, 지자체의 바다정책 변화를 이끌어냅니다.

동아시아바다공동체 오션 www.osean.net

오션클린업 www.theoceancleanup.com

야생동·식물 연구원 숲을 누비며 동물과 식물, 멸종위기에 처해 있는 생물종을 조사하고, 서식지의 조건과 변화를 심층 연구합니다. 이런 기초조사는 생물종 연구에 쓰일 뿐 아니라 개발사업이 진행되기 전 환경영향평가에도 반영하여 개발 여부를 판단하는 중요한 자료로 활용합니다. 통일이 되면 북녘 땅에 살고 있는 동·식물과 이동하는 철새, 백두산과 중국·러시아 접경지역 조사까지 연구 조사할 범위가 매우 넓어지겠지요?

국립생태원 www.nie.re.kr | 국립공원연구원 research.knps.or.kr

멸종위기 동·식물 복원 전문가 우리 땅에서 살았지만 무분별한 밀렵으로 지금은 거의 멸종된 반달가슴곰과 여우, 사향노루 같은 야생동물이 예전처럼 우리 숲에서 새끼를 낳으며 편안하게 살 수 있도록 복원하는 일을 합니다. 또, 사람들이 함부로 뽑고 짓밟는 바람에 군락지에서 사라진 풍란, 석곡, 날개하늘나리 등 희귀식물의 씨앗을 받아 모종을 키우고 본래 자생지에 심어요. 사람들을 교육하고 홍보하는 일도 함께 해요.

국립공원 종복원기술원 bear.knps.or.kr

산림복원 기술자 고요한 숲에 도로가 뚫리고 광산이 들어서는 등 개발이 시작되면 오래된 고목과 아름다운 야생화, 맑은 계곡은 순식간에 황폐해집니다. 특정 지역에 개발사업계획이 세워지면 산림복원계획도 동시에 세워서, 개발 후 숲을 어떻게 복원할 것인지를 미리 결정하고 복원사업을 함께 진행합니다. 또, 옛 도로나 폐광산 등을 숲으로 되돌리는 일도 합니다.

환경운동가 환경오염이나 피해가 생긴 지역을 찾아가 원인을 찾고 주민들과 함께 해법을 찾는 일을 합니다. 문제를 일으킨 사람이나 기업, 관할 행정기관을 찾아가 문제해결을 요구하는 항의를 하고, 거리 캠페인이나 언론을 통해서 시민들에게 널리 알리고 동참할 것을 부탁하기도 해요. 국내외 환경단체와 힘을 모으고, 전문가들과 함께 문제 해결의 대안을 찾기도 합니다.

환경운동연합 kfem.or.kr | 녹색연합 www.greenkorea.org | 여성환경연대 ecofem.or.kr

해양학자 고래와 물고기, 조개, 산호, 해조류 등 해양생물의 생태를 연구하고, 수산자원에 대한 연구와 개발 등 바다생태계를 연구하는 일을 해요. 이런 연구는 어업이나 양식업 등 수산자원 개발, 해양 개발과 보호 등 다양한 분야의 기초자료로 활용해요.

국립수산과학원 www.nifs.go.kr

생태학자 생물의 생활 상태와 생물들 사이의 관계, 환경의 관계를 심층 연구해요. 이런 자료를 바탕으로 논문이나 책, 강의 등 다양한 방법으로 사람들에게 생물의 소중함을 알리는 일도 해요. 포유류와 조류, 곤충, 식물, 지의류 등 다양한 생물의 생태를 연구하는 생물학자도 있어요.

야생동물 수의사 애완동물은 돌봐줄 사람이 있지만 야생동물이 병들거나 다치면 누가 치료해 줄까요? 야생동물 수의사는 교통사고와 질병, 농약중독 등으로 다치거나 병든 동물을 치료하고 재활훈련을 시켜줍니다. 무사히 완쾌하면 편안한 보금자리와 적당한 계절, 어미로부터 독립 시기 등 여러 조건을 세심하게 고려하여 방생해요.

국제기구 환경전문가 황사, 사막화, 물 부족, 바다오염, 기후변화, 생물다양성 감소 등 한 국가 에서 해결하기 어려운 지구촌 환경문제를 유엔을 비롯한 여러 국제기구가 나서서 공동 대응하고 실현가능한 해법을 찾고 있습니다. 국제기구 환경전문가는 세계 여러 나라가 함께 대안을 찾을 수 있도록 국가별 현장조사와 국제회의 개최, 당사국 간의 협력과 교류 추진 등 다양한 노력을 기 울이고 있어요.

친환경 농업

친환경 농부 지구 반대편 먼 나라에서 수입한 채소는 가라, 미생물이 살아 있는 흙을 땀 흘려 일 군 농부가 수확한 제철 먹을거리가 나가신다! 이렇게 생산한 농산물은 도시 소비자와 직거래로 나누고 생산과정도 투명하게 공개하여 서로 믿고 먹을 수 있어요. 친환경 농부를 키우는 귀농학 교도 인기 있고, 친환경 먹을거리를 소비자들에게 안내하고 유통하는 생활협동조합 활동가도 전 국 곳곳에서 활약하고 있어요.
전국귀농운동본부 www.refarm.org | 흙살림 www.heuk.or.kr | 한살림 www.hansalim.or.kr

도시농업 전문가 옥상이나 베란다 등 가까운 곳에서 누구나 텃밭과 정원을 가꿀 수 있게 농업 기술이나 원예법을 가르쳐줍니다. 가게나 건물의 일부를 식물 인테리어로 화사하게 꾸미는 방법 을 알려주고, 도시 모퉁이의 자투리 공간에도 초록식물을 가꿔요.
서울 도시농업네트워크 cafe.daum.net/cityagric | 텃밭보급소 www.dosinong.or.kr

건강식단 플래너 아기나 소화력이 약한 노인, 환자 등 식단에 신경을 많이 써야 하는 가족이 있 다고요? 다양한 영양소를 고려한 건강식단을 짜서, 유기농 식재료를 꾸러미로 배달하거나 요리까 지 해주고 요리법도 세심하게 알려줍니다.

친환경 요리사 우리 땅에서 자란 영양 가득한 식재료로 몸에 좋고 맛도 좋은 음식을 만들어요. 친환경 식당을 운영하거나 행사장의 특별한 상차림을 하는 등 친환경 요리사는 다양한 곳에서 활약하고 있어요.

환경교육

환경교육 전문가 숲과 습지, 갯벌 등 자연이 잘 보전된 아름다운 곳에서 어린이와 청소년, 성인 등 눈높이에 맞는 생태교육과 답사, 캠프를 진행합니다. 숲에 사는 나무와 벌레, 꽃의 특징을 알려주는 숲해설가와, 숲에서 일어나는 생태계의 변화와 우리가 숲에서 알아야 할 행동을 알려주는 자연환경안내원도 모두 환경교육을 하는 사람들이에요.

녹색교육센터 greenedu.or.kr | 환경교육센터 www.edutopia.or.kr | 한국숲해설가협회 www.foresto.org

생태놀이 개발자 숲에서 아이들과 신나게 놀고 싶은데 어떻게 할지 막막하다고요? 환경교육을 하고 싶은데 마땅한 교구가 없다고요? 숲과 습지, 갯벌, 바다 등 자연에서 즐거운 친환경교육과 생태놀이를 할 수 있도록 다양한 교재와 교구를 개발하고 판매해요.

에코샵 홀씨 www.wholesee.com

환경교사 학교에서 환경 과목을 가르치는 선생님이에요. 중고등학교에는 즐거운 환경수업을 하는 환경교사가 있고, 대학교에는 환경공학이나 환경교육, 생태학, 생물학을 강의하는 환경 관련 학과 교수가 있어요.

환경 서비스

생태여행 기획자 자연환경이 잘 보존된 원시림과 습지, 섬, 야생화 군락지, 화산지대로 생태여행을 떠나고 싶다고요? 여행의 목적에 맞는 생태여행 코스와 의미 있는 숙소, 여행 경비 등을 디자인하고 안내해줍니다.

제주생태관광 www.storyjeju.com | 착한여행 www.goodtravel.kr
트래블러스맵 www.travelersmap.co.kr

탐험 안내자 모험을 하고 싶지만 혼자 떠나기에는 어쩐지 두렵다고요? 탐험 안내자가 정글이나 사막, 무인도, 극지방 등 오지 여행을 디자인하고 동행하면서 흥미진진한 경험을 할 수 있게 돕고, 안전한 캠핑법에 대해서도 알려줍니다.

환경 전문 기자 숲이나 보전지역 개발, 기름이나 유해물질 오염, 야생화 군락지 파괴 등 환경현장에서 일어나는 문제와 원인을 찾아 세상에 널리 알리는 일을 합니다. 방송과 신문, 잡지, 인터넷 매체 등 다양한 매체에서 활약할 수 있어요.

한겨레신문 조홍섭 기자의 물바람숲 ecotopia.hani.co.kr

환경 전문 변호사 개발이나 오염이 진행되는 환경현장에는 논과 밭, 집, 바다 등 자신의 재산이나 일터에 큰 피해를 입어 생계마저 막막한 주민들이 있습니다. 또, 새로운 개발계획이 발표된 지역에서는 마을 사람들이 입을 피해가 불 보듯 훤히 보입니다. 억울하고 답답한 주민들에게 법적 대응을 변호하는 변호사는 큰 힘이 됩니다.

녹색법률센터 greenlaw.or.kr | 환경법률센터 www.ecolaw.or.kr

친환경 결혼식 사업가 축복받는 결혼식이 끝나면 합성섬유 웨딩드레스와 시들시들해진 생화, 남은 음식 등은 미련 없이 버려집니다. 해마다 33만 쌍이 결혼식을 올리고 나면 처리해야 할 쓰레기 양이 만만치 않지요. 옥수수 전분으로 만든 친환경 드레스와 공정무역 예물, 유기농 음식, 공정여행 신혼여행, 마을 결혼식, 작은 결혼식 등 특별한 날을 더욱 특별하게 만들어줄 에코 웨딩이 주목받고 있어요.

대지를 위한 바느질 www.ecowedding.co.kr

물건정리 전문가 물건이 너무 많아서 고민인 시대. 물건 다이어트, 냉장고 다이어트 등 물건을 줄이고 단순소박한 삶을 꿈꾸는 사람들이 늘면서 쾌적한 공간에 대한 관심도 높아지고 있어요. 집 안 곳곳에 숨어 있어 찾기조차 힘든 물건을 말끔하게 정리하고 가족의 라이프스타일에 맞는 적당한 물건과 친환경 인테리어도 제안합니다.

원예치료사 정원 가꾸기와 식물 재배하기, 꽃을 이용한 작품활동 등 원예활동을 통해 치료가 필요한 이에게 운동능력을 높여주고 성취감과 자신감을 갖게 해요. 심리검사같은 사전 검사를 한 뒤 대상자를 상황에 맞게 치료하는데, 원예학, 정신의학, 사회복지학, 재활의학 등을 함께 공부해야 훌륭한 원예치료사가 될 수 있어요.

녹색행정가 · 정치인 많은 사람이 골고루 혜택을 누릴 수 있는 환경정책을 만들고, 환경문제의 근본 원인을 해결하는 환경법을 입안하고 집행하는 일을 합니다. 시장과 군수, 도지사 같은 녹색행정가와 국회의원, 시의원 등 녹색정치인은 우리 삶을 바꾸고 미래를 바꾸는 매우 중요한 일을 해요.

에코디자이너 인쇄 후 남은 자투리 종이로 만든 공책과 수첩, 버려진 가구와 목재를 재활용하여 만든 의자와 탁자, 헌옷으로 만든 지갑과 에코백 등 오래되어 낡은 물건이 멋진 제품으로 다시 태어나요. 생활에 편리한 디자인을 접목하여 오랫동안 튼튼하게 사용하고, 사용 후에는 재활용하기 쉽게 만들어 배출하는 쓰레기 양을 대폭 줄여줍니다. 업사이클 디자인 과정을 가르쳐주는 재활용공방도 열고 있어요.

공장(친환경 문구) www.gongjangs.com | 문화로놀이짱 norizzang.org | 프라이탁 www.freitag.ch

환경 다큐멘터리 감독 아프리카의 사자와 러시아 호랑이, 동남아시아의 맹그로브 숲과 열대우림에서 자라는 나무 등 생태계가 잘 보전된 곳에서 촬영한 생생한 다큐멘터리를 통해서 자연의 신비를 느낄 수 있어요. 또, 현장에서 벌어진 환경문제와 그 진행과정을 영상으로 흥미롭고 묵직하게 담아요.

환경작가 환경문제를 더 깊이 잘 알고 싶은데 환경현장을 찾아가긴 어렵다고요? 막상 찾아가도 뭐가 뭔지 통 모르겠다고요? 이럴 때는 환경 책을 읽으세요. 가까운 마을부터 거대 도시, 높은 산, 외딴 섬, 바다, 외국에서 일어난 일, 과거의 환경 사건도 환경 책을 읽으면 폭넓게 이해할 수 있어요. 환경작가는 어린이를 위한 환경동화, 청소년을 위한 환경정보 책, 어른들을 위한 환경에세이, 전문가들이 읽는 환경정책과 환경담론 등 다양한 방식으로 글을 써요.